Le chapeau de Vermeer

TIMOTHY BROOK
AUX ÉDITIONS PAYOT

La Carte perdue de John Selden
Le Chapeau de Vermeer. Le XVIIe *à l'aube de la mondialisation*
Sous l'œil des dragons. La Chine des dynasties Yang et Ming

Timothy Brook

Le chapeau de Vermeer

Le XVIIe à l'aube de la mondialisation

Traduit de l'anglais par Odile Demange

Petite Bibliothèque Payot

Retrouvez l'ensemble des parutions
des Éditions Payot & Rivages sur

www.payot-rivages.fr

TITRE ORIGINAL :
Vermeer's Hat. The Seventeenth Century and the Dawn of the Global World

Pour Fay

L'accession au sens et à la valeur n'est qu'une pause momentanée dans le dialogue que nous entretenons avec autrui et d'où surgissent sens et valeur.

Gary TOMLINSON,
Music in Renaissance Magic.

1

La vue de Delft

L'été de mes vingt ans, j'ai acheté une bicyclette à Amsterdam et j'ai traversé le Sud-Ouest des Pays-Bas, dernière étape d'un voyage qui me conduisait de Dubrovnik sur l'Adriatique à Ben Nevis en Écosse. C'était ma deuxième journée de route, et l'après-midi était déjà bien avancé. Je pédalais dans la campagne hollandaise quand la lumière a commencé à décliner ; la bruine venue de la mer du Nord rendait la chaussée glissante. Un camion m'obligea à raser le bas-côté et ma bicyclette se renversa dans la gadoue. Je ne m'étais pas fait mal, mais j'étais trempé et crotté, en plus d'avoir un garde-boue tordu à redresser. En l'absence de pont – mon refuge habituel de routard en cas d'intempéries –, je frappai à la porte de la maison la plus proche, espérant pouvoir m'abriter de la pluie quelques instants. Mme Oudshoorn avait assisté à ma chute depuis la fenêtre, où, ai-je supposé, elle passait un certain nombre de ses après-midi. Elle ne fut donc pas vraiment surprise quand elle entrouvrit sa porte pour me dévisager. Elle hésita un instant puis, faisant fi de toute prudence, ouvrit tout grand le battant pour accueillir ce jeune Canadien trempé jusqu'aux os.

Je ne souhaitais qu'échapper à la pluie quelques minutes et reprendre un peu mes esprits, mais elle ne voulut rien savoir. Elle me fit couler un bain, me prépara à dîner, m'offrit un lit pour la nuit et m'obligea à accepter plusieurs effets de son défunt mari, dont un imperméable. Le lendemain matin, alors que le soleil entrait à flots et se répandait sur sa table de cuisine, elle me servit le meilleur petit déjeuner de ma vie et rit tout bas en songeant à la colère de son fils s'il venait à apprendre qu'elle avait reçu sous son toit un parfait étranger, un homme de surcroît. Après le petit déjeuner, elle me donna quelques cartes postales de sites locaux en guise de souvenirs et me suggéra d'aller en visiter quelques-uns avant d'enfourcher ma bicyclette pour reprendre la route. Le soleil brillait ce dimanche matin, et je n'avais aucune obligation. Je suis donc allé jeter un coup d'œil à l'endroit où j'avais échoué. La ville de Mme Oudshoorn ne m'a plus quitté depuis. Mon hôtesse m'avait accordé plus que l'hospitalité de sa demeure. Elle m'avait donné Delft.

« Une ville des plus douces, avec des ponts et un cours d'eau dans toutes les rues » – c'est en ces termes que le chroniqueur londonien Samuel Pepys la décrivit quand il la visita en mai 1660. Ce portrait convient parfaitement à la ville que je découvris alors, car Delft ressemble encore beaucoup à ce qu'elle était au XVIIe siècle. Ce matin-là, ses rues pavées et ses ponts étroits étaient mouchetés de nuages en forme de galions qui filaient à vive allure dans le ciel depuis la mer du Nord, à une douzaine de kilomètres au nord-ouest, tandis que les reflets du soleil sur les canaux éclairaient les façades de brique des maisons. Contrairement à l'autre cité de canaux, bien plus imposante, qu'est Venise, bâtie par les Italiens au-dessus de la surface de la mer sur des pilotis de bois qu'ils ont fichés dans les bancs de sable déposés par les marées, les Hollandais ont construit Delft sous le niveau de la mer. La mer du Nord était retenue par des digues, et l'on creusa des canaux pour drainer les marais littoraux. Cette histoire est inscrite dans le nom même de la ville, puisque *delven* signifie « creuser » en néerlandais. Le canal principal qui parcourt, sur toute sa longueur, la partie ouest de la ville s'appelle toujours l'Oude Delft, le Vieux-Canal.

Les souvenirs du XVIIe siècle sont particulièrement présents dans les deux grandes églises de Delft. Celle qui se trouve sur la place du Grand-Marché s'appelle la Nieuwe Kerk, la Nouvelle Église, parce qu'elle a été fondée deux siècles après l'Oude Kerk, la Vieille Église, qui donne sur le canal de l'Oude Delft. Ces deux édifices remarquables ont été construits et décorés pour servir de lieux de culte catholiques, bien sûr (la Vieille Église au XIIIe siècle, la Nouvelle Église au XVe siècle), mais ils ne le sont pas restés. La lumière qui traverse le verre transparent de leurs fenêtres et illumine l'intérieur fait pâlir cette histoire ancienne en faveur des événements ultérieurs : l'élimination de l'idolâtrie catholique, qui s'est accompagnée de la dépose des vitraux en 1560, dans le cadre de la lutte pour l'indépendance hollandaise contre la domination espagnole, et l'aménagement de lieux de réunion protestants où l'on célébrait un culte presque civil. Le sol des deux églises date très certainement du XVIIe siècle, car il est couvert d'inscriptions marquant l'emplacement des sépultures de riches citoyens de la Delft de l'époque. En ce temps-là, les gens cherchaient à se faire enterrer aussi près que possible d'un lieu sacré. Être inhumé dans une église était encore plus prisé que d'avoir un tombeau à côté d'elle. Parmi les nombreuses toiles qui représentent l'intérieur de ces deux églises, plusieurs montrent une dalle soulevée et parfois même des fossoyeurs à l'œuvre, tandis que d'autres personnes (et des chiens) vaquent à leurs occupations. Les églises consignaient dans des registres le lieu où chaque famille possédait son caveau, mais la plupart des tombes sont dépourvues d'inscription commémorative. Seuls ceux qui pouvaient en assumer le coût faisaient graver leurs nom et qualités sur les pierres qui recouvraient leur dépouille.

C'est dans la Vieille Église que j'ai découvert une pierre portant une inscription soignée et concise : JOHANNES VERMEER, 1632-1675. J'avais failli trébucher sur la tombe d'un artiste dont je venais de voir et d'admirer les toiles au Rijksmuseum, le musée national d'Amsterdam, quelques jours auparavant. Je ne savais rien de Delft, ni des liens de Vermeer avec cette ville. Et voilà qu'il gisait à mes pieds, cherchant à éveiller mon attention.

Bien des années plus tard, j'ai appris que cette dalle n'avait pas été posée sur la tombe de Vermeer à sa mort. Ce n'était pas alors un homme assez important pour mériter une pierre tombale gravée. Ce n'était qu'un peintre, un artisan exerçant un des métiers des beaux-arts. Vermeer avait été, c'est un fait, syndic de la guilde de Saint-Luc, et jouissait d'une position honorifique dans la milice de la ville – une distinction qu'il partageait, précisons-le, avec quelque quatre-vingts autres habitants de son quartier. En admettant qu'il ait laissé suffisamment d'argent à sa mort, ce qui ne fut pas le cas, son rang ne justifiait pas qu'on lui fasse l'honneur d'une pierre gravée. Ce n'est qu'au XIXe siècle que les collectionneurs et les conservateurs de musée ont commencé à voir dans les peintures subtiles et insaisissables de Vermeer l'œuvre d'un grand artiste. La dalle de l'Oude Kerk n'a été posée qu'au XXe siècle, pour satisfaire les nombreux visiteurs qui, contrairement à moi, savaient qu'il était inhumé en ce lieu et venaient lui rendre hommage. Cependant, cette pierre ne marque pas réellement l'endroit où Vermeer a été enterré, car toutes les dalles ont été retirées avant d'être reposées lors de la restauration de l'église, à la suite du grand incendie de 1921. Tout ce que nous savons, c'est que sa dépouille se trouve là, quelque part.

Rien d'autre n'a survécu de l'existence de Vermeer à Delft. Nous savons qu'il a grandi dans l'auberge de son père, à deux pas de la place du Grand-Marché, et qu'il a passé l'essentiel de son existence d'adulte dans la maison de sa belle-mère, Maria Thins, dans la rue de l'Oude Langendijk, la Vieille Longue Digue. C'est là qu'il s'entoura, au rez-de-chaussée, d'une nichée d'enfants en constante augmentation ; c'est là qu'à l'étage, il peignit la plupart de ses toiles et mourut subitement à quarante-trois ans, alors que ses dettes s'étaient accumulées et sa source d'inspiration tarie. La maison a été démolie au XIXe siècle. De la vie que mena Vermeer à Delft, il ne reste rien de tangible.

Pour accéder à son univers, il faut passer par ses peintures, mais ce n'est pas possible non plus à Delft. Sur les trente-cinq toiles qui nous sont parvenues (une trente-sixième, volée à l'Isabella Stewart Gardner Museum de Boston en 1990, n'a toujours pas été retrouvée), il n'en est pas une seule qui soit conservée à Delft. Elles ont été vendues après sa mort ou déplacées au gré des ventes aux enchères ; elles sont aujourd'hui dispersées dans dix-sept musées, de Manhattan à Berlin. Les trois œuvres géographiquement les plus proches se trouvent au Mauritshuis, le cabinet royal de peinture de La Haye. Elles ne sont pas loin de Delft – La Haye était à quatre heures de distance en péniche au XVIIe siècle, mais elle n'est aujourd'hui qu'à dix minutes en train –, toutefois elles ne se trouvent plus à l'endroit où il les a peintes. Si l'on veut voir un Vermeer, il faut être ailleurs qu'à Delft. Si l'on veut être à Delft, il faut renoncer à la possibilité d'admirer un Vermeer.

On pourrait avancer toutes sortes de raisons expliquant pourquoi Vermeer ne pouvait être originaire que de Delft, depuis les traditions picturales de la ville jusqu'à la lumière particulière qui la baigne. Mais cela ne nous autorise pas à conclure qu'il n'aurait pas pu exécuter de toiles tout aussi remarquables s'il avait vécu ailleurs en Hollande. Le contexte est important, il ne justifie pas tout. Je pourrais également multiplier les arguments pour défendre l'idée qu'une histoire mondiale des transformations interculturelles de la vie du XVIIe siècle ne peut commencer qu'à Delft. Mais ils ne sauraient vous convaincre que cette ville était l'unique point de départ envisageable. Le fait est qu'il ne s'y est rien passé qui ait notoirement changé le cours de l'Histoire, sinon peut-être celui de l'histoire de l'art, et je n'irai pas prétendre le contraire. Si je pars de Delft, c'est simplement parce qu'il se trouve que j'y suis tombé de bicyclette, que Vermeer y a vécu et que je prends plaisir à regarder ses tableaux. Tant que Delft ne fait pas obstruction à notre vision du monde du XVIIe siècle, ces raisons sont aussi bonnes que n'importe quelle autre pour que nous nous arrêtions dans cette ville et que nous observions le spectacle qui s'offre à nos yeux.

Supposons que je prenne un autre point de départ : Shanghai, par exemple, puisque mes voyages m'y ont conduit plusieurs années après ce premier séjour à Delft et m'ont poussé à me spécialiser dans l'histoire de la Chine. Cela conviendrait parfaitement au propos de ce livre, car l'Europe et la Chine sont les deux pôles du champ magnétique de communications que je décris ici. Le choix de Shanghai modifierait-il considérablement l'histoire que je m'apprête à raconter ? Peut-être pas. En fait, Shanghai ressemblait assez à Delft si nous nous attachons à rechercher les similitudes derrière les différences évidentes. Comme Delft, Shanghai était construite sur une terre autrefois recouverte par l'océan, et son existence même dépendait des canaux chargés de drainer les marais sur lesquels elle est bâtie. (Le nom de Shanghai, que l'on pourrait traduire par « sur l'océan », est en réalité une abréviation de Shanghaibang, « canal de l'océan »). Shanghai était, elle aussi, une ville fortifiée (bien que son enceinte n'ait été construite qu'au milieu du XVIIe siècle pour la protéger des attaques japonaises). Elle était sillonnée par un réseau de canaux et de ponts et disposait d'un accès direct à l'océan par voie d'eau. Marché central d'une économie agricole lucrative établie sur les terres gagnées à la mer, elle servait, elle aussi, de point d'ancrage à une activité artisanale de production installée dans la campagne environnante (des cotonnades, en l'occurrence). Shanghai n'abritait pas la bourgeoisie urbaine que (et pour qui) Vermeer peignit, et n'atteignait peut-être pas le même niveau de culture et de raffinement. Le plus célèbre de ses fils, Xu Guangqi (qui s'était converti au catholicisme), se plaignait dans une lettre de 1612 des « manières vulgaires » de Shanghai. Cela n'empêchait pas de riches familles de se livrer à des pratiques de mécénat et de consommation ostentatoire – incluant l'achat et l'exposition de peintures –, assez proches de ce que faisait l'élite commerçante de Delft. Une coïncidence encore plus frappante veut que Shanghai ait été la ville natale de Dong Qichang – le plus grand peintre et calligraphe de son temps –, qui transforma les conventions picturales et posa les fondements de l'art chinois moderne. Il serait évidemment ridicule de prétendre que Dong fut le Vermeer de la Chine, ou Vermeer le Dong de la Hollande, mais le parallèle est trop singulier pour être passé sous silence.

Ces similitudes entre Delft et Shanghai s'estompent dès qu'on se penche sur leurs différences. La première concerne leurs dimensions : au milieu du siècle, Delft ne comptait que vingt-cinq mille habitants, ce qui la situait au sixième rang des villes hollandaises, alors que Shanghai, avant les famines et les troubles des années 1640, administrait une population urbaine de plus du double et une population rurale d'un demi-million d'individus. La seconde, encore plus importante, relève du contexte politique : Delft était une base majeure pour une république de fraîche date qui avait rejeté le joug des Habsbourg d'Espagne, alors que Shanghai était un siège administratif que les empires Ming et Qing tenaient solidement en main[1]. La politique nationale réglant les interactions avec le monde extérieur était également très dissemblable dans ces deux localités. Le gouvernement hollandais s'efforçait d'étendre ses liaisons commerciales à toute la planète, tandis que le gouvernement chinois menait une politique de limitation intermittente des contacts et du commerce avec l'étranger (une politique qui faisait l'objet d'un vif débat en Chine même). Ces différences ne sont pas négligeables, mais je ne m'y attarderai pas car elles n'ont guère d'incidence sur mon objectif, essayer de donner une image de l'ensemble plus vaste dont Shanghai et Delft faisaient partie : un monde dans lequel les hommes tissèrent un réseau de connexions et d'échanges sans précédent. Cette histoire demeure largement identique, quel que soit le point de départ depuis lequel on choisit de la raconter.

Ce qui a survécu n'est pas étranger à ma préférence pour Delft par rapport à Shanghai. Tomber de bicyclette à Delft m'a projeté dans la mémoire du XVIIe siècle. Une chute ne produit pas le même effet à Shanghai. Le passé y a été effacé avec une telle efficacité d'abord par le colonialisme, puis par le socialisme d'État, et plus récemment encore par le capitalisme global que les seules portes qui s'ouvrent véritablement sur la dynastie Ming se trouvent sur les rayonnages des bibliothèques. Un léger parfum de souvenirs d'autrefois s'attarde encore dans les ruelles qui entourent Yuyuan, le Jardin du Contentement, au cœur de ce qui fut jadis la vieille ville. Ce jardin a été aménagé à la fin du XVIe siècle en guise de cadeau de retraite au père de son créateur, mais tout autour s'est développé un petit espace de réunion publique où, entre autres activités, les artistes venaient exposer leurs œuvres à vendre. Pourtant, tout ce quartier a été tellement bâti au cours des siècles qui se sont écoulés que peu de choses trahissent encore ce qui a pu exister sous la dynastie Ming.

J'ai en fait une raison bien particulière de commencer mon histoire à Delft plutôt qu'à Shanghai : l'extraordinaire corpus de peintures de Delft réalisées par Johannes Vermeer. Dong Qichang ne nous a pas laissé de recueil de peintures de Shanghai, une ville qu'il a fuie dès qu'il a eu assez d'argent pour rejoindre la capitale de la préfecture. Vermeer est resté chez lui, et il a peint ce qu'il voyait. Quand nous parcourons ses toiles du regard, nous avons l'impression de pénétrer dans un monde où vivaient des êtres bien réels, entourés d'objets au milieu desquels ils se sentaient chez eux. Les personnages énigmatiques de ses peintures sont porteurs de secrets que nous ne connaîtrons jamais, car il s'agit de leur monde, et non du nôtre. Pourtant, sa façon de les peindre nous donne le sentiment de nous introduire dans un espace intime. Il ne s'agit toutefois que de « sentiment », d'« impression ». Vermeer possédait une telle maîtrise de la technique picturale qu'il pouvait duper le regard du spectateur et lui faire croire que la toile n'est qu'une fenêtre à travers laquelle on peut voir directement les lieux qu'il peint, comme s'ils étaient réels. Les Français appellent ce genre d'illusion picturale un trompe-l'œil. Dans le cas de Vermeer, les lieux étaient parfaitement réels, mais peut-être n'étaient-ils pas exactement tels qu'il les a peints. Après tout, Vermeer n'était pas photographe. C'était un illusionniste qui nous entraîne dans son univers, celui d'une famille bourgeoise de Delft au milieu du XVIIe siècle. Même si Delft ne ressemblait pas tout à fait à cela, le fac-similé est cependant suffisamment proche pour que nous entrions dans ce monde et que nous réfléchissions à ce que nous y trouvons.

Au fil de ces pages, en quête de témoignages de la vie à Delft, nous nous attarderons sur cinq tableaux de Vermeer, auxquels nous ajouterons une toile de son contemporain Hendrik Van der Burch, originaire de Delft lui aussi, et une peinture réalisée sur un plat en faïence de Delft. Mon choix ne s'est pas porté sur ces sept peintures uniquement pour ce qu'elles montrent, mais pour les allusions aux forces historiques de plus grande ampleur qui se dissimulent dans leurs détails. En nous penchant sur ceux-ci, nous découvrirons des liens cachés avec des sujets qui ne sont pas tout à fait évoqués, et des lieux qui ne sont pas réellement montrés. Les connexions que révèlent ces détails ne sont que suggérées, mais elles n'en sont pas moins présentes.

Si elles sont difficilement visibles, c'est à cause de leur nouveauté. Le XVIIe siècle aura moins été une ère de premiers contacts qu'un temps de renforcement des contacts, une période où les points de rencontre initiale se transformaient en lieux de rapprochement renouvelé. Désormais, des gens arrivaient régulièrement d'ailleurs ou partaient pour des contrées lointaines, emportant avec eux des objets – lesquels se retrouvaient ainsi en des lieux différents de ceux où ils avaient été fabriqués, et où on les voyait pour la première fois. Mais le commerce a rapidement pris le relais. Les éléments en déplacement n'étaient plus des voyageurs fortuits, mais des articles fabriqués dans l'intention d'être mis en circulation et vendus, et la Hollande était une des destinations de ces nouveaux produits. À Amsterdam, véritable nœud de convergence de ces articles, ils attirèrent l'attention du philosophe français René Descartes. En 1631, Descartes vivait depuis un certain temps aux Pays-Bas, où il s'était exilé lorsque ses idées controversées l'avaient obligé à quitter la France catholique. Cette année-là, il décrivit Amsterdam comme une sorte d'« inventaire du possible ». « Quel lieu au monde, écrivait-il, pourrait-on choisir [...] où toutes les commodités et toutes les curiosités qui peuvent être souhaitées soient si faciles qu'en celui-ci ? » Amsterdam se prêtait particulièrement bien à la circulation de « toutes les commodités et toutes les curiosités qui peuvent être souhaitées », pour des raisons qui s'élucideront au fil de notre récit. Ces objets atteignaient Delft en nombre plus modeste, mais ils y arrivaient tout de même. Quelques-uns se retrouvèrent même dans la demeure que Vermeer partageait avec sa belle-mère, Maria Thins, comme en témoigne l'inventaire des biens que sa femme, Catharina Bolnes, dressa après la mort de son mari, lorsqu'il lui fallut faire une déclaration de faillite. Vermeer n'était pas assez riche pour posséder beaucoup de beaux objets, mais ceux qu'il acquit nous livrent quelques indices sur la place qu'il occupait dans le monde. Et c'est dans ses peintures que nous les verrons en action.

Pour prêter vie aux histoires que je veux raconter dans ce livre, je vous proposerai d'examiner des peintures ; ou plus exactement certains objets représentés dans celles-ci. Cette méthode exige que nous renoncions provisoirement à quelques habitudes que nous avons acquises lorsque nous observons des tableaux. La première consiste à les considérer comme des fenêtres qui ouvrent directement sur un autre temps, un autre lieu. Penser que les toiles de Vermeer sont des images qu'il a prises directement dans la vie de Delft au XVIIe siècle est une illusion séduisante. On ne « prend » pas une peinture comme on prend une photographie ; on la « fait », soigneusement et délibérément, moins pour montrer une réalité objective que pour présenter un scénario précis. Cette attitude affecte le regard que nous posons sur le contenu des tableaux. Quand nous considérons les peintures comme des fenêtres, nous traitons les objets qui s'y trouvent comme des détails bidimensionnels qui nous montrent soit que le passé était différent du présent, soit qu'il lui est identique, là encore, comme si une photographie avait été prise. Nous voyons un verre à pied du XVIIe siècle et nous nous disons : voilà à quoi ressemble un verre à pied du XVIIe siècle ; n'est-il pas remarquablement proche/différent (au choix) des verres à pied d'aujourd'hui ? Nous ne nous demandons pas : que fait ce verre à pied ici ? Qui l'a fabriqué ? D'où vient-il ? Pourquoi l'artiste a-t-il choisi de le faire figurer sur sa toile de préférence à un autre objet, une tasse à thé, par exemple, ou une cruche de verre ?

Or c'est précisément le genre de questions que j'aimerais que nous nous posions quand nous étudierons les sept peintures qui servent de support à cet ouvrage. Cela ne nous interdit pas d'apprécier les plaisirs plus superficiels qu'elles nous offrent, mais je voudrais que nous dépassions la surface des choses pour considérer les objets comme des signes du temps et du lieu où ces œuvres d'art ont été réalisées. Ces signes s'y sont glissés largement à l'improviste au moment où elles ont été peintes. Notre tâche consiste à les extraire afin que non contente de raconter sa propre histoire, la peinture puisse, de surcroît, raconter la nôtre. Le critique d'art James Elkins affirmait que les peintures sont des énigmes que nous nous sentons tenus de résoudre pour apaiser la perplexité que nous inspire le monde dans lequel nous vivons, ainsi que notre incertitude quant à la raison précise de notre présence ici. J'ai choisi ces sept peintures hollandaises pour cette mission.

Si nous n'envisageons pas les objets qu'elles contiennent comme des accessoires disposés derrière des fenêtres, mais comme des portes à ouvrir, ils nous feront pénétrer dans des couloirs menant à des découvertes sur le monde du XVIIe siècle que les peintures ne révèlent pas par elles-mêmes, et dont l'artiste lui-même n'était probablement pas conscient. Derrière ces portes se déroulent des passages inattendus et des chemins dérobés qui relient notre présent déroutant – à un degré que nous n'aurions pas soupçonné et par des biais qui nous surprendront – à un passé qui était loin d'être simple. Et s'il est un thème qui se glisse à travers le passé complexe de la Delft du XVIIe siècle et que dévoilera chacun des objets que nous examinerons dans ces peintures, c'est que Delft n'était pas isolée. Elle existait à l'intérieur d'un monde qui se prolongeait vers l'extérieur et couvrait la planète entière.

Commençons par la *Vue de Delft* (fig. 1). Cette peinture est inhabituelle dans l'œuvre de Vermeer. La plupart de ses toiles reproduisent des intérieurs, où sont agréablement disposés des objets discrets, issus de la vie familiale de l'artiste. La *Vue de Delft* est différente. Parmi les deux seules scènes d'extérieur qu'il nous a laissées, c'est son unique tentative de représentation d'un vaste espace. Les objets, les personnages mêmes, prennent une dimension et une importance réduites face à l'ample panorama de bâtiments et à l'étendue de ciel qui les surplombe. Cette toile n'a pourtant rien d'un paysage générique. C'est une vue bien particulière de Delft, telle qu'elle apparaît depuis un emplacement situé juste à l'extérieur du côté sud de la ville, en regardant vers le nord, de l'autre côté du Kolk, le port fluvial de Delft. En face du triangle d'eau qui occupe le premier plan s'élèvent les portes de Schiedam et de Rotterdam, de part et d'autre de l'embouchure de l'Oude Delft, là où ce canal se jette dans le Kolk. La ville s'étend au-delà des portes. Notre regard est attiré vers le clocher de la Nouvelle Église qu'éclaire le soleil. Visiblement, il n'abrite pas de cloches. Comme nous savons que leur mise en place a commencé en mai 1660, cette toile doit être légèrement antérieure à cette date. D'autres tours se dressent sur la ligne d'horizon. De droite à gauche, nous reconnaissons le dôme qui couronne la porte de Schiedam, puis la plus petite tour conique de la brasserie du Perroquet (Delft était au XVIIe siècle un centre de fabrication de bière). Et à côté, nous distinguons à peine le sommet du clocher de la Vieille Église. Voici Delft au printemps de 1660.

J'ai découvert cette toile lors d'une visite au Mauritshuis, trente-cinq ans après mon fameux passage à Delft. Je m'y étais rendu dans l'espoir de voir *La Jeune Fille à la perle*, ce que j'ai fait. Je savais que ce musée abritait d'autres Vermeer, mais j'ignorais lesquels avant d'être entré dans la pièce d'angle du dernier étage et de m'être trouvé nez à nez avec sa *Vue de Delft*. La toile était plus grande que je ne l'aurais cru, plus animée et beaucoup plus complexe dans ses modulations de lumière et d'ombre que ne le révélaient les reproductions. Alors que j'essayais d'identifier les édifices représentés d'après mes connaissances de cartes du XVIIe siècle, il me vint à l'esprit que Delft n'était qu'à dix minutes de train. Pourquoi ne pas comparer l'interprétation de Vermeer avec la réalité, surtout si le XVIIe siècle y était encore aussi présent que je le soupçonnais ? J'ai dévalé l'escalier jusqu'au rez-de-chaussée, je me suis précipité dans la boutique, j'ai acheté une carte postale représentant cette toile et j'ai couru à la gare. Le train partait quatre minutes plus tard. Encore quelques instants, et j'étais de retour à Delft.

J'ai pu me rendre exactement à l'endroit où Vermeer avait composé son tableau, bien que le monticule du petit parc qui occupe aujourd'hui le premier plan n'ait pas été tout à fait assez élevé pour que je retrouve exactement sa perspective. Sans doute avait-il peint depuis une fenêtre du premier étage. Mais il suffisait d'un infime ajustement pour reporter sa toile sur la Delft actuelle. Les vicissitudes du temps et de l'urbanisme ont détruit bien des éléments de la scène d'origine. Les portes de Schiedam et de Rotterdam ont disparu, la brasserie du Perroquet aussi. L'enceinte de la ville a été remplacée par un boulevard animé. Mais les flèches de la Nouvelle Église et de la Vieille Église se dressent toujours à l'endroit même où Vermeer les a placées. Ce n'était pas Delft en 1660, mais cela s'en rapprochait suffisamment pour que la scène pittoresque de la *Vue de Delft* m'indique où j'étais. Quand on regarde cette toile aujourd'hui, la première porte s'ouvre aisément. Voilà à quoi ressemblait Delft vue du sud. Existe-t-il une deuxième porte ? Oui ; et même plusieurs.

Le premier endroit où nous irons en chercher une est le port. Le Kolk accueillait des bateaux qui arrivaient à Delft et en partaient en empruntant le canal de la Schie, qui coule vers le sud en direction de Schiedam et de Rotterdam sur le Rhin. Au premier plan à gauche, on voit une barge à passagers amarrée au quai. De forme longue et étroite pour franchir facilement les écluses, ces barges tirées par des chevaux assuraient à heures fixes la liaison entre Delft et un certain nombre de villes et de bourgades de toute la Hollande méridionale. Plusieurs personnes se sont rassemblées sur le quai, près de l'embarcation. Leur costume et leur attitude suggèrent qu'elles vont prendre place parmi les huit passagers de première classe qui payaient pour s'asseoir dans la cabine à l'arrière de l'embarcation, au lieu de jouer des coudes pour s'installer à l'avant, au milieu des vingt-cinq passagers de seconde. Une légère brise ride la surface de l'eau, mais autrement, rien ne bouge. Sur les deux autres côtés du port, tous les bateaux sont amarrés ou désarmés. Seules la ligne d'horizon déchiquetée que dessinent les bâtiments et l'ombre projetée par un immense cumulus qui occupe la partie supérieure de la toile apportent un peu d'animation. L'effet général est celui d'une belle journée, parfaitement paisible. D'autres embarcations sont amarrées autour du Kolk : de petits chalands sous la porte de Schiedam et quatre autres barges à passagers à côté de la porte de Rotterdam. Mais les deux bâtiments sur lesquels je souhaite attirer votre attention sont les navires à large fond amarrés l'un à l'autre, sur la droite du tableau. C'était sur cette partie du quai, devant la porte de Rotterdam, que se trouvait le chantier naval de Delft. Les mâts arrière de ces deux bâtiments sont absents et leurs mâts avant sont partiellement démontés, ce qui nous apprend qu'ils sont ici pour être réarmés ou réparés. Ce sont des harenguiers, des navires à trois mâts construits pour la pêche au hareng en mer du Nord. Ils nous ouvrent une nouvelle porte sur le monde du XVIIe siècle, mais elle exige quelques explications.

Si une condition dominante a marqué l'histoire du XVIIe siècle, c'est le refroidissement planétaire. Pendant le siècle et demi qui s'est écoulé entre 1550 et 1700, on a assisté dans le monde entier à une baisse des températures. Ce phénomène n'a été ni continu ni uniforme, mais les températures ont chuté partout. En Europe du Nord, le premier hiver vraiment rigoureux de ce qu'on a appelé le « petit âge glaciaire » a été celui de 1564-1565. En janvier 1565, Pieter Bruegel l'Ancien, le grand peintre des petites gens des Pays-Bas, a réalisé son premier paysage hivernal représentant des chasseurs dans la neige et des gens qui s'amusent sur la glace. Bruegel pensait peut-être peindre une situation exceptionnelle qui ne se reproduirait pas, mais elle s'est reproduite. Il a représenté plusieurs autres scènes d'hiver les années suivantes, lançant ainsi la mode des paysages hivernaux. Vermeer n'a jamais peint de scènes de patinage, mais nous savons qu'il y a participé, car en 1660, il a acheté à un voilier de Delft un char à voile sur patins, qu'il a payé la somme considérable de quatre-vingts florins. Il avait mal choisi son moment, car les canaux de Hollande n'ont pas gelé au cours des deux hivers suivants. Puis le froid est revenu. La chute des températures se manifesta également en d'autres lieux. En Chine, entre 1654 et 1676, de sévères gelées firent mourir des plantations d'orangers et de mandariniers qui produisaient des fruits depuis des siècles. Le monde ne serait pas toujours aussi froid, mais telles étaient les conditions de vie au XVIIe siècle.

Ces hivers rigoureux n'avaient pas pour seule incidence de permettre la pratique du char à glace. Ils s'accompagnaient d'une période de végétation plus courte et d'une terre plus détrempée, ce qui entraîna une hausse du prix des céréales et une augmentation des maladies. Une baisse de la température printanière d'un demi-degré Celsius seulement retarde la plantation de dix jours, et une chute identique à l'automne oblige encore à avancer les récoltes de dix jours. Selon une théorie, le temps froid pourrait avoir une autre conséquence pernicieuse, la peste. À travers le monde entier, la peste a effectivement sévi dans les sociétés densément peuplées entre 1570 et 1660. Elle a frappé Amsterdam au moins dix fois entre 1597 et 1664, faisant, en cette dernière occasion, plus de vingt-quatre mille morts. L'Europe du Sud fut plus gravement touchée encore. Lors de l'épisode de peste de 1576-1577, Venise perdit cinquante mille habitants (28 % de sa population). Une deuxième grande épidémie, en 1630, fit encore quarante-six mille morts (un pourcentage proportionnellement plus élevé – 33 % – d'une population déjà lourdement amputée). En Chine, une période de temps rigoureux à la fin des années 1630 fut suivie d'une épidémie particulièrement virulente en 1642. La maladie descendit le Grand Canal avec une rapidité foudroyante, anéantissant des localités entières et mettant le pays à la merci d'abord des rebelles paysans qui s'emparèrent de Pékin en 1644, puis des armées des Mandchous, qui fondèrent une dynastie, les Qing, et gouvernèrent la Chine au cours des trois siècles suivants.

Le froid et la peste réduisirent le rythme de croissance de la population mondiale, mais, rétrospectivement, il semble aujourd'hui que l'espèce humaine ne faisait que prendre son élan avant le grand bond qui commença autour de 1700 et qui dure toujours. L'humanité avait déjà franchi le seuil d'un demi-milliard d'habitants avant le début du XVIIe siècle. Nous étions largement plus de six cents millions au moment où il s'est achevé. Johannes Vermeer et

Catharina Bolnes apportèrent leur modeste contribution à la croissance de la population mondiale, mais ce ne fut pas facile. Ils enterrèrent au moins quatre de leurs enfants, dont trois dans le caveau familial de la Vieille Église. Les raisons de leur décès n'ont pas été consignées, mais on peut supposer que la peste aurait été mentionnée si elle en avait été responsable. Il est vrai que les gains compensèrent largement les pertes, puisque onze autres enfants survécurent jusqu'à l'âge adulte. Cinq ou six d'entre eux étaient déjà nés à l'époque où Vermeer acquit son char à glace ; peut-être l'acheta-t-il pour leur plaisir autant que pour le sien ? À plus longue échéance, cependant, seuls quatre de ses enfants se marièrent et eurent eux-mêmes des enfants. Dans de nombreuses familles, sinon dans celle de Vermeer, les enfants restés célibataires quittaient leur communauté d'origine, poussés par la nécessité de trouver un emploi et de gagner leur vie. Les jeunes gens devenaient les marins qui composaient les équipages des navires, les salariés et la main-d'œuvre servile qui travaillaient sur les quais et dans les entrepôts du nouveau commerce mondial, et les soldats qui formaient les effectifs des armées et protégeaient ce commerce. Ces mêmes jeunes gens fournissaient également les équipages des navires de pirates, véritable plaie d'un trafic maritime en pleine expansion. Les jeunes femmes devenaient domestiques ou prostituées.

Dans la *Vue de Delft,* les harenguiers nous livrent un signe de cette histoire. Un avantage que les Hollandais retirèrent du refroidissement de la planète fut la migration des poissons de la mer du Nord en direction du sud. Les hivers plus froids entraînèrent une extension méridionale des glaces arctiques, provoquant de longues périodes de gel le long du littoral norvégien, base traditionnelle des pêcheries de hareng.

L'activité de pêche se déplaça alors vers le sud, vers la Baltique, et passa ainsi sous contrôle des pêcheurs hollandais. Voilà pourquoi nous voyons des harenguiers amarrés devant Delft. L'un des premiers spécialistes de l'histoire du climat est allé jusqu'à suggérer que la prospérité hollandaise de la première moitié du XVIIe siècle – que Vermeer rend si bien dans ses intérieurs domestiques – serait due à cette aubaine. Les revenus de la pêche au hareng permirent aux Hollandais d'investir dans d'autres entreprises, notamment dans la navigation et le commerce maritime. Ces deux harenguiers sont la preuve que nous donne Vermeer du changement climatique.

La *Vue de Delft* nous ouvre une autre porte sur le XVIIe siècle. Revenez au clocher de la Vieille Église, à côté de la brasserie du Perroquet ; nous voyons un long toit qui dessine une ligne continue jusqu'au bord gauche de la toile. (Si Vermeer avait poursuivi sa représentation un peu plus loin sur la gauche, il aurait été obligé d'y faire figurer le grand moulin situé à l'angle de l'enceinte de la ville et qui pompait l'eau du canal, ce qui aurait modifié la composition de sa peinture.) De précédents commentateurs ont accusé Vermeer d'avoir simplifié la ligne d'horizon pour ne pas détourner l'attention d'autres éléments de son œuvre. Quand je suis allé me poster tout au bout du Kolk, j'ai cherché cette ligne. Les toits que j'ai vus n'étaient pas exactement tels que Vermeer les avait représentés, mais malgré les additions et soustractions architecturales qui ont eu lieu depuis 1660, j'ai pu reconnaître ce qu'il avait peint : le toit d'un vaste ensemble d'entrepôts qui couvrait tout le pâté de maisons depuis l'Oude Delft jusqu'au fossé occidental de la ville. Il s'agissait de l'entrepôt de l'Oost-Indisch Huis, la Maison des Indes orientales, comme j'ai pu m'en convaincre en remontant l'Oude Delft et en observant les façades des bâtiments. Cet édifice était le siège de la chambre de Delft de la Compagnie hollandaise des Indes orientales (Verenigde Oostindische Compagnie), le centre d'un vaste réseau de commerce international reliant Delft à l'Asie.

La Compagnie hollandaise des Indes orientales – la VOC, comme on l'appelle – est au capitalisme d'entreprise ce que le cerf-volant de Benjamin Franklin est à l'électronique : le point de départ d'une évolution d'une immense portée, imprévisible sur le moment. Première grande société par actions du monde, la VOC fut créée en 1602 quand la République hollandaise obligea les nombreuses sociétés commerciales naissantes à profiter de l'essor du commerce asiatique pour fusionner en une unique organisation commerciale. Le monopole était le bâton. Les compagnies qui refusaient de rejoindre la VOC ne seraient pas autorisées à faire du négoce avec l'Asie. La carotte était la promesse de profits illimités dans lesquels l'État n'interviendrait pas, sinon pour en retirer un modeste dividende fiscal. Les marchands acceptèrent cet accord à contrecœur, et la VOC naquit sous la forme d'une fédération de six chambres régionales : la chambre d'Amsterdam, qui apportait la moitié du capital, les chambres de Hoorn et d'Enkhuyzen en Hollande du Nord, de Middelburg sur l'estuaire du Rhin (Zélande), et enfin de Rotterdam et Delft au cœur de la Hollande. Ce qui ressemblait fort à première vue à un compromis impraticable – les différentes chambres contrôlaient elles-mêmes leurs capitaux et leurs opérations, tout en obéissant à des principes et à une politique uniformes – se révéla être une brillante innovation. Seul un État fédéral exceptionnel comme la République hollandaise aurait pu imaginer une structure fédérale pour administrer une compagnie commerciale. La VOC associait souplesse et force, accordant aux Hollandais un immense avantage dans la lutte pour la maîtrise du commerce maritime avec l'Asie.

En l'espace de quelques décennies, la VOC prouva qu'elle était la plus puissante corporation commerciale du monde du XVIIe siècle, le modèle des grandes entreprises qui dominent aujourd'hui l'économie mondiale. Son monogramme s'imposa également comme la marque la plus connue de l'époque – on pourrait aller jusqu'à parler de premier logo global. Ce monogramme unique pour l'ensemble de la compagnie était formé de ses trois initiales, le *V* (Verenigde) au centre, le *O* (Oostindische) et le *C* (Compagnie) recouvrant partiellement les deux branches du *V*. Chaque chambre était libre d'ajouter sa propre initiale au-dessus ou au-dessous du sigle *VOC*. La chambre de Delft plaça son *D* (pour Delft) sur la pointe inférieure du *V*, créant ainsi un monogramme que l'on peut encore voir aujourd'hui sur la façade de ses anciens bureaux, du côté ouest du Vieux-Canal de la ville. La chambre fit l'acquisition de cet immeuble en 1631. Au fil du temps, elle y annexa d'autres bâtiments, tous ornés du même monogramme. Les édifices d'origine ont été depuis longtemps transformés en appartements privés – la VOC a fait faillite dans les années 1790 et a été dissoute en 1800 –, mais son logo est toujours là pour nous rappeler cette histoire. Connu de tous les Hollandais, il prête à cette compagnie disparue de longue date une présence virtuelle qui perdure aux Pays-Bas.

Dans la Delft du XVIIe siècle, tout le monde aurait su vous dire où se trouvait la chambre de Delft. La VOC était trop importante dans l'économie de la ville pour que son emplacement ne soit pas, localement, de notoriété publique. Si l'un de ces habitants m'avait accompagné à l'extrémité du port, à partir de l'endroit où le Vieux-Canal de Delft passait sous le pont Capels, entre les portes de Schiedam et de Rotterdam, et se déversait dans le Kolk, il m'aurait désigné sans la moindre difficulté les toits de tuile rouge de l'entrepôt et des bureaux de la VOC. En se tournant, il aurait aussi pu m'indiquer, suivant le canal vers le sud, la direction de Delfshaven, de Schiedam et de Rotterdam, les ports maritimes de la ville à l'embouchure du Rhin. Cette partie de Delft constituait son visage commercial, le point à partir duquel ses citoyens faisaient du commerce avec le monde. Une fois que nous avons relevé la présence de la VOC, la *Vue de Delft* commence à prendre un aspect moins purement décoratif, moins fortuit dans le choix de son sujet, plus intentionnel.

Malgré la visibilité de la VOC sur cette toile – comme à Delft même –, rien n'indique que Vermeer ait entretenu des liens personnels avec son sujet. Son grand-père fut à deux doigts de faire faillite à la suite de spéculations malheureuses sur des actions de la VOC dans les premières années d'existence de la Compagnie, après quoi la famille n'eut plus rien à voir avec elle. Mais à Delft, aucune famille ne pouvait entièrement échapper à la VOC. Le père de Vermeer, Reynier Vos (la famille n'avait pas encore adopté le patronyme de Vermeer au temps de la naissance de Reynier), marchand d'art et aubergiste, ne travaillait peut-être pas pour elle, mais son métier le conduisait à servir les voyageurs de passage à Delft, qui venaient, pour la plupart, pour les affaires de la Compagnie. C'est ainsi qu'un peintre pouvait, lui aussi, se trouver dans l'orbite de la VOC. À Amsterdam, par exemple, Rembrandt empochait de coquettes sommes pour faire le portrait des directeurs de la VOC. Mais à notre connaissance, Vermeer ne réalisait pas de portraits sur commande. Delft avait beau être une ville de la

Compagnie, Vermeer ne fut jamais un peintre de la Compagnie.

Il ne travaillait donc pas pour elle, contrairement à plusieurs dizaines de milliers de Hollandais. Une équipe d'historiens néerlandais a estimé qu'au cours des dix premières années d'activité de la VOC, qui coïncident plus ou moins avec la première décennie du XVIIe siècle, huit mille cinq cents hommes quittèrent les Pays-Bas sur ses navires. Ces effectifs augmentèrent progressivement au cours de toutes les décennies suivantes. Près d'un million d'individus firent la traversée de Hollande en Asie durant les deux siècles situés entre 1595 et 1795. La plupart étaient des jeunes gens qui préféraient un poste à la Compagnie des Indes orientales plutôt que de vivre dans des maisons surpeuplées et se contenter de patrimoines limités. L'Asie incarnait à leurs yeux l'espoir d'une vie meilleure sous d'autres cieux. Trois cousins de Vermeer au moins firent partie de ces émigrants de la VOC. À en croire le testament de son oncle paternel, Dirck Van der Minne, en 1675, un cousin du nom de Claes travaillait comme « chirurgien aux Indes orientales » et deux cousins germains de la génération suivante, Aryen et Dirck Gerritszoon Van Sanen, neveux de Claes, se trouvaient « tous deux aux Indes orientales » au moment où l'on donna lecture du testament.

Ce million d'individus ne passèrent pas tous par Delft sur la route de l'Orient, mais ce fut le cas de plusieurs milliers d'entre eux, qui descendirent le canal vers Rotterdam, sur l'embouchure du Rhin. Vermeer les aura rencontrés dans la taverne de son père quand il était enfant et il aura entendu les rodomontades de ceux qui partaient vers l'Est, ainsi que les histoires à dormir debout de ceux qui étaient de retour. Partir ne voulait pas forcément dire revenir. C'était même l'exception plus que la règle. Sur trois hommes qui s'embarquaient pour l'Asie, deux n'en revenaient pas. Certains mouraient pendant le voyage, et ils étaient plus nombreux encore à succomber après leur arrivée à des maladies contre lesquelles ils n'étaient pas immunisés. Mais la mortalité n'était pas la seule raison qui empêchait ces hommes de rentrer au pays. Beaucoup choisissaient de rester en Asie, certains pour éviter d'avoir, à leur retour, à payer le prix du succès ou à supporter la honte de l'échec, d'autres parce qu'ils s'étaient fait une vie nouvelle à leur point de chute et n'avaient aucune envie de retrouver ce qu'ils avaient laissé derrière eux. En dépit de ce lourd tribut humain, la VOC prospéra, et les Pays-Bas avec elle.

La capacité de l'Europe à organiser et à mener des opérations commerciales sur une échelle planétaire devait beaucoup aux nouvelles technologies associées au commerce maritime. Francis Bacon, esprit universel britannique, releva en 1620 trois « découvertes mécaniques » particulières qui, à ses yeux, avaient « changé toute la face du monde et la situation existante d'un bout à l'autre de la planète ». La première était le compas magnétique, qui permettait aux navigateurs de savoir approximativement où ils se trouvaient, même si aucune terre n'était en vue. La deuxième était le papier, qui permit aux marchands de conserver les documents détaillés nécessaires aux transactions multiples et d'entretenir l'abondante correspondance que réclame le commerce sur de longues distances. La troisième de ces découvertes était la poudre à canon. Sans les rapides progrès de la technologie balistique que les armuriers réalisèrent aux XVIe et XVIIe siècles, les marchands européens qui partaient pour l'étranger auraient eu le plus grand mal à venir à bout de l'opposition locale à des accords commerciaux indésirables comme à protéger les bénéfices de leur commerce. La VOC tira profit de ces innovations pour établir un réseau commercial qui s'étendait jusqu'à l'Extrême-Orient. « Aucun empire, aucune secte, aucune étoile, affirmait Bacon, ne semble avoir exercé pouvoir et influence plus considérables sur les affaires humaines » que ces trois inventions.

Ignorant parfaitement qu'elles venaient toutes trois de Chine, Bacon notait qu'elles étaient d'origine « obscure et peu glorieuse ». Si on lui avait appris qu'on les devait à ce pays lointain, il n'en aurait pas été surpris. Grâce aux descriptions pittoresques que Marco Polo avait faites de ses *Voyages* à la cour mongole dans la dernière partie du XIVe siècle, la Chine occupait une place de choix dans l'imaginaire collectif. Les Européens y voyaient un lieu de puissance et de richesse sans commune mesure avec tout ce qu'ils connaissaient. Cette idée en incita plus d'un à songer que la voie la plus rapide vers la Chine serait aussi, inévitablement, celle qui les conduirait le plus rapidement à la richesse et à la puissance. Ils se mirent donc à la recherche de cette route. L'appel de la Chine fut une force irrépressible qui contribua largement à définir l'histoire du XVIIe siècle non seulement en Europe et en Chine, mais dans la plupart des lieux situés entre les deux. Voilà pourquoi la Chine se dissimule derrière toutes les histoires de ce livre, même celles qui, à première vue, ne paraissent pas avoir grand-chose à voir avec elle. L'attrait des richesses chinoises a obsédé le monde du XVIIe siècle.

La migration explosive de ce siècle avait été précédée par une attirance pour la Chine qui avait déjà commencé à influencer les choix européens au siècle précédent. Le XVIe siècle fut une époque de découvertes et de rencontres violentes, d'aubaines et d'erreurs, de frontières franchies et de frontières

LES PAYS-BAS VERS 1650

fermées, qui dessina un réseau de connexions s'étendant en tous sens. Le XVIIe siècle fut très différent. Les premières rencontres se transformèrent en engagements prolongés ; des échanges fortuits devinrent systématiques et donnèrent naissance à un commerce régulier ; le langage des gestes céda la place à des dialectes pidgins et à une authentique communication. Toutes ces évolutions étaient parcourues par un même facteur, celui de la mobilité. Il y avait plus de gens qui se déplaçaient sur de plus grandes distances et qui séjournaient loin de chez eux pour des périodes plus longues qu'à tout autre moment de l'histoire humaine. Il y avait plus de gens qui se livraient à des transactions avec d'autres gens dont ils ignoraient la langue et dont la culture était un mystère pour eux. En même temps, il y avait plus de gens qui apprenaient des langues nouvelles et s'adaptaient à des coutumes qui leur étaient peu familières. Pour l'essentiel, la prise de contact était faite. Le XVIIe siècle fut une époque de renforcement des relations.

Ce renouvellement des contacts modifie la dynamique de la rencontre. Les interactions deviennent plus nourries et ont plus de chances de se reproduire. Leurs effets, cependant, ne sont faciles ni à prévoir, ni à comprendre. Tantôt ils entraînent une transformation fondamentale des pratiques quotidiennes, ce que l'écrivain cubain Fernando Ortiz a appelé la « transculturation ». Tantôt ils provoquent de la résistance, de la violence et une perte d'identité. Au XVIIe siècle, la plupart de ces seconds contacts produisirent des effets situés entre ces deux extrêmes : une adaptation sélective par un processus d'influence réciproque. Au lieu d'une transformation intégrale ou d'un conflit meurtrier, il y eut négociations et emprunts ; au lieu d'une transformation des cultures, on assista à leur interaction. Ce fut une époque où il fallut affiner sa manière d'agir et de penser pour surmonter les différences culturelles que l'on rencontrait, pour parer des menaces imprévues et réagir avec prudence à des possibilités tout aussi imprévues. Ce fut une époque qui ne se prêtait pas à l'exécution de desseins grandioses, mais à l'improvisation. Le temps de la découverte était largement révolu, celui de l'impérialisme encore à venir. Le XVIIe siècle fut l'ère de l'improvisation.

Les changements que cette tendance à l'improvisation inspira furent subtils, mais profonds. Reprenons l'exemple de Dong Qichang, l'artiste de Shanghai dont j'ai parlé plus haut. Dong Qichang fit partie de la première génération chinoise à poser les yeux sur des gravures européennes. Des missionnaires jésuites en apportèrent en Chine pour transmettre leur message sous une forme illustrée et aider les convertis à imaginer la vie du Christ. Dans la peinture de Dong lui-même, on relève en 1597 une évolution stylistique majeure, qui a posé les fondements de la naissance de l'art chinois moderne. On a suggéré que les procédés de représentation des gravures européennes auraient pu l'inciter à adopter ce style nouveau. Revenons aussi à notre artiste de Delft. Vermeer a fait partie des premières générations de peintres hollandais à voir des peintures chinoises, rarement sur soie ou sur papier, plus couramment sur porcelaine. Et certains ont décelé une influence chinoise dans l'emploi qu'il fait du « bleu de Delft », dans sa prédilection pour les fonds blanc cassé qui rehaussent si bien les étoffes bleues, dans son goût pour les perspectives déformées et l'élargissement du premier plan (il recourt à ces deux procédés dans sa *Vue de Delft*) et dans sa disposition à laisser les fonds vides. Étant donné le peu de choses que nous savons de lui, mais que nous connaissons de façon certaine, il est peu probable que nous mettions un jour la main sur des éléments permettant de prouver ou de réfuter cette hypothèse. Des soupçons d'influence interculturelle, si ténus qu'ils en sont presque imperceptibles, voilà exactement ce à quoi nous devrons nous attendre dans cette exploration du XVIIe siècle.

Vues sous ce jour, les toiles que nous allons examiner à la recherche de signes du XVIIe siècle pourraient ne pas faire seulement figure de portes conduisant à la redécouverte du passé, mais aussi de miroirs reflétant la multiplicité des causes et des effets qui ont produit le passé et le présent. Le bouddhisme recourt à une image analogue – celle du filet d'Indra – pour décrire l'interconnexion de l'ensemble des phénomènes. Quand Indra a créé le monde, il l'a fabriqué sous la forme d'une toile. Une perle a été fixée à chaque nœud de cette toile. Tout ce qui existe ou a existé, chaque idée que l'on peut concevoir, chaque donnée exacte – chaque *dharma*, pour reprendre le langage de la philosophie indienne – sont autant de perles du filet d'Indra. Non contente de leur être rattachée par la toile sur laquelle elle est nouée, chaque perle reflète sur sa surface toutes les autres perles du filet. Tout ce qui existe sur la toile d'Indra suggère tout ce qui existe d'autre.

Vermeer aurait apprécié la métaphore. Il adorait introduire dans ses toiles des surfaces courbes et s'en servir pour refléter ce qui les entourait. Sphères de verre, ustensiles de cuivre, perles – comme les lentilles qu'il utilisait probablement comme auxiliaire de son art – lui permettaient de révéler des réalités situées au-delà de ce qui était immédiatement présent. Sur huit de ses toiles, pas moins, Vermeer représente des femmes portant des perles en boucles d'oreilles. Et sur ces perles, il peint des formes et des silhouettes vagues qui font allusion au contour des pièces où elles se trouvent. Aucune perle n'est plus frappante que celle de la *Jeune fille à la perle*. Sur la surface de cette grosse perle – de si grande taille qu'il ne s'agissait probablement pas d'une perle authentique, mais d'une larme de verre recouverte d'un émail qui lui prêtait un éclat nacré –, nous voyons se refléter son col, son turban, la fenêtre qui l'éclaire sur la gauche et, indistinctement, la pièce dans laquelle elle est assise [2]. Regardez attentivement une des perles de Vermeer, et vous verrez surgir sous vos yeux le fantôme de son atelier.

Poussée à l'extrême, cette réflectivité infinie semble saluer la plus grande découverte des hommes du XVIIe siècle : comme cette perle, le monde était un globe unique, suspendu dans l'espace. Ils durent se faire à l'idée que le monde était une surface continue sur laquelle il n'existe nul lieu qui ne puisse être atteint, nul endroit qui ne soit suggéré par tous les autres, nul événement appartenant à un monde différent de celui qu'ils devaient désormais partager. Il leur fallut également trouver place dans une réalité marquée par une agitation constante, où les hommes étaient perpétuellement en mouvement et où les objets pouvaient parcourir la moitié du globe afin qu'un acheteur se procure ici ce qu'un fabricant avait réalisé là-bas. Ces obligations leur ont imposé des réflexions nouvelles et inconnues sur leur existence même. Pour certains, comme Song Yingxing, auteur de la première encyclopédie technologique de la Chine, l'*Exploitation des travaux de la nature* (1637), cette mobilité était le signe que l'on vivait en des temps plus ouverts et meilleurs. « On peut voir des équipages de l'extrême Sud-Ouest traverser les plaines de l'extrême Nord-Est », s'enflamme-t-il dans la préface de son ouvrage, et des « fonctionnaires et marchands de la côte sud voyager librement dans la plaine du nord de la Chine ». Autrefois, il fallait « s'adresser aux filières du commerce international pour se procurer un chapeau de fourrure » venu de l'étranger ; désormais, il suffisait de se rendre chez son mercier, au bout de la rue.

Pour d'autres, cette nouvelle mobilité mondiale ne se borna pas à redéfinir leur idée du monde ; elle élargit leurs horizons et leur offrit des possibilités qu'ils n'auraient jamais eues quelques décennies plus tôt. Quel que fût le plaisir que pouvait éprouver Song Yingxing à savoir qu'il existait un monde nouveau et plus vaste, il fut condamné à passer sa vie au fin fond de la Chine intérieure et dut se contenter d'arpenter le monde en fauteuil – si éloigné de l'océan qu'il ne le vit peut-être jamais, et qu'il y navigua encore moins. Pourtant, si l'encyclopédiste chinois avait joui des mêmes possibilités qu'un Hollandais de son temps, il aurait très bien pu ressembler à Willem Cornelisz Schouten. Schouten embarqua dans le port hollandais de Hoorn, terre natale de bien des membres de la première génération de capitaines de marine hollandais. Il commença par faire le tour du monde entre 1615 et 1617, avant de regagner les eaux asiatiques avec la VOC dans les années 1620. Mais Schouten ne survécut pas à la longue traversée de l'océan Indien lors de son voyage de retour, en 1625. Il mourut de causes inconnues, juste avant l'arrivée de son navire dans la baie d'Antongil, sur la côte est de Madagascar, où il fut inhumé. Une épitaphe anonyme rédigée en vers en fait la personnification parfaite de l'esprit de son temps.

> Schouten ne trouva point de paix en ce monde
> Où il avait grandi, et fut constamment poussé
> À aller vers l'ailleurs.

Le poète aurait pu déplorer la mort du vaillant Schouten qui avait ainsi échoué à regagner sa ville de Hoorn, mais il s'en abstient. Il célèbre au contraire le trépas de ce marin comme un grand succès, l'apogée de la vie planétaire qu'il avait choisie.

Il est juste qu'il reposât dans cet autre monde
Qui fut celui de ses errances. Reposez en paix,
Âme célèbre !

Pour Schouten, mourir à l'étranger au XVIIe siècle ne signifiait pas être banni de sa terre natale, mais résider à jamais dans le monde de ses désirs. La seule destination ultime de Schouten, s'il devait se lasser un jour de Madagascar, n'était pas Hoorn, mais le paradis.

... Car votre âme est si grande que jamais
Elle ne pourra se confiner en cette terre d'Antongil.
Vous voyagez, tel que vous aviez navigué
Dans cette vie, sans peur, d'ouest en est,
En dépassant le Soleil dans son cours,
Et vous vous élèverez avec Lui dans le Ciel,
Pour un éternel repos auprès de Dieu.

La passion dominante du XVIIe siècle, de part et d'autre du globe, était de naviguer « d'ouest en est », de réduire la distance jadis irréductible entre ces deux points cardinaux par le voyage, les contacts et les connaissances nouvelles, d'échanger son lieu de naissance contre le monde de ses désirs. Tel était le feu qui brûlait dans les âmes de ce siècle. Mais tout le monde ne se laissait pas griser par le désordre et la perturbation que provoquaient les passions de grands esprits ardents comme celui de Schouten. Un fonctionnaire chinois regrettait en 1609 que la conséquence ultime de cette tornade de changements fût simplement que « les riches deviennent plus riches et les pauvres plus pauvres ». Willem Schouten lui-même éprouva peut-être quelques doutes à l'instant où, allongé dans son hamac, il sentit la mort s'emparer de lui. Mais bien des gens se sentirent entraînés si puissamment par le tourbillon du mouvement qu'ils crurent pouvoir, eux aussi, dépasser le soleil dans sa course. Leur monde – qui devenait rapidement le nôtre – ne serait plus jamais le même. Aussi n'est-il pas surprenant que des artistes, fussent-ils aussi casaniers que Johannes Vermeer, aient entrevu les mutations qui s'amorçaient.

2

Le chapeau de Vermeer

Vermeer possédait certainement plusieurs chapeaux. Nul document n'en fait état, mais aucun Hollandais de sa génération et de sa position ne sortait tête nue en public. Observez les personnages qui occupent le premier plan de la *Vue de Delft* et vous constaterez que tout le monde, hommes et femmes, porte un chapeau ou une coiffure quelconque. Les pauvres se contentaient d'un bonnet mou, le *klapmuts*, mais les gens plus distingués arboraient le genre de couvre-chef que nous découvrons dans *L'Officier et la jeune fille riant* (fig. 2). Ne nous étonnons pas de voir l'officier porter cette somptueuse création à l'intérieur. Les seuls hommes que Vermeer a peints sans chapeau sont au travail : un professeur de musique et un savant. Un homme venu faire sa cour ne se découvrait pas. La coutume n'exigeait pas encore que les hommes retirent leur chapeau en entrant dans un édifice ou pour saluer une femme (un usage du reste largement tombé en désuétude aujourd'hui). La seule personne devant laquelle un gentilhomme européen se découvrait était son monarque. Et comme les Hollandais s'enorgueillissaient de ne s'incliner devant aucun souverain et affichaient leur mépris pour ceux qui le faisaient, ils gardaient leur chapeau sur la tête. Vermeer lui-même porte un chapeau dans les deux scènes où il s'est représenté. Dans sa discrète apparition sous les traits d'un musicien dans *L'Entremetteuse*, il arbore un extravagant béret qui lui retombe presque sur les épaules. Dix ans plus tard, dans *L'Art de la peinture*, il est coiffé d'un béret noir de dimensions plus modestes, qui était toujours l'emblème distinctif de l'artiste.

Vermeer jouait d'autres rôles sociaux, et il lui fallait d'autres costumes pour les interpréter. « Marksman » dans la milice de Delft, il jouissait du prestige et de la distinction attachés à ce rang, bien que rien n'indique qu'il ait su se servir d'une arme à feu. Une pique, un plastron et un casque de fer figurent dans l'inventaire de ses possessions que dressa, après sa mort, son épouse Catharina Bolnes dans le cadre de sa déclaration de faillite, mais il n'y figure ni pistolet ni uniforme militaire. À en juger par les nombreux portraits de ce temps qui représentent des gentilshommes hollandais dans une telle tenue, il aura certainement eu besoin d'un majestueux chapeau de feutre semblable à celui du soldat de *L'Officier et la jeune fille riant*. Un béret aurait été trop désinvolte et un casque de fer très inconfortable ; son port était réservé au combat. Le statut social de milicien imposait certaines obligations vestimentaires. Aussi pouvons-nous penser que Vermeer possédait un chapeau du genre de celui que nous voyons dans *L'Officier et la jeune fille riant*.

Ce que nous ignorons en revanche, c'est si ce chapeau précis lui appartenait. Il n'en est pas fait état dans l'inventaire posthume, mais de telles coiffures étant très coûteuses et Catharina se trouvant désespérément à court d'argent, elle aurait parfaitement pu le vendre au cours des deux mois et demi qui s'écoulèrent entre la mort de son mari et le moment où elle demanda à bénéficier de la protection des faillis. Nous savons cependant qu'il y avait un chapelier dans la famille. Dirck Van der Minne, l'oncle dont un fils et deux petits-fils se trouvaient aux Indes orientales au moment de la lecture de son testament en 1657, était fabricant de feutre et chapelier. Peut-être l'oncle Dirck confectionna-t-il des chapeaux pour Vermeer ? Peut-être voyons-nous une de ses créations dans *L'Officier et la jeune fille riant* ?

Ce chapeau nous servira de porte d'entrée dans cette toile, mais attardons-nous un instant sur la peinture elle-même. Que voyons-nous ? Un officier plus grand que nature (effet d'un procédé de distorsion visuelle que Vermeer affectionnait), vêtu d'une tapageuse tunique écarlate, et qui fait la cour à une séduisante jeune femme (j'ai tendance à penser que nous sommes en présence de Catharina). La scène peut paraître tout à fait particulière, mais, en réalité, elle est solidement ancrée dans son temps, car elle nous offre une représentation presque générique des nouvelles règles qui présidaient aux relations galantes entre jeunes gens et jeunes femmes de la bonne société hollandaise à la fin des années 1650.

Quelques dizaines d'années plus tôt, un officier n'aurait pas eu l'occasion de badiner ainsi avec une femme d'un certain rang. La coutume ne tolérait pas de tête-à-tête entre prétendant et femme courtisée. Mais les usages évoluèrent du vivant de Vermeer, du moins dans la Hollande urbaine. La galanterie évinça la bravoure militaire pour qui cherchait à conquérir une femme. L'amour se plaça alors sous le signe du sentiment et non plus des espèces sonnantes et trébuchantes, et la tension entre les sexes se joua sur la scène domestique. L'objet de la négociation entre hommes et femmes restait les relations sexuelles et la compagnie galante – c'est très précisément ce qui occupe ici l'officier et la jeune rieuse –, mais la négociation se déguisait désormais en badinage et non en troc, et avait pour objet le mariage, une solide maison de brique aux fenêtres à petits carreaux, abritant un mobilier de prix, et non une heure au lit.

Alors que les nouveaux emblèmes de la vie bourgeoise éclipsaient l'argent et que la politesse remplaçait le tapage, les interactions entre hommes et femmes gagnèrent en retenue, en subtilité et en raffinement. Aussi les artistes qui peignaient des scènes d'amourettes ne les situaient-ils plus dans des bordels animés, comme ils l'avaient fait dans les premières années du XVIIe siècle, mais dans des intérieurs domestiques. Vermeer vécut à l'intersection de ces deux modes de relations entre les sexes, ainsi que des conventions picturales qui les accompagnaient. Dans *L'Officier et la jeune fille riant*, nous le voyons tirer les conséquences de cette évolution.

Les soldats qui avaient mené la longue guerre d'indépendance hollandaise contre l'Espagne avaient peut-être considéré les femmes comme du butin de guerre, mais ce temps-là était révolu. Peut-être est-ce la raison pour laquelle Vermeer a accroché au mur du fond, derrière le couple qui devise, *La Topographie nouvelle et très exacte de toute la Hollande et de la Frise occidentale* ? Cette carte avait pour origine une œuvre de propagande et de commande célébrant la lutte pour l'indépendance hollandaise avant la trêve de 1609, mais cet épisode relevait désormais d'un lointain passé [1]. Les officiers n'avaient plus le même rôle à jouer sur le champ de bataille et ne pouvaient plus tout à fait prétendre à la même autorité et au même respect. Peut-être est-ce à ce revirement du prestige soldatesque que Vermeer fait allusion en inversant le code chromatique de la carte ; il indique en effet la terre en bleu et la mer en brun. Les places respectives de la terre et de la mer ont été interverties ; de même, soldats et civils se côtoient au sein d'un ordre social différent. Et de même, peut-être, les hommes et les femmes ont-ils échangé leurs rôles ; en effet, malgré l'attitude fanfaronne de l'officier du tableau, c'est lui qui implore et elle qui contrôle les termes de la transaction nuptiale qu'ils pourraient conclure. Ces inversions s'inscrivent dans la transition plus vaste de la société hollandaise du temps de Vermeer : le passage d'une société militaire à une société civile, de la monarchie au républicanisme, du catholicisme au calvinisme, de la maison de commerce à la corporation marchande, de l'empire à la nation, de la guerre au négoce.

Pourtant, la porte d'accès à ce tableau n'est pas la carte, mais le chapeau ; en effet, c'est à partir de lui que s'ouvre le couloir menant au vaste monde. Et à l'extrémité de ce long corridor, nous débouchons en un lieu qui s'appelle aujourd'hui Crown Point, au bord du lac Champlain, le 30 juillet 1609 au matin.

« Ils m'aperçurent et firent halte en me contemplant, et moi eux », écrit Samuel Champlain, évoquant l'instant où il sortit des rangs de ses alliés indigènes, tenant solidement son arquebuse. Champlain était à la tête d'une mission française sur le Saint-Laurent, qui était venue explorer la région des Grands Lacs en quête d'un passage nord-ouest vers le Pacifique. Plusieurs dizaines de guerriers mohawks en armure de bois étaient déployés devant lui. Trois chefs se tenaient au premier rang. Ils s'immobilisèrent en le voyant, avant de reprendre leur progression. Dès qu'ils levèrent leurs arcs, poursuit Champlain, « je couchai mon arquebuse en joue et visai droit à un des trois chefs ».

Les lattes de bois de leurs armures n'offraient qu'une piètre protection contre une arme à feu. « De ce coup, il en tomba deux par terre, et un de leurs compagnons qui fut blessé, qui quelque temps après en mourut. »

La chambre de l'arquebuse de Champlain contenait quatre balles de plomb. À trente mètres de distance, il ne pouvait être certain qu'une de ses balles toucherait sa cible. En fait, trois firent mouche. Quand les trois chefs mohawks tombèrent à terre, dont deux tués sur le coup, le guerrier qui les suivait demeura pétrifié. Un cri de jubilation s'éleva derrière Champlain. Ses alliés poussaient des hurlements « si grands qu'on n'eût pas ouï tonner ». Champlain avait grand besoin de ces quelques instants de confusion, car il fallait une bonne minute pour recharger l'arquebuse, délai pendant lequel il était évidemment exposé aux flèches du camp adverse. Avant que les assaillants n'aient eu le temps de reprendre leurs esprits, un des deux arquebusiers français que Champlain avait envoyés dans les

« Samuel Champlain tire contre les guerriers Mohawks sur les rives du lac Champlain en 1609 », tiré de Samuel de Champlain, *Les Voyages*, Paris, Jean Berjon, 1613, p. 232-233.

bois tira à travers les arbres, prenant les Mohawks de flanc. Le coup, raconte Champlain, « les étonna derechef de telle façon, voyant leurs chefs morts, qu'ils perdirent courage et se mirent en fuite, et abandonnèrent le champ et leur fort, s'enfuyant au plus profond des bois ».

Les alliés amérindiens de Champlain participèrent à l'attaque. Une volée de flèches passa au-dessus de sa tête, touchant quelques archers ennemis et lui assurant la couverture nécessaire pour recharger. Il tira encore dans le dos des Mohawks en fuite, faisant plusieurs nouvelles victimes. La bataille s'acheva quelques minutes à peine après avoir commencé. Les alliés de Champlain scalpèrent la dizaine de Mohawks morts pour rapporter des trophées de leur victoire dans leurs villages, où les femmes les accueilleraient en s'approchant à la nage de leurs canoës et accrocheraient les scalps à leur cou. Ils avaient également fait une dizaine de prisonniers qu'ils avaient l'intention d'emmener vers le nord pour remplacer les jeunes gens dont la guerre intertribale ne cessait d'amenuiser les rangs, chez les uns comme chez les autres. Certains alliés de Champlain avaient été touchés, mais aucun n'était mortellement blessé. La lutte avait été inégale – mort et défaite pour les uns, quelques blessures par flèche pour les autres – et la victoire complète.

L'événement qui se produisit ce matin-là marqua un tournant – l'historienne métisse Olive Dickason y voit *le* tournant – de l'histoire des relations entre Européens et Indiens d'Amérique : le début de la longue et lente destruction d'une culture et d'un mode de vie, dont aucun des deux camps ne s'est encore remis. Comment cela est-il advenu ?

L'expédition de Samuel Champlain s'inscrivait dans la première vague d'incursions européennes sur le continent nord-américain. Il entreprit en 1603 de remonter le Saint-Laurent jusqu'au système des Grands Lacs – une région qu'il baptisa Canada – dans le cadre d'une mission française destinée à nouer des alliances commerciales. Le personnage le plus important qu'il ait rencontré au cours de ce voyage était Anadabijou, chef d'une tribu que les Français appelèrent les Montagnais[2]. En ce temps-là, cinq mille Montagnais vivaient sur la rive nord du Saint-Laurent, aux alentours de Tadoussac, où le Saguenay se jette dans le Saint-Laurent. Le Saguenay était une importante voie de commerce dès avant l'entrée en scène des Français, mais leurs produits manufacturés, et plus particulièrement leur ferronnerie, intensifièrent la circulation de fourrures et de cuivre en provenance du nord, d'aussi loin que la baie d'Hudson. La possession de Tadoussac assura la prospérité d'Anadabijou et des Montagnais. Mais elle en fit également la cible des attaques d'autres tribus, très désireuses de dominer ce commerce, et notamment des Mohawks. Anadabijou accueillit Champlain fastueusement ; il avait autant besoin de l'alliance des Français que ces derniers avaient besoin de son soutien.

Champlain comprit que sans l'aide des Montagnais, les Français n'avaient aucune chance de résister à un seul hiver, sans parler de s'imposer dans les réseaux commerciaux existants. Mais il n'ignorait pas qu'en permettant à Anadabijou de contrôler son propre accès au négoce, il réduisait ses profits. Il allait devoir passer par-dessus les Montagnais et nouer des contacts plus en amont du Saint-Laurent pour se rapprocher du pays des castors. Voilà pourquoi il s'engagea sur le sentier de la guerre au bord du lac Champlain en 1609. Il lui fallait des alliés à l'intérieur des terres pour le guider plus avant dans le pays, et le moyen le plus sûr d'obtenir leur concours était de faire la guerre à leurs côtés. Le commerce financerait sa campagne d'exploration, mais la guerre lui assurerait la confiance dont dépendait son commerce. Les Montagnais furent la première des « nations », comme les appelait Champlain, avec lesquelles il élabora un véritable réseau d'alliances au cours des trente années qui suivirent – bien qu'en 1608, il fût prêt à contourner Anadabijou et à réinstaller la base française plus en amont, près de l'étranglement de Québec. Mais il continua à faire du commerce avec les Montagnais et prit soin de ménager leur honneur en se déplaçant exclusivement dans leurs canoës lorsqu'il remonta jusqu'au lac Champlain l'année suivante.

À Québec, cet été-là, Champlain noua une alliance avec le fils d'Iroquet, un chef algonquin [3]. Iroquet souhaitait pouvoir accéder plus facilement aux marchandises européennes. Il était également désireux de contracter une alliance, parce que les Algonquins étaient encore plus exposés aux raids estivaux des Mohawks que les Montagnais. Champlain promit à son fils qu'il reviendrait en juin de l'année suivante pour rejoindre le groupe de guerriers d'Iroquet et attaquer les Mohawks. Les membres d'une troisième nation, les Hurons, vinrent s'ajouter aux Algonquins et aux Montagnais [4]. Les quatre tribus qui constituaient la Confédération huronne vivaient dans une vingtaine de grands villages situés dans les bois au nord du lac Ontario, le premier des Grands Lacs. Elles parlaient un dialecte iroquois plutôt qu'algonquin, mais étaient alliées aux Algonquins et non aux Iroquois du sud du lac Ontario. Champlain n'avait pas encore réussi à pénétrer dans le territoire des Hurons, mais il n'était pas un inconnu pour eux. Ochasteguin, un des chefs de tribus huronnes, était un allié d'Iroquet, par l'intermédiaire duquel il entra en contact avec Champlain en 1609. Comme Iroquet, Ochasteguin souhaitait faire du commerce, mais il voulait aussi un allié dans la guerre qu'il menait contre la Confédération iroquoise.

Les Mohawks constituaient la plus orientale des cinq nations qui s'étaient regroupées au XVIe siècle au sein de la Confédération iroquoise et qui dominaient toute la région boisée, au sud du lac Ontario. Les Mohawks, établis le plus à l'est, étaient chargés de protéger les Iroquois sur ce flanc, ce qui leur permettait de nouer, avant tous les autres confédérés, des relations avec les Européens qui arrivaient. Ils étaient avides de marchandises européennes, et plus particulièrement de haches, et faisaient tous les ans des incursions dans la vallée du Saint-Laurent pour s'en procurer. Champlain disait des Mohawks qu'ils étaient les « mauvais Iroquois », les opposant ainsi aux Hurons, qu'il appelait les « bons Iroquois » (les Hurons parlaient un dialecte iroquois)[5]. La menace mohawk incita les Hurons, les Algonquins et les Montagnais à ressusciter leur alliance. Au départ, la loyauté de leurs alliés français leur inspira quelques doutes ; ils se disaient qu'étant des marchands, ils n'auraient sûrement pas très envie de faire la guerre. Iroquet et Ochasteguin confièrent l'un comme l'autre à Champlain que, pendant le rigoureux hiver de 1608, le bruit avait couru que les Français étaient des marchands qui n'avaient aucun intérêt à se battre.

Champlain contesta la véracité de cette rumeur, qu'il déclara totalement fallacieuse. « Je n'avais d'autre intention que d'aller faire la guerre, ne portant avec nous que des armes et non des marchandises pour traiter », leur fit-il remarquer lors de leur première entrevue. « Mon désir n'était que d'accomplir ce que je leur avais promis. » Il leur retourna même la monnaie de leur pièce. « Si j'eusse su qu'on leur eût rapporté quelque chose de mal, je tenais ceux-là pour

ROUTES COMMERCIALES DANS LA RÉGION DES GRANDS LACS

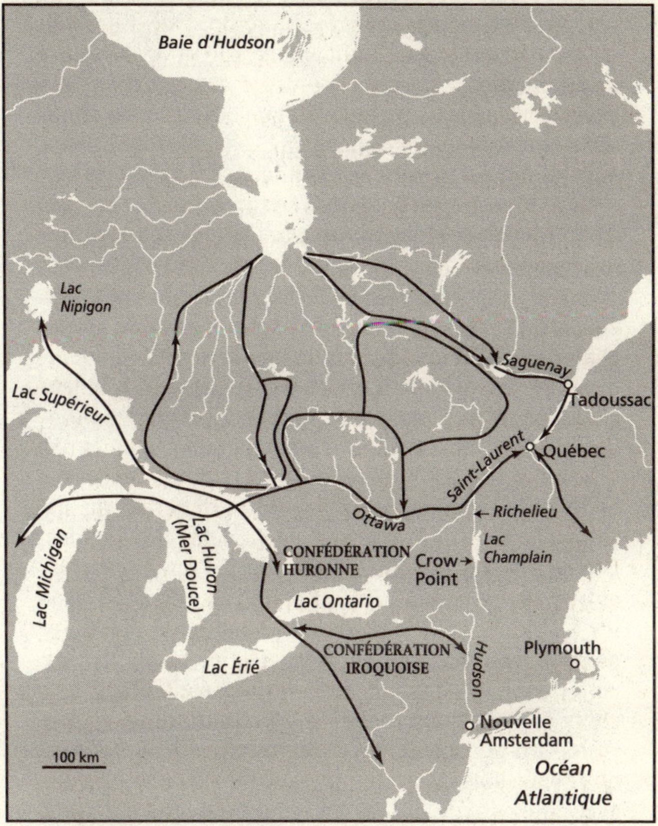

ennemis plus que les leurs mêmes. » Iroquet et Ochasteguin répondirent aimablement qu'ils n'avaient jamais ajouté foi à ces allégations ; qui plus est, ils ne leur avaient même pas prêté l'oreille. Nul n'ignorait qu'ils parlaient des Montagnais, qui n'appréciaient pas de perdre leur accès privilégié aux marchandises françaises, mais ils partageaient un objectif plus ambitieux : attaquer les Mohawks. L'alliance multinationale se mit en marche le 20 juin.

Une fois que quelques-uns se furent écartés du gros de la troupe pour reconduire leurs femmes et rapporter des marchandises à Huronia, le groupe de guerriers occupait vingt-quatre canoës, avec trois hommes dans chacun. Les Français étaient venus avec leur propre chaloupe, un bateau à deux mâts qui pouvait contenir dix rameurs, plus un barreur. Ils voyagèrent dans leur chaloupe, mais Champlain préféra rejoindre les Montagnais dans leurs canoës. Cette chaloupe ne tarda pas à poser problème. La petite troupe devait remonter la rivière Richelieu à la pagaie en direction du lac Champlain, ce qui imposait de franchir des rapides. L'embarcation française était trop pesante pour cela, et trop encombrante pour qu'on puisse la porter. Dans les Mémoires qu'il rédigea à l'intention du public (et pour obtenir un soutien financier au profit de son entreprise), Champlain écrit qu'il s'était plaint aux chefs qu'« ils nous avaient dit le contraire de ce que j'avais vu au saut [c'est-à-dire aux rapides], à savoir qu'il était hors de notre puissance d'y pouvoir passer avec la chaloupe ». Les chefs lui témoignèrent compassion et compréhension, et promirent de le consoler de ses déboires en lui montrant d'autres « choses belles ». Ochasteguin et Iroquet n'avaient pas eu la désobligeance de lui dire en face qu'emporter cette chaloupe était une mauvaise idée. Autant le laisser tirer lui-même les leçons de l'expérience, plutôt que de le défier et de risquer de nourrir des ressentiments.

Le groupe poursuivit sa progression et on envoya des éclaireurs vérifier si l'ennemi se trouvait dans les parages. Tous les soirs, à la nuit tombée, les éclaireurs rejoignaient le reste du groupe et tout le camp s'endormait. Personne ne montait la garde. Cette négligence agaça Champlain, qui fit de vifs reproches à ses alliés indigènes : « Ils devaient veiller [...] et avoir des hommes aux aguets, pour écouter et voir s'ils n'apercevraient rien et ne point vivre de la façon comme bestes », c'est-à-dire comme des êtres privés de raison. Une certaine incompréhension linguistique immunisait probablement les deux camps contre leurs piques verbales réciproques. De toute évidence, la langue n'était pas leur seul problème. Une précaution raisonnable du point de vue de Champlain était parfaitement absurde pour un Indien d'Amérique.

L'un d'eux expliqua patiemment à cet Européen exaspéré « qu'ils ne pouvaient veiller, et qu'ils travaillaient assez de jour à la chasse ».

La logique qui s'exprimait ici ne pouvait qu'échapper à la perspective militaire française : chacun ne faisait que ce qu'il avait à faire et non ce qu'il n'avait pas à faire. Ne pas poster de gardes alors que les guerriers de la Confédération iroquoise rôdaient aux environs était folie ; mais c'était pire folie que de gaspiller une précieuse énergie pour en poster alors que l'ennemi n'était pas suffisamment proche pour attaquer. Champlain imaginait la guerre autrement. Il était incapable de comprendre que les Amérindiens organisaient la guerre méticuleusement, mais différemment des Européens.

Arrivé à une journée du lac Champlain, le groupe de guerriers dut décider s'il convenait d'aller rapidement de l'avant, ou de faire demi-tour. Désormais, les guerriers autochtones recherchaient avec une grande attention les indices d'une présence éventuelle d'Iroquois alentour. En même temps, ils tenaient à savoir si la chance serait de leur côté dans cette entreprise. Raconter les songes que l'on avait faits et écouter ceux des autres permettait généralement de discerner l'avenir, mais personne n'avait encore fait de rêve décisif. Il était temps de consulter le chaman.

Ce soir-là, celui-ci dressa son *wigwam* de possession spirituelle, pour que la divination lui révèle la voie la plus sûre. Ayant disposé sa cabane comme il l'entendait, il retira sa robe et en recouvrit l'édifice, où il pénétra dans le plus simple appareil. Il entra ensuite en transe, transpirant et se convulsant avec une telle fureur que le *wigwam* bringuebalait sous la violence de sa possession. Accroupis en cercle autour du *wigwam* enchanté, les guerriers écoutaient le flot de paroles inintelligibles qui en sortait, une sorte de dialogue où alternaient la voix claire du chaman lui-même et le timbre caverneux de l'esprit avec lequel il s'entretenait. Ils étaient également à l'affût de l'apparition éventuelle de signes du feu de l'esprit au-dessus du *wigwam*.

Le résultat de la divination fut positif. La troupe devait poursuivre sa route. La décision prise, les chefs rassemblèrent les guerriers et définirent le plan de bataille. Ils disposèrent des bâtons en un lieu dégagé du sol, un pour chaque guerrier, afin que chacun sût où se placer à l'heure du combat. Les hommes se promenèrent à plusieurs reprises au milieu de ces bâtons pour se faire une idée de la configuration de la bataille et prévoir leurs faits et gestes face à l'ennemi. Si Champlain apprécia cette planification, la divination lui plut beaucoup moins. À ses yeux, les chamans n'étaient que des « garnements » et des « drôles », dont le spectacle était truqué. Les spectateurs de cette cérémonie lui inspiraient le même mépris. Champlain les décrit « assis sur leur cul comme des singes », observant, captivés, la séance de divination. C'étaient de « pauvres gens », qui se laissaient duper et escroquer par ces faux devins. Comme il le confie à ses lecteurs français : « Je leur remontrais souvent que tout ce qu'ils faisaient n'était que folie et qu'ils ne devaient y ajouter foi. » Ses alliés durent le trouver spirituellement retardé, puisqu'il ne comprenait pas la nécessité d'accéder à une connaissance supérieure.

Champlain finit cependant par transiger avec les pratiques locales sur un élément de la divination. Ses compagnons indigènes le questionnaient régulièrement sur ses rêves, comme ils s'interrogeaient réciproquement, et il s'obstinait à prétendre ne pas en faire. Mais il finit par rêver, alors que le groupe n'était qu'à deux ou trois jours de distance de l'ennemi. Ils se trouvaient alors sur le lac Champlain et pagayaient vers le sud, serrant la côte occidentale, assez loin pour apercevoir déjà les monts Adirondack. Sachant que le territoire mohawk était proche, ils ne voyageaient que de nuit et passaient les heures du jour cachés au plus profond des bois, parfaitement silencieux. Il n'était pas question d'allumer du feu, ni de faire le moindre bruit. C'est dans ces circonstances que Champlain fit un songe.

« Je songeai que je voyais les Iroquois nos ennemis, dedans le lac proche d'une montagne, qui se noyaient à notre vue », déclara-t-il en se réveillant, quand ses alliés lui demandèrent, comme de coutume, s'il avait rêvé. Ses auditeurs furent ravis de ce présage. Quand il chercha à leur expliquer qu'il avait eu envie, dans son rêve, de sauver les hommes qui se noyaient, ils se moquèrent de lui. « Il les fallait tous laisser mourir, ils ne valaient rien », lui dirent-ils. Mais le rêve de

Champlain faisait l'affaire : il inspira à ses alliés une telle confiance qu'ils ne doutèrent plus de l'issue de leur expédition. Leurs « superstitions accoutumées » pouvaient bien exaspérer Champlain, il n'en était pas moins suffisamment astucieux pour passer outre leurs divergences en matière de croyances et leur donner ce qu'ils voulaient.

À l'aube du 29 juin, alors qu'ils dressaient leur camp après avoir passé la nuit à canoter, les chefs se rassemblèrent pour revoir leur tactique. Ils s'aligneraient en bon ordre pour affronter l'ennemi, expliquèrent-ils à Champlain, lequel devait prendre place en première ligne. Champlain aurait bien voulu leur proposer une autre solution, qui ferait meilleur usage des arquebuses des Français. Il fut ennuyé de ne pas pouvoir leur exposer sa tactique, qui, non contente de leur assurer la victoire, devait infliger à l'ennemi une défaite écrasante. L'historien Georges Sinoui, un descendant wendat des Hurons, soupçonne Champlain de n'avoir pas eu pour seul objectif de remporter cette bataille contre les Mohawks, mais d'avoir cherché à les anéantir. En Europe, on ne se contentait pas d'humilier l'ennemi et de le laisser s'enfuir, une pratique que les guerriers amérindiens acceptaient fort bien. Chez eux, pour employer un vocabulaire contemporain, la guerre avait pour fonction d'ajuster les frontières écologiques entre les tribus de la région. Le but de Champlain, au contraire, était d'assurer aux Français une position imprenable dans l'intérieur des terres. Il avait l'intention de tuer autant de Mohawks que possible. Peu lui importait la gloire militaire ; ce qu'il voulait, c'était empêcher les Mohawks de faire obstacle au monopole français sur le commerce. Et il possédait l'arme nécessaire pour arriver à ses fins : une arquebuse.

L'arquebuse de Champlain fut le pivot de son expédition, l'instrument qui rompit l'équilibre précaire entre les multiples nations indigènes et permit aux Français de réorganiser l'économie de la région. En 1609, l'arquebuse était une innovation relativement récente. C'était une invention européenne, bien que les Européens n'aient pas été les créateurs des premières armes à feu ; ce furent les Chinois qui découvrirent les secrets de la fabrication de la poudre à canon et furent les premiers à s'en servir pour lancer des flammes et envoyer des projectiles. Mais les armuriers européens perfectionnèrent cette technologie et réussirent à réduire les dimensions des canons chinois pour en faire des armes à feu portatives et sûres. L'arquebuse, ou « canon à crochet », devait son nom à un crochet soudé à l'affût. Le poids de l'arquebuse et son manque de maniabilité la rendaient difficile à stabiliser, ce qui compromettait la précision du tir. Le crochet permettait à l'arquebusier d'accrocher son arme à un trépied portatif ; il pouvait ainsi la maintenir d'aplomb avant de tirer. On pouvait aussi caler l'arquebuse sur une fourche qui l'élevait au niveau des yeux du tireur. Au début du XVIIe siècle, les armuriers proposaient des arquebuses de plus en plus légères, qui pouvaient se passer de tels accessoires. Les armuriers hollandais réussirent à en réduire si bien le poids que, ô merveille, elle ne pesait plus que quatre kilos et demi. C'est une arme de ce genre que portait Champlain, de fabrication française plutôt que hollandaise, mais qui permettait de viser sans s'encombrer d'un crochet ni d'une béquille.

On avait eu beau donner à l'arquebuse un profil plus aérodynamique, son maniement demeurait malaisé. En 1609, la détente n'avait pas encore été inventée. Les arquebusiers devaient encore se contenter d'une platine à mèche – un chargeur métallique muni d'une corde allumée qui servait de mèche et mettait le feu à la poudre contenue dans le bassinet. Quand l'arquebusier enfonçait la mèche dans le bassinet, la poudre s'enflammait et, en se consumant, se frayait un chemin dans un orifice du canon, faisant exploser la charge de poudre qui s'y trouvait. (Au milieu du XVIIe siècle, les armuriers réussirent à fabriquer une détente qui n'avait pas tendance à se déclencher dès qu'on laissait tomber l'arme ; le mousquet remplaça alors l'arquebuse.) Malgré l'incommodité de son mécanisme de mise à feu, l'arquebuse redessina la carte de l'Europe. Les effectifs des armées ne décidèrent plus à eux seuls de l'issue de la bataille et l'armement des soldats en devint le critère décisif. Les armuriers hollandais étaient à la pointe de la technologie et fournirent aux armées du nouvel État hollandais des armes plus maniables, plus précises et qui se prêtaient à une production de masse. Ce furent les arquebusiers hollandais qui mirent fin à l'hégémonie continentale de l'Espagne en Europe et donnèrent également aux Pays-Bas les moyens de défier la domination ibérique au-delà des frontières européennes. De même, des arquebusiers français comme Champlain donnèrent à leur pays la possibilité de pénétrer dans la région des Grands Lacs et, plus tard, d'affaiblir la puissance hollandaise en Europe.

Le développement de l'arquebuse fut stimulé par la concurrence entre les États européens, tout en donnant à l'ensemble des Européens un avantage sur les peuples d'autres régions du monde. Sans cette arme, les Espagnols n'auraient pas conquis le Mexique et le Pérou, aussi longtemps, en tout cas, que les épidémies n'auraient pas fait leur apparition et n'auraient pas dévasté les populations locales. Cette supériorité technologique leur permit d'asservir les vaincus et de les contraindre à travailler dans les mines d'argent de la cordillère des Andes. Celles-ci fournirent d'immenses quantités de métal précieux, qui financèrent les achats espagnols sur les marchés en gros d'Inde et de Chine. Les lingots d'argent sud-américains réorganisèrent l'économie mondiale, reliant l'Europe et la Chine d'une manière sans précédent ; mais ils opérèrent ce prodige sous la menace du fusil.

La magie des armes à feu eut tendance à échapper au contrôle européen lorsqu'elles firent leur apparition dans des civilisations qui pratiquaient la métallurgie. Les Japonais furent particulièrement prompts à s'initier à l'armurerie. Les premières arquebuses qui pénétrèrent au Japon furent apportées par deux aventuriers portugais qui avaient fait la traversée sur un navire chinois en 1543. Le seigneur local en fut tellement impressionné qu'il leur versa une somme fabuleuse en échange de leurs armes ; il les apporta sur-le-champ à un armurier local, à qui il fallut moins d'un an pour en fabriquer des imitations passables. Quelques décennies plus tard, le Japon était entièrement armé. Quand il envahit la Corée en 1592, son armée arriva au combat équipée de dizaines de milliers d'arquebuses. Si les Hollandais n'avaient pas apporté des armes à feu d'excellente qualité que les Japonais eurent grande envie d'acquérir, ces derniers ne les auraient pas autorisés à ouvrir leur premier comptoir commercial sur leur sol en 1609 – l'année même où Champlain donna aux Mohawks médusés une démonstration des capacités de son arquebuse. (Dans les années 1630, un pouvoir unifié s'étant mis en place au Japon, ses dirigeants décidèrent d'échapper au cercle vicieux de l'escalade de l'armement et d'interdire toutes nouvelles importations, imposant ainsi à leur pays un désarmement efficace, qui se maintint jusqu'au milieu du XIXe siècle.)

Les cultures amérindiennes ne savaient pas encore travailler le métal, mais elles apprirent rapidement à se servir des armes à feu et s'en procurèrent grâce au commerce. Champlain chercha à éviter la diffusion de ces armes dans la civilisation indigène, car il tenait à conserver son avantage militaire. S'il avait remporté la victoire sur le lac Champlain en 1609, c'est parce que les Mohawks ne possédaient pas encore de telles armes. D'autres négociants européens ne firent pas preuve de la même prudence. Les Anglais troquèrent des armes contre des fourrures, tout en réservant ces échanges à leurs alliés. Les Hollandais qui faisaient du commerce depuis la Nouvelle-Amsterdam (l'actuelle New York) étaient moins regardants. Ils vendaient des arquebuses à qui voulait en acheter. Les marchands autochtones apprirent rapidement la valeur des armes à feu et exigèrent qu'elles figurent dans leurs transactions commerciales. Elles se propagèrent ainsi à l'intérieur des terres, et leur commerce échappa bientôt au contrôle des Européens. Les Hollandais finirent par comprendre que les arquebuses qu'ils vendaient à leurs alliés se retrouvaient entre les mains de leurs ennemis ; ils déclarèrent donc que tout Européen surpris à vendre des armes à feu aux Amérindiens serait exécuté. Malheureusement pour eux, ils auraient dû prendre cette disposition au moins dix ans plus tôt.

L'arquebuse de Champlain était appelée à jouer un rôle de plus dans sa campagne. Cet épisode se situe au lendemain de la bataille. Une des conséquences habituelles de la défaite était le sacrifice humain, lequel ne pouvait s'accomplir sur le lieu du combat. Les Algonquins et les Hurons s'étaient engagés très avant en territoire mohawk et redoutaient un prompt retour de leurs ennemis, en plus grand nombre. Il ne fallait pas compter cette fois sur l'effet de surprise ; la sagesse commandait donc de partir. Mais ils n'étaient pas prêts à abandonner les guerriers mohawks qu'ils avaient faits prisonniers. Les hommes jeunes étaient trop précieux pour qu'on les gaspillât. Certains seraient emmenés et, si possible, intégrés dans les tribus des vainqueurs. Mais il fallait en sacrifier au moins un. Ils empêchèrent toute tentative de fuite des captifs en leur sectionnant les tendons des jambes, ils leur lièrent les bras, les traînèrent jusqu'à leurs canoës et se dirigèrent vers le nord de toute la force de leurs pagaies. Au coucher du soleil, ils avaient parcouru près de quarante kilomètres, une distance suffisante pour que le sacrifice puisse s'accomplir. C'était une affaire sérieuse, qui durerait toute la nuit.

Le sacrifice d'un guerrier mohawk était accompli en l'honneur des esprits qui avaient assisté les vainqueurs pendant la bataille, pour les remercier des présages qu'ils leur avaient envoyés en rêve et venger les esprits des guerriers tués par d'autres Iroquois lors d'expéditions antérieures. C'était également un rite d'une importance extrême pour la victime, l'ultime épreuve de courage qui en ferait un grand guerrier ou stigmatiserait sa lâcheté. En ouverture de la cérémonie, le prisonnier était invité à chanter son chant de guerre. Pendant qu'il s'exécutait, ceux qui le tenaient captif tiraient du feu des bâtons incandescents et lui brûlaient le torse, procédant avec une extrême lenteur. Le supplice devait durer jusqu'au lever du soleil. Chaque fois que le guerrier mohawk perdait connaissance, on lui versait de l'eau fraîche sur le dos pour le ranimer. Traditionnellement, la nuit de torture s'achevait à l'aube par l'éviscération de la victime suivie de pratiques de cannibalisme rituel.

Champlain voulut mettre fin à ce supplice avant son terme naturel. Le Mohawk prisonnier n'avait commis aucun crime et ne détenait aucune information d'importance. Il était donc inutile de le torturer, selon les critères européens.

« Nous n'usons point de ces cruautés », déclara Champlain à ses alliés, ajoutant que dans son pays, « nous les faisions mourir tout d'un coup et que s'ils voulaient que je lui donnasse un coup d'arquebuse, j'en serais content ». Puis il s'éloigna dignement, exprimant ainsi son mécontentement. Ses alliés autochtones en furent très affligés et l'invitèrent à revenir et à exécuter leur victime si tel était son plaisir. Champlain obtint gain de cause – non parce qu'il avait convaincu les indigènes que sa ligne de conduite était juste et qu'ils avaient tort, mais parce que l'étiquette exigeait qu'ils accèdent aux désirs d'un invité. Peut-être se dirent-ils qu'un coup d'arquebuse était la façon dont les Français accomplissaient leurs sacrifices de victoire.

Ochasteguin et Champlain s'associèrent à nouveau au cours de l'été suivant et infligèrent une nouvelle défaite cuisante aux Mohawks. Lors de leur troisième rencontre, à l'été de 1611, Ochasteguin était accompagné de plusieurs autres chefs de la Confédération huronne. Les deux camps souhaitaient négocier un développement de leurs échanges commerciaux directs. En gage de bonne foi, les chefs hurons remirent à Champlain quatre cordons de perles de coquillages – ce qu'on appelle des *wampums*, objets qui servent tout à la fois de monnaie et de symbole de contrat dans la culture amérindienne. Les quatre cordons noués ensemble signifiaient que les chefs des quatre tribus de la Confédération huronne s'engageaient à faire alliance avec les Français. La « ceinture d'alliance avec les Hurons » existe encore aujourd'hui.

En plus du *wampum*, les chefs hurons firent cadeau à Champlain de ce qu'il désirait plus que tout : cinquante peaux de castor. Les Hurons ne comprenaient sans doute pas pourquoi les Français n'avaient jamais suffisamment de fourrures de castor ; tout ce qu'ils savaient, c'est qu'elles étaient précieuses dans leur propre culture. Mais ce qui intéressait les Français dans ces peaux n'était pas leur brillante fourrure extérieure appréciée des Indiens, qui s'en servaient pour doubler ou garnir des vêtements. Ce qu'ils voulaient, c'était le sous-poil, qui fournissait la matière première de la fabrication du feutre. La fourrure de castor se singularise par ses ardillons, qui la rendent particulièrement propre à s'agglutiner lorsqu'elle est mise à mijoter dans un bouillon toxique d'acétate de cuivre et de gomme arabique assaisonnée de mercure. (Les chapeliers avaient la réputation d'être fous à cause des vapeurs méphitiques qu'ils inhalaient en travaillant.) Après foulage et séchage, on obtenait un feutre d'excellente qualité qui permettait de fabriquer les meilleurs chapeaux.

Avant le XVe siècle, les chapeliers européens fabriquaient du feutre à chapeaux avec le sous-poil du castor européen indigène, mais les excès du piégeage avaient décimé les populations locales, tandis que le défrichage des étendues sauvages du Nord de l'Europe les privait de leurs habitats naturels. Le commerce de la fourrure se déplaça alors vers le nord, en Scandinavie, jusqu'à ce qu'une chasse abusive ait provoqué l'extinction des castors scandinaves, et la disparition des chapeaux en poils de castor.

Au XVIe siècle, les chapeliers durent se rabattre sur la laine de mouton pour fabriquer du feutre. Le feutre de laine n'est pas idéal, car il est plus grossier et ne présente pas la propension naturelle des poils de castor à s'agréger. Les fabricants de feutre pouvaient ajouter un certain volume de poils de lapin pour faciliter l'agglomération des fibres, mais le résultat n'était décidément pas aussi solide. Le feutre de laine avait tendance à absorber la pluie au lieu de la repousser, et à se déformer dès qu'il était mouillé. La couleur pâle et quelconque de la laine offrait de surcroît peu d'attrait. On pouvait évidemment la teindre, mais les colorants naturels utilisés par les fabricants de feutre ne tenaient guère, notamment sous la pluie. La laine ne possédait pas non plus la résistance et la flexibilité de la fourrure de castor. Le couvre-chef traditionnel des Hollandais pauvres, le *klapmuts*, était en feutre de laine, raison pour laquelle il s'avachissait.

La fin du XVIe siècle vit s'ouvrir deux nouvelles sources d'approvisionnement en peaux de castor. La première était la Sibérie, où les trappeurs russes commençaient à se rendre, en quête de chasses plus profitables. Mais les distances du transport terrestre étaient considérables et l'approvisionnement russe peu sûr, malgré les efforts des Hollandais pour prendre le contrôle du commerce de la Baltique et assurer ainsi l'expédition des fourrures en Europe. L'autre source nouvelle de l'époque était le Canada. Les Européens qui pêchaient le long de la côte est de l'Amérique du Nord, au débouché du Saint-Laurent dans l'Atlantique, découvrirent que ces forêts regorgeaient de castors et que les trappeurs indigènes étaient prêts à vendre leurs fourrures à un prix avantageux.

Dans les années 1580, quand les peaux de castor en provenance du Canada commencèrent à arriver en petites quantités sur le marché européen, la demande monta en flèche. Ce fut le grand retour des chapeaux de castor. La mode se répandit d'abord parmi les marchands, mais, en l'espace de quelques décennies, elle gagna les élites raffinées et les milieux militaires. Bientôt, tout individu ayant un minimum de prétention sociale se dut de posséder un « castor », comme on appelait ces chapeaux. Dans les années 1610, le prix d'un « castor » atteignait dix fois celui d'un chapeau de feutre de laine, divisant le marché du chapeau entre ceux qui pouvaient se payer un « castor » et les autres. (Un des effets de cette fracture fut l'apparition d'un actif marché d'occasion destiné à ceux qui ne pouvaient pas se payer un « castor » neuf, mais se refusaient à déchoir en portant un *klapmuts*. Les gouvernements européens réglementaient étroitement cette activité de revente, craignant, fort raisonnablement, des maladies transmises par les poux.)

Les rivalités sociales entre ceux qui pouvaient se permettre d'acheter des « castors » et la lutte des fabricants pour s'assurer une part de marché incitèrent les chapeliers à inventer des modèles de plus en plus extravagants afin de damer le pion à leurs concurrents. Des distinctions subtiles de teinte et de poil alimentaient le tourbillon de la mode et imposaient aux élégants une vigilance constante. Les fonds des chapeaux s'élevaient ou s'abaissaient, se rétrécissaient ou s'élargissaient, s'arquaient ou s'enfonçaient. Les bords commencèrent à s'élargir dans les années 1610, rebiquant ou s'affaissant selon les diktats de la mode. Des rubans de couleurs vinrent s'ajouter pour distinguer les vrais férus de mode des esprits plus conventionnels, et l'on y ficha des ornements tape-à-l'œil. Nous ne pouvons pas préciser ce que le soldat de *L'Officier et la jeune fille riant* a planté dans le ruban de son chapeau, mais son couvre-chef était indéniablement le dernier cri de la mode hollandaise masculine – il touchait également au terme de son existence dans l'univers de la mode et aurait disparu une dizaine d'années plus tard.

L'ouverture du marché canadien du castor stimula la demande de chapeaux, qui provoqua à son tour une augmentation des prix pour les consommateurs et des profits pour les marchands de fourrures. Ce mouvement de hausse fut une remarquable aubaine pour les Français, qui cherchaient alors à établir leurs premières minuscules colonies dans la vallée du Saint-Laurent ; il leur apporta en effet une source de revenus dont ils n'avaient pas prévu à quel point elle serait lucrative, pour couvrir leurs frais d'exploration et de colonisation. Des marchandises que l'on estimait valoir une livre à leur départ de Paris leur permettaient d'acheter des peaux de castor qu'ils revendaient deux cents livres à leur retour. Le commerce rapprocha également les populations amérindiennes des Européens. Dans les premières années, les trappeurs indigènes étaient convaincus de faire des affaires en or avec leurs partenaires commerciaux. S'adressant à un missionnaire français, un trappeur montagnais se vantait, goguenard, des vertus du castor, capable de tout faire à la perfection : des bouilloires, des hachettes, des épées, des couteaux, du pain, en un mot, tout. Le prix que les Européens et plus particulièrement les Anglais de Nouvelle-Angleterre étaient disposés à payer en échange de fourrures lui faisait croire qu'ils étaient bien naïfs. Les Anglais n'étaient pas raisonnables, estimait-il, puisqu'ils étaient prêts à leur donner vingt couteaux contre une seule peau de castor. Les Français payaient un peu moins bien que les Anglais, mais les sommes que les Européens étaient prêts à verser étaient largement supérieures à la valeur des peaux de castor dans l'économie amérindienne. Chaque camp était persuadé de berner l'autre, raison même du succès de ce négoce.

L'année 1609 fut pour Champlain un moment critique du commerce de la fourrure. Le monopole de dix ans accordé à son consortium économique aurait dû expirer l'année précédente, et la corporation des chapeliers parisiens se battait énergiquement pour mettre fin à ce privilège, afin de faire baisser les prix. Champlain résista opiniâtrement, craignant que son projet ne soit pas viable financièrement s'il était privé de son monopole. Avant l'expiration de ce dernier, il fit appel au roi Henri IV pour lui demander une prolongation. Sa requête fut exaucée, mais pour un an seulement, et, en 1609, le marché du castor s'ouvrit à la concurrence. Celle-ci joua immédiatement, et les prix de la fourrure de castor baissèrent de 60 %. Le seul espoir de Champlain était de s'appuyer sur ses alliances personnelles pour installer ses opérations plus en amont du fleuve que ses concurrents. Afin de conserver le contrôle du marché huron, il échangea un fils symbolique (s'étant marié tard, il n'avait pas d'enfant biologique) avec Ochasteguin, en gage de soutien mutuel. La perte du monopole royal incita donc Champlain à poursuivre ses explorations à l'intérieur du continent.

Champlain se dirigea vers l'ouest en quête de fourrures, mais sa quête était autre : la Chine. Expliquant au roi pourquoi il était indispensable qu'il conservât le monopole, il fit valoir qu'il ne cherchait pas simplement à assurer les profits de ses associés. Les fourrures qu'il achetait étaient indispensables pour financer une entreprise plus importante : « trouver le chemin de la Chine sans les incommodités des glaces du Nord, ni les ardeurs de la zone torride » que les marins subissaient deux fois à l'aller et deux fois au retour, au prix de fatigues et de périls inimaginables. Il fallait que les prix de la fourrure restent élevés à Paris, pour payer les frais du voyage en Chine.

L'idée n'était pas nouvelle. Elle est clairement exposée dans les ordres qu'il avait reçus initialement d'Henri IV en 1603 : Champlain était chargé de trouver une route permettant de traverser facilement le pays pour rejoindre la Chine et les Indes orientales ou tout autre lieu, le plus loin possible, le long des côtes et sur le continent. Sa mission était alors de chercher le « moyen de parvenir facilement au royaume de la Chine et Indes orientales, d'où l'on tirerait de grandes richesses ». Tel est l'objectif qui continua à inspirer sa pénétration vers l'ouest du continent.

Les deux voies de navigation connues pour se rendre d'Europe en Chine, qui contournaient les pointes méridionales de l'Afrique et de l'Amérique du Sud, étaient d'une longueur et d'une difficulté notoires. En outre, les Portugais et les Espagnols patrouillaient dans ces eaux et défendaient activement ces routes. Il existait également les passages nord-ouest et nord-est, l'un autour des Amériques et l'autre au-dessus de la Russie. Les Hollandais et les Anglais avaient déjà démontré l'impossibilité d'emprunter les routes de l'Arctique autour de la Russie et du Canada, mais certains espéraient encore que le passage que Henry Hudson avait découvert dans la baie d'Hudson ferait jonction avec une route menant jusqu'au Pacifique. Le seul espoir de la France d'arriver dans l'Orient légendaire sans se heurter à des icebergs ou aux autres puissances européennes était de trouver un passage à travers le continent nord-américain. Champlain avait besoin du savoir des Amérindiens pour découvrir cette voie cachée. Il fallait également que le commerce indigène lui fournisse des marchandises suffisamment lucratives pour financer cette expédition. Il ne s'intéressait pas à la conquête ni à la colonisation en soi. Il était mû par un seul rêve : trouver un passage vers la Chine.

Jacques Cartier avait exploré avant lui l'embouchure du Saint-Laurent, et Jean Alfonse de Saintonge avait longé la côte du Labrador dans les années 1540 ; mais ils n'avaient réussi ni l'un ni l'autre à trouver d'ouverture vers la Chine. C'était pourtant la raison qui avait conduit ces hommes, et d'autres après eux, à explorer ces eaux. Quand l'Anglais George Weymouth se rendit dans l'Arctique au moment où Champlain mettait pour la première fois les pieds dans le Nouveau Monde, il était porteur d'une lettre d'Élisabeth Ire adressée à l'empereur de Chine, assortie de traductions en latin, en espagnol et en italien, dans l'éventualité où un missionnaire jésuite ne sachant pas l'anglais serait disponible pour traduire ce message en chinois, à partir de l'une de ces trois langues. Weymouth n'arriva jamais à destination et ne remit pas la missive d'Élisabeth à son monarque frère, mais tel avait été son espoir. Champlain brûlait de la même ambition. Toutefois il était convaincu que, loin de suivre les contours du continent, la route de la Chine traversait celui-ci, et il comptait sur le Saint-Laurent pour le conduire jusqu'à ce pays. Un souvenir de ce rêve persiste encore à Sault St. Louis, une série de rapides proche du point situé sur le cours supérieur du Saint-Laurent où Champlain dut rebrousser chemin en 1603. Quinze ans plus tard, il proposa d'implanter en ce lieu un poste de douane fluviale qui taxerait les marchandises en transit, dès que la liaison aurait été établie. L'endroit s'appelle aujourd'hui Lachine [6].

Se rendre en Chine est le fil onirique qui parcourt toute l'histoire de la lutte de l'Europe du début des Temps modernes pour échapper à l'isolement et s'ouvrir sur le vaste monde. Ce fil commence à la fin du XIVe siècle, au moment où un marchand vénitien revint de ses voyages en Chine et régala tous ceux qui lui prêtaient l'oreille de descriptions des pays étranges et des richesses fabuleuses que recelait l'Asie. Les Vénitiens le surnommèrent Il Milione, « l'homme au million d'histoires ». C'était Marco Polo. Ses passionnants *Voyages*, rédigés pour lui par un auteur de romans sentimentaux populaires alors qu'ils cherchaient à tuer le temps ensemble en prison, furent le best-seller du XVe siècle. L'image que Marco Polo donnait de la Chine sous le règne mongol de Khubilai Khan – le « grand Cham » comme l'appelaient les Européens – était irrésistible. En effet, l'Europe du XIVe siècle ne possédait aucune cour aussi somptueuse, aucun royaume aussi vaste, aucune économie aussi étendue et aucune ville aussi grandiose. Le lieu appelé Cathay était l'incarnation même de la richesse et de la puissance des confins inaccessibles du monde eurasiatique.

Un siècle plus tard, en 1492, quand Christophe Colomb lança sa flotte de trois modestes navires en direction de l'autre rive de l'Atlantique (emportant dans ses bagages un exemplaire des *Voyages* de Marco Polo), il avait déjà compris que la terre était ronde et qu'en partant vers l'ouest, il arriverait en Asie. Ses connaissances étaient suffisantes pour qu'il pense atteindre d'abord le Japon, la Chine se trouvant juste un peu plus loin. Ce qu'il ignorait, c'était l'immense distance qui séparait l'Asie de l'Europe. Et il ne s'attendait pas à trouver un continent entre les deux. Quand il revint en Espagne, il fit savoir au roi Ferdinand le Catholique qu'en débarquant sur l'île d'Hispaniola (l'actuelle République dominicaine), il s'était dit « que c'était peut-être la terre ferme, la province de Cathay ». Ce n'était pas le cas, et Colomb dut persuader le roi que sa première expédition avait presque atteint sa destination, et que la deuxième serait forcément un succès. Puisque cette île n'était ni la Chine ni le Japon, elle était évidemment située au large de la côte orientale de ce dernier. Les richesses fabuleuses de la Chine étaient donc à portée de main.

En attendant, assura-t-il à Ferdinand, l'île qu'il avait découverte fournirait certainement de l'or, pour peu que ses marins se donnent la peine d'en chercher. Il transforma ainsi sa carte perdante – Hispaniola n'était ni le Japon ni la Chine – en atout. Mais il croyait sincèrement que l'île suivante serait le Japon et qu'au-delà, il trouverait la Chine.

Les richesses fabuleuses de cette dernière obsédaient l'Europe, et c'est bien pour cette raison que Ferdinand accepta de financer le deuxième voyage de Christophe Colomb. Les Européens avaient acquis un meilleur sens de la géographie, ce qui ne fit qu'exacerber leur désir de se rendre en Chine. Un tel voyage paraissait d'ailleurs plus raisonnable qu'autrefois. Shakespeare se fait l'écho de ce fantasme lorsqu'il fait dire à Bénédict, dédaigneux de la compagnie de Béatrice dans *Beaucoup de bruit pour rien*, qu'il préférerait encore aller chercher « un poil de la barbe du Grand Cham » que de lui parler. Son public londonien comprenait ce qu'il voulait dire. Il aurait reconnu que c'était un des vœux les plus fantasmagoriques qu'un homme pût prononcer, mais l'entreprise était tout de même envisageable. Au tournant du XVIIe siècle, l'image de ce royaume fabuleux était on ne peut plus présente et le rêve des richesses qu'il contenait ne faisait que briller d'un éclat plus vif. Un proverbe chinois de l'époque attribuait aux Chinois deux yeux, aux Européens un seul, le reste du monde étant aveugle – un hommage équivoque à un peuple consumé par une vision unique.

Voilà pourquoi Champlain remontait le Saint-Laurent : pour trouver une voie fluviale transcontinentale conduisant en Chine. L'idée était solidement ancrée, puisque le grand cartographe anversois Abraham Ortelius dessine un tel chenal à l'encre rouge sur une carte qu'il a imprimée en 1570. Même après

Champlain, le cartographe français Jean Guérard perpétue cette fiction sur la représentation de l'Amérique du Nord qui figure sur sa *Carte universelle hydrographique* de 1634, notant dans l'espace vacant situé à l'ouest des Grands Lacs qu'on « croit qu'il y a passage de là au Japon[7] ».

Ayant vainement demandé aux Amérindiens quelle route emprunter pour se rendre en Chine, Champlain les interrogea sur la présence d'eau salée. Au cours de l'été 1603, en amont du Saint-Laurent, un autochtone lui affirma que l'eau du lac (l'actuel lac Huron) situé au-delà du lac (le lac Érié) qui se déversait dans le lac suivant (le lac Ontario) était salée. C'était la nouvelle que Champlain attendait avec impatience, mais d'autres Algonquins de la région démentirent cette allégation. Il n'en poursuivit pas moins son enquête. Un jeune Algonquin lui déclara que l'eau de l'extrémité occidentale du premier lac auquel il parviendrait (l'actuel lac Ontario) était saumâtre. Champlain n'avait pas besoin d'autre encouragement. Il jura qu'il reviendrait y goûter par lui-même, mais dut attendre des années avant de pouvoir pénétrer aussi loin à l'intérieur des terres. En 1613, Étienne Brûlé, le fils symbolique que Champlain avait échangé avec Ochasteguin, lui fit savoir qu'en définitive, le lac Huron n'était pas salé. Deux nouveaux étés s'écoulèrent avant que Champlain ne puisse se rendre personnellement jusqu'au lac. Il goûta l'eau et la trouva « douce ». Force lui fut de se rendre à la triste évidence : le lac Huron ne communiquait pas avec l'océan Pacifique.

Champlain était cartographe – c'étaient ses talents dans ce domaine qui avaient attiré l'attention de ses supérieurs lors de son premier voyage – et tout au long de sa vie, il réalisa une série de cartes détaillées de ce qui s'appelait alors la Nouvelle-France. Sa troisième carte, dessinée en 1616, est la première où figure le lac Huron. Il le baptise « Mer Douce », reconnaissant ainsi cette vérité nouvelle, tout en se convainquant peut-être que la recherche se poursuivait toujours. Champlain introduit dans sa carte une ambiguïté et une exagération. L'ambiguïté porte sur le point où s'achève la Mer Douce – il la laisse s'étendre mystérieusement au-delà du côté gauche de la carte, car qui sait où elle pourrait mener ? L'exagération, elle, se situe au nord. Telle qu'il l'a représentée, la côte de l'océan Arctique, la « Mer du Côté du Nord », s'avance vers le sud, arrivant tout près du lac Huron – il y avait sûrement là, quelque part, une liaison avec une étendue d'eau salée. Le message était clair. Il suffisait que les Français (c'est-à-dire lui, Champlain) persévèrent dans leurs explorations pour trouver le passage transcontinental secret reliant la France à la Chine.

Seize ans plus tard, Champlain publia sa carte définitive de la Nouvelle-France. Cette version donne une image beaucoup plus complète des Grands Lacs, bien que les lacs Érié et Michigan n'y figurent pas encore. Champlain avait appris que la Mer Douce (ce nom disparaîtrait rapidement en faveur de celui de lac des Hurons ou lac Huron) ne s'étendait pas indéfiniment jusqu'au Pacifique. Au-delà de ce lac d'eau douce, et relié à lui par une série de rapides, il fait cependant figurer un autre plan d'eau, un Grand Lac de dimensions et d'étendue inconnues (l'actuel lac Supérieur) : un nouveau lac d'une série dont on découvrirait peut-être un jour qu'elle conduisait en Chine.

Champlain n'arriva jamais au lac Supérieur, contrairement à Jean Nicollet. Ce dernier était un des « coureurs de bois » de Champlain, qui s'infiltraient dans l'intérieur des terres et exploitaient de vastes réseaux commerciaux. Un ou deux ans avant que

Champlain ne publie sa carte de 1632, Nicollet avait fait la découverte d'une tribu qu'aucun Européen n'avait encore rencontrée et que quelqu'un, lui ou un autre, baptisa les Puants. Champlain les porte sur sa carte définitive, indiquant une « Nation des Puants » établie à côté d'un lac qui communique avec la Mer Douce. « Puants » est une malheureuse traduction d'un mot algonquin signifiant de l'eau sale – terme qu'employaient les Algonquins pour désigner l'eau saumâtre, autrement dit l'eau qui avait un goût de sel. Les Puants ne s'appelaient pas ainsi. C'étaient des Ouinipigous, un nom que nous écrivons aujourd'hui Winnebagos[8]. Mais cette désignation leur est restée attachée par une logique biscornue qui tenait absolument à ce que l'étendue d'eau située par-delà l'horizon soit salée, « puante », en un mot qu'elle soit l'océan Pacifique[9].

Le chef des Winnebagos invita Jean Nicollet à un grand banquet de bienvenue. Nicollet n'ignorait pas l'importance du protocole. Quand il se présenta devant les milliers de gens venus de fort loin pour assister au festin organisé en son honneur, il portait le plus beau vêtement qu'il avait dans ses bagages : une robe chinoise de cérémonie brodée de fleurs et d'oiseaux.

Il est tout à fait impensable qu'un simple agent de l'arrière-pays comme Nicollet ait pu acquérir lui-même un tel vêtement. Il n'aurait pas pu se le procurer et n'aurait jamais disposé de l'argent nécessaire pour l'acheter. Cette robe devait appartenir à Champlain. Mais d'où celui-ci la tenait-il ? Ce n'est que dans les premières années du XVIIe siècle que des curiosités de ce genre commencèrent à circuler depuis la Chine vers le Nord de l'Europe. Cet habit n'existant plus aujourd'hui, il nous est impossible de reconstituer son trajet. Sans doute s'était-il trouvé entre les mains d'un missionnaire jésuite en Chine, qui l'avait rapporté en

Europe en témoignage de la civilisation raffinée à laquelle il avait voué son existence. Le voyageur anglais John Evelyn vit une série de robes chinoises à Paris et s'en émerveilla. C'étaient des « habits glorieux, ouvrés et brodés sur une étoffe d'or, mais avec des couleurs si vives que nous n'avons rien en Europe qui s'en approche par la splendeur et l'éclat ». Au cours des premières années que Champlain passa au Canada, il était impossible de trouver à Paris un article comme la robe de Nicollet ; Champlain avait donc dû l'acheter lors de son congé de deux ans entre 1624 et 1626 – et la payer un prix exorbitant – parce qu'il estimait que cet article pouvait lui être utile dans son entreprise canadienne. Il savait que les Jésuites s'habillaient à la mode chinoise quand ils se présentaient à la Cour, et si lui-même n'avait pas l'occasion de porter cette robe chinoise, peut-être serait-ce le cas de son envoyé. Il était essentiel d'être correctement vêtu pour être reçu à la Cour. En réalité, ce furent les Winnebagos, et non les Chinois, qui se délectèrent de ce spectacle.

La robe de Nicollet est un indice supplémentaire du rêve chinois de Champlain. Celui-ci nourrissait l'ambition de parvenir en Chine depuis le tout début de ses aventures en Amérique du Nord. Comme l'écrivit en 1603 un ami poète, qui composa une dédicace en vers pour ses premiers Mémoires, Champlain s'était voué « à passer plus avant, réduire les gentils et trouver le Levant, par le Nord ou le Sud, pour aller à la Chine ». Toutes ses explorations, toutes les alliances qu'il noua, toutes les batailles qu'il livra n'avaient pas d'autre but. C'était pour la Chine que Champlain risqua sa vie et tua les trois chefs mohawks sur les rives du lac Champlain. Il voulait contrôler le commerce qui fournissait les fabricants de feutre d'Europe, mais surtout, il devait trouver une route menant en Chine. La robe de Nicollet était un accessoire de cette vision, le chapeau de Vermeer un sous-produit de cette quête.

La grande aventure de Champlain ne fut pas un succès, évidemment. Jamais les Français ne parviendraient jusqu'en Chine en traversant le Canada en canoë. Quelle que fût l'issue de leur entreprise, celle-ci infligea de très lourdes pertes aux habitants des régions boisées de l'Est. Les plus durement touchés furent les Hurons. Les Européens transmirent un certain nombre de maladies infectieuses à la Confédération huronne dans les années 1630, dont le point culminant fut la terrible épidémie de variole de 1640, qui réduisit la population au tiers de ses effectifs initiaux de vingt-cinq mille individus. Cherchant désespérément à sauver leurs communautés de l'anéantissement, certains Hurons se tournèrent vers les enseignements des missionnaires jésuites français, qui avaient commencé à s'introduire en pays huron dans les années 1620. Certains trouvèrent peut-être quelque réconfort dans les leçons d'humilité chrétienne dispensées par les Jésuites, mais ce bienfait ne pouvait compenser les effets bien plus tangibles de leur faiblesse nouvelle et de leur impuissance à résister aux Iroquois. La décision française de revenir sur l'interdiction des ventes d'armes à feu aux Hurons en 1641 – à condition qu'ils se soient convertis au christianisme – arriva trop tard pour que cette nation puisse lutter efficacement contre ses ennemis.

Au cours de l'été et de l'automne 1649, plusieurs milliers de Hurons se retirèrent sur Gahoendoe, une île située au sud-est de la Mer Douce. Une cinquantaine de missionnaires, artisans et soldats français se joignirent à eux. Les Hurons préférèrent dresser leur camp au bord d'un lac intérieur, alors que les Français décidaient d'élever une palissade parfaitement visible près de la berge, se préparant à affronter les Iroquois. Cette bataille est commémorée dans le nom actuel de Gahoendoe, Christian Island.

Ils n'allaient pas livrer cette dernière bataille contre les seuls Iroquois, mais contre la faim. L'île était trop petite pour abriter suffisamment de gibier pouvant nourrir un aussi grand nombre de réfugiés, et le maïs qu'ils semèrent fut mis en terre trop tard pour arriver à maturité. L'automne cédant la place à l'hiver, le poisson qu'ils arrivaient à pêcher ainsi que les six cents boisseaux de glands qu'ils achetèrent à des tribus établies plus au nord ne purent nourrir tout le monde, et la famine sévit. Les plus durement touchés furent les enfants. Un missionnaire jésuite qui se rendit dans le village décrit une mère aux seins flasques regardant ses enfants « mourir dans ses bras, l'un après l'autre, n'ayant même pas la force de les mettre au tombeau ». L'aspect mélodramatique de son récit illustre bien la gravité des souffrances endurées cet hiver-là, en dépit du caractère erroné de ce dernier détail. Il y a une trentaine d'années, quand une équipe d'archéologues et d'auxiliaires amérindiens ont entrepris de fouiller ce site, ils ont découvert dans le sol sablonneux à proximité du village les squelettes d'enfants morts de malnutrition, dont les dépouilles avaient été enterrées avec le plus grand soin. Lorsque les fouilles furent achevées, ils remirent les ossements en place tout aussi soigneusement, et on laissa la jeune forêt à feuilles caduques envahir le site afin que nul ne sache où se trouvaient les tombes, et que personne ne revienne les déranger.

Vers la fin de l'hiver, plusieurs centaines de Hurons décidèrent de tenter leur chance en traversant l'eau gelée pour aller se rendre aux détachements d'Iroquois qui patrouillaient sur le continent, mais la glace céda sous leur poids et beaucoup se noyèrent. Les autres attendirent le dégel, puis partirent par des routes différentes. Un groupe disparut au nord, dans l'intérieur des terres, un autre raccompagna les Français à Québec. Leurs descendants, les Wendat, y vivent encore aujourd'hui.

Un bois clairsemé de hêtres et de bouleaux a poussé sur le site du dernier village huron de Christian Island. À moins de savoir où il était situé, on n'a aucune chance de le trouver. Je passe mes étés sur Christian Island, qui est actuellement une réserve Ojibwe, et ne peux suivre le sentier moucheté de lumière, qui dessine un coude au-delà du lieu où sont inhumés les enfants, sans repenser à cet hiver de famine de 1649-1650, m'étonnant de cette vaste trame de l'Histoire qui relie ce lieu secret aux réseaux mondiaux de commerce et de conquête qui se sont mis en place au XVIIe siècle. Ces enfants sont des chaînons perdus de cette histoire, des victimes oubliées de la volonté acharnée des Européens de trouver un passage vers la Chine en même temps qu'un moyen de le financer, de minuscules acteurs du drame qui a posé le chapeau de Vermeer sur la tête de l'officier.

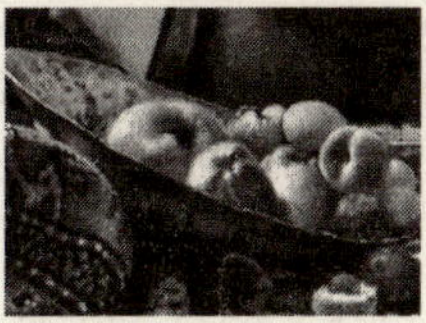

3

Une jatte de fruits

Vermeer a peint la *Liseuse à la fenêtre* (fig. 3) vers la même époque que *L'Officier et la jeune fille riant*. Nous reconnaissons la même pièce à l'étage, la même table et la même chaise, la même femme vêtue de la même robe, cette fois encore son épouse Catharina Bolnes, je le suppose du moins. Bien que l'action soit différente dans les deux toiles, l'histoire qu'elles racontent est plus ou moins la même : celle d'un homme qui fait la cour à une femme. L'intrigue est évidente dans *L'Officier et la jeune fille riant*, qui représente directement l'interaction entre les deux personnages. Dans la *Liseuse à la fenêtre*, en revanche, nous ne voyons que la femme. L'homme est présent dans la toile, mais par défaut. Il est loin, à l'autre bout du monde peut-être. Elle s'est approchée de la croisée pour avoir plus de lumière, mais, cette fois, la fenêtre n'est pas seulement entrebâillée. Elle est grande ouverte. L'homme est parti, et ne peut lui parler que par lettres interposées. Son absence matérielle incite Vermeer à composer une ambiance différente. L'éclat des propos légers a cédé la place à une tension intériorisée, la jeune femme se concentrant sur des mots que nous, spectateurs, ne sommes pas autorisés à lire.

Si les deux toiles partagent un espace et un thème communs, elles ne contiennent pas les mêmes objets. Sans qu'on puisse aller jusqu'à parler de fouillis, la *Liseuse à la fenêtre* recèle davantage d'accessoires, qui assument une plus grande part de la fonction d'animation visuelle. Pour contrebalancer le grouillement d'objets, Vermeer n'a rien mis au mur. Il est pourtant loin d'être nu, car il s'agit sûrement d'un des murs vides les plus richement texturés de l'art occidental. Une analyse aux rayons X révèle que Vermeer avait commencé par le décorer d'un tableau de Cupidon (il l'a réutilisé plus tard dans *Une dame debout au virginal*) pour bien faire comprendre au spectateur que cette femme lit une lettre d'amour ; finalement, il a préféré s'abstenir de cette allusion symbolique par trop limpide, et a repeint par-dessus. Pour donner profondeur et volume à la pièce, il recourt à la technique traditionnelle des rideaux suspendus, l'un drapé sur le battant ouvert, l'autre tiré sur le côté au premier plan, comme s'il avait été écarté pour révéler la peinture (il était courant que l'on dissimule les tableaux sous un rideau pour les protéger de la lumière et d'autres causes de dégâts éventuels). La table est couverte, cette fois, d'un tapis turc richement coloré – ces tapis étaient trop précieux pour qu'on les mette par terre comme nous le faisons aujourd'hui –, qui a été ramassé sur un côté, pour donner plus de vitalité à la scène. Et là, renversé sur le tapis au milieu de la table, nous voyons un objet qui, comme le chapeau de l'officier, nous renvoie au vaste monde dans lequel, peut-être, l'amant ou le mari de cette femme est parti : une jatte de porcelaine qui disparaît presque sous une masse de fruits.

Notre regard se dirige d'abord vers la jeune femme, mais sans doute ce plat aura-t-il rivalisé avec elle pour retenir l'attention des contemporains de Vermeer. Le spectacle d'une jatte de ce genre était un enchantement, mais ces objets étaient encore trop rares et trop coûteux pour que tout le monde puisse s'en acheter. Dix ou vingt ans plus tôt, la vaisselle chinoise apparaît rarement dans les peintures hollandaises – dix ou vingt ans plus tard, on en trouve partout. Les années 1650 coïncident avec l'instant précis où les porcelaines chinoises s'imposèrent dans l'art hollandais comme dans la vie hollandaise. En réalité, ces plats participèrent à la naissance d'un nouveau genre pictural promis à une grande popularité, la nature morte, que des artistes hollandais du XVIIe siècle ont transformé en forme d'expression artistique. Le peintre choisissait des objets de nature similaire (des fruits) ou susceptibles d'illustrer, de façon plausible, un thème commun (le déclin, le symbole de la vanité) et les arrangeait sur une table de manière à flatter le regard. Un grand plat chinois était exactement le genre d'objet capable de conférer de l'unité à des motifs de plus petite taille, comme des fruits, qui pouvaient être disposés pêle-mêle pour composer une masse dynamique. Le but suprême de la nature morte était que la scène paraisse si réelle que le spectateur puisse en être berné, prêt à croire qu'il ne s'agissait pas d'un tableau – l'artiste astucieux pouvait aller jusqu'à ajouter une mouche sur son tableau, comme si l'insecte lui-même s'était fait leurrer par le réalisme de la représentation. Créer une réalité en trompe l'œil : c'est le défi que Vermeer chercha à relever tout au long de sa vie de peintre.

La jatte de fruits posée sur la table devant Catharina est là pour le ravissement de l'œil, mais Vermeer se sert de cette nature morte de fruits en désordre pour exprimer le tumulte des émotions qui agitent la jeune femme en train de lire la lettre de son amant parti au loin – peut-être jusqu'aux Indes orientales hollandaises –, tout en cherchant à maîtriser ses pensées. Sa posture et son comportement suggèrent le calme, mais, en réalité, elle a le plus grand mal à contenir l'agitation de son esprit. Voilà pourquoi la jatte est renversée, laissant les fruits rouler sur le tapis. Tout n'est que composition et mise en scène, évidemment. L'amant est fictif, la feuille de papier que tient le modèle est peut-être vierge, et le tapis comme le plat ont été disposés avec art. Mais le monde est réel, et il constitue l'objet de notre recherche. Cette jatte, fort opportunément pour un tableau peint dans la ville où la célèbre faïence de Delft a vu le jour, sera la porte qui nous permettra de quitter l'atelier de Vermeer pour nous engager dans un couloir de voies commerciales conduisant de Delft à la Chine.

À seize degrés sous l'équateur et à deux cents kilomètres de la côte africaine, une île volcanique isolée surgit à la surface de l'Atlantique sud. La Compagnie britannique des Indes orientales a annexé Sainte-Hélène à l'Empire britannique au XVIIIe siècle ; Jamestown a été construite à l'emplacement connu sous le nom de Church Bay (aujourd'hui la baie de Jamestown) sur le côté de l'île situé sous le vent. Le principal titre de gloire de ce lieu est d'avoir abrité l'exil de Napoléon, banni par les Britanniques vainqueurs de la bataille de Waterloo en 1815, scène finale du long drame qui a permis à la Grande-Bretagne de devenir la puissance mondiale dominante du XIXe siècle.

Avant que les Anglais n'occupent Sainte-Hélène, l'île servait d'escale aux navires de toutes les nations qui entreprenaient le long voyage de retour d'Asie vers l'Europe. Située directement sur le trajet des alizés du sud-est qui poussaient les bateaux depuis le cap de Bonne-Espérance, c'était un lieu de refuge où les vaisseaux et les équipages pouvaient se remettre des tempêtes et des maladies qui accompagnaient habituellement les traversées ; un havre de repos, de réparation et d'approvisionnement en eau douce, avant la dernière étape du voyage. La navigation moderne n'a pas besoin d'îles de ce genre et passe au large de Sainte-Hélène, l'abandonnant, dans son éloignement océanique, aux visites des seuls touristes.

L'unique navire à l'ancre dans Church Bay en ce milieu de matinée du premier jour de juin 1613 était un bâtiment anglais, un petit bateau de la Compagnie des Indes orientales appelé le *Pearle*. Arrivé deux semaines auparavant, le *Pearle* faisait partie d'un convoi de six navires qui, revenant d'Asie, regagnaient Londres. Ce convoi comprenait un second bateau anglais, le *Solomon*, mais les quatre autres naviguaient pour la Compagnie hollandaise des Indes orientales. Bien que les Hollandais et les Anglais aient fréquemment été en guerre au XVIIe siècle, les capitaines des deux camps préféraient souvent oublier leurs différends et naviguer de conserve pour se protéger de leurs vrais rivaux, les Espagnols et les Portugais. Les six bateaux passèrent donc deux semaines au repos à Sainte-Hélène pour des travaux de réparation avant de reprendre la mer pour regagner l'Europe. Mais quand le convoi partit à l'aube du 1er juin, il laissa le *Pearle* derrière lui. La moitié des cinquante-deux hommes d'équipage avaient été portés malades quand le navire avait atteint Sainte-Hélène et la plupart étaient encore trop faibles pour travailler. Ce matin-là, on était toujours en train de remplir et de charger les barils d'eau du *Pearle*. Le capitaine John Tatton n'avait pas le choix : il fallait retarder le départ jusqu'au lendemain matin, en espérant pouvoir rattraper le reste du convoi.

Tatton et son équipage étaient fort occupés à préparer le *Pearle* après le départ des autres quand, plus tard dans la matinée, deux navires portugais surgirent à la pointe sud de la baie. C'étaient des caraques, ces grands bâtiments que les Portugais construisaient pour transporter des marchandises à travers les océans. Elles revenaient de leur premier voyage à Goa, la petite colonie du Portugal sur la côte ouest de l'Inde, et regagnaient Lisbonne chargées d'une importante cargaison de poivre. Tatton comprit que le *Pearle* ne pourrait pas tenir tête à ces deux gros navires, les plus grands bateaux en bois jamais construits par les Européens. Il était plus prudent de se mettre hors de portée de leurs canons. Aussi hissa-t-il les voiles et prit-il la fuite. Ce départ précipité l'obligea à abandonner sur l'île ses barils d'eau et ses marins malades. Mais il n'avait pas l'intention de filer à l'anglaise. Tatton avait un autre plan. Il se mit à la poursuite du reste du convoi anglo-hollandais, espérant convaincre l'amiral hollandais, Jan Derickzson Lam, de faire faire demi-tour à la flotte et de revenir s'emparer des deux caraques dans Church Bay.

Le *Pearle* rattrapa le vaisseau amiral de Lam, le *Wapen van Amsterdam*, alors que la nuit était déjà tombée. Lam « fut fort heureux et fit signe à sa flotte de le suivre », raconta plus tard Tatton. Mais tous les navires hollandais ne tinrent pas compte de son ordre de faire demi-tour. Le *Bantam* et le *Witte Leeuw* (le *Lion blanc*) manœuvrèrent pour se ranger à ses côtés, mais le *Vlissingen* ne répondit pas au signal, pas plus que l'autre bateau anglais, le *Solomon*. Lam ne se découragea pas pour si peu. Une supériorité de quatre contre deux n'était peut-être pas aussi irrésistible que si elle avait été de six contre deux, mais sa flotte avait l'avantage de la surprise.

Après avoir passé un jour et demi à louvoyer péniblement contre le vent, le quatuor anglo-hollandais fut de retour à Sainte-Hélène. Lam et Tatton avaient raison de compter sur l'effet de surprise. Jeronymo de Almeida, l'amiral de la flotte portugaise, avait probablement vu le *Pearle* s'enfuir, mais le bateau anglais lui était sorti de l'esprit et il ne s'attendait pas à son retour. La *Nossa Senhora da Nazaré (Notre Dame de Nazareth)*, son vaisseau amiral, était à l'ancre, tout le flanc exposé vers l'océan. La *Nossa Senhora do Monte da Carmo (Notre Dame du mont Carmel)* était ancrée bord à bord avec le grand navire, littéralement coincée par lui.

Lam attaqua avant que les Portugais n'aient pu repositionner leurs caraques pour faciliter leur défense. Il lança le *Bantam* et le *Lion blanc* vers la proue et la poupe du *Nazareth*, selon un angle qui empêchait plus ou moins les Portugais de faire tirer son canon, puis dirigea le *Wapen* droit sur lui. Tatton écrivit plus tard que Lam aurait dû chercher à négocier une reddition portugaise, mais il semblerait que le Hollandais ait été décidé à s'emparer des navires ennemis et à ne pas se contenter de moins. « Trop avide », tel fut le jugement de Tatton.

L'attaque du *Bantam* contre la proue du *Nazareth* « refroidit beaucoup l'ardeur des Portugais », relate Tatton. Le capitaine du *Lion blanc*, Roeloff Sijmonz Blom, tira ensuite contre la poupe du *Nazareth*, ouvrant une brèche au-dessus de la ligne de flottaison. Blom approcha le *Lion blanc* suffisamment pour couper les câbles d'ancre de la caraque, espérant la faire dériver plus près du rivage. L'équipage du *Carmel*, acculé derrière le *Nazareth* et impuissant, réussit tout de même à faire passer un câble de remplacement à l'autre navire et à l'amarrer de nouveau. S'apprêtant à prendre pied sur le vaisseau amiral, Blom déplaça le *Lion blanc* parallèlement au flanc du *Nazareth* et du *Carmel*. Au cours de la manœuvre, il y eut un échange de tirs entre ses canonniers placés à tribord et le *Carmel*.

Les avis diffèrent sur la suite exacte des événements. Certains prétendirent que les tirs portugais touchèrent la poudrière du *Lion blanc*. D'autres affirmèrent opiniâtrement qu'un canon défectueux explosa sur le pont inférieur du *Lion blanc*. Toujours est-il que la déflagration emporta tout l'arrière du navire. Le *Lion blanc* coula en quelques instants. Tatton était persuadé que Blom, ses quarante-neuf hommes d'équipage et deux passagers anglais qui se trouvaient à bord avaient péri dans l'explosion ou s'étaient noyés dans la baie ; en réalité, certains furent repêchés et conduits à Lisbonne avant d'être rapatriés.

Ayant perdu tout un navire avec son équipage et sa cargaison, l'amiral Lam ne pouvait pas risquer de plus graves dommages. Il ordonna aux autres bâtiments de se retirer. Tatton put approcher suffisamment le *Pearle* de la rive nord de la baie pour récupérer onze de ses membres d'équipage abandonnés, qui s'étaient rassemblés là dans l'espoir d'être sauvés, avant de prendre le large. Mais ce n'étaient pas les dernières infortunes de cette traversée. Lorsque le *Bantam* franchit le chenal de Texel pour s'engager dans le Zuiderzee (aujourd'hui l'Ijsselmeer), le bras de mer intérieur d'Amsterdam, il heurta le fond et se brisa. Lam jouait vraiment de malchance. Le nombre de navires de la VOC qui sombrèrent dans ce détroit se compte sur les doigts d'une main, et le sort voulut qu'il fût l'un de ces doigts. (La flotte portugaise ne fut guère plus heureuse. L'amiral Almeida réussit à ramener les deux navires à Lisbonne, mais le *Carmel* avait été si gravement endommagé qu'il fallut le retirer du service.)

En s'abîmant sous trente-trois mètres d'eau, le *Lion blanc* emporta par le fond une importante cargaison. Les archives hollandaises contiennent encore le manifeste du bateau, qui nous informe sur le montant exact des pertes. La liste comprend 15 000 sacs de poivre[1], 312 kilos de clous de girofle, 77 kilos de noix de muscade, plus 1 317 diamants d'un poids total de 480,5 carats. Le manifeste avait été dressé sur les quais de Bantam, le port commercial de la VOC situé à l'extrémité occidentale de Java. Connaissant la précision maniaque de la VOC et la minutie de sa comptabilité, rien ne permettait de penser que les cales du navire pouvaient contenir quoi que ce soit qui n'ait pas été consigné préalablement sur les registres de la compagnie. D'où la surprise des archéologues marins qui descendirent fouiller l'épave du *Lion blanc* en 1976. Ils savaient que les épices auraient pourri depuis longtemps et que les diamants auraient été emportés par les sables mouvants du port et ne s'attendaient donc pas à retrouver la cargaison. Ce qui les intéressait, c'étaient les ouvrages de ferronnerie du bateau et plus particulièrement son canon. Ils découvrirent pourtant, éparpillées dans la boue où reposait la coque fracassée du navire, plusieurs milliers de pièces de ce qui était, en 1613, le symbole même de la Chine : de la porcelaine.

Ces objets auraient-ils pu tomber sur l'épave du *Lion blanc* depuis des navires qui s'en seraient débarrassés, bien plus tard, alors qu'ils étaient à l'ancre ? Ce n'est pas exclu, mais cela faisait vraiment beaucoup de porcelaine en un seul lieu, et quand on remonta ces pièces à la surface et qu'on analysa leurs styles et leurs datations, on constata qu'elles avaient été fabriquées sous le règne de l'empereur Wanli, qui s'est achevé en 1620. Tous les indices – hormis le manifeste du bateau – révèlent que cette cargaison provenait bien du *Lion blanc*. Paradoxalement, elle a été sauvée par l'explosion destructrice. Si les balles de porcelaine soigneusement empaquetées étaient arrivées à bon port sur les quais d'Amsterdam comme elles l'auraient dû, elles auraient été vendues et revendues, ébréchées et fêlées, et finalement jetées. C'est le sort qu'ont connu presque tous les objets de porcelaine débarqués aux Pays-Bas au XVIIe siècle. Il existe bien quelques articles dispersés à travers le monde dans des musées et des collections particulières, mais ce ne sont que des vestiges isolés, détachés du contexte qui les a conduits en Europe et séparés des chargements auxquels ils appartenaient. L'explosion du *Lion blanc* a, par inadvertance, épargné ce destin à cette cargaison-là. Certes, la plupart des objets retrouvés sont brisés, mais, non sans ironie, ils sont plus nombreux à avoir survécu aux quatre siècles séparant 1613 d'aujourd'hui que ce n'eût été le cas dans des circonstances ordinaires. Ils sont abîmés, c'est un fait, mais ils sont encore ensemble (conservés au Rijksmuseum d'Amsterdam), et peuvent nous apprendre à quoi ressemblait une cargaison de porcelaines au début du XVIIe siècle.

Les premiers objets de porcelaine chinoise qui atteignirent l'Europe provoquèrent l'étonnement de tous ceux qui les virent ou les manipulèrent. Pour décrire cette matière, la seule analogie qui venait à l'esprit des Européens était le cristal. Les surfaces émaillées étaient dures et lustrées et, sous l'émail, les dessins étaient d'une grande précision, les couleurs vives et éclatantes. Les parois des plus beaux articles étaient si minces qu'on pouvait voir l'ombre de sa main à travers quand on tenait une assiette ou une tasse à contre-jour.

Le style qui séduisit le plus les Européens était le bleu et blanc : une fine porcelaine blanche peinte au bleu cobalt et recouverte d'un émail parfaitement transparent. Ce style représentait en fait une évolution tardive dans l'histoire de la céramique chinoise. Les potiers de Jingdezhen, la ville des fours de la province intérieure du Jiangxi qui exécutait régulièrement les commandes impériales, ne mirent au point la technique de cuisson de la vraie porcelaine qu'au XIVe siècle. Pour produire de la porcelaine, il faut porter la température des fours à 1 300 degrés, afin que le mélange qui constitue l'émail prenne une transparence vitreuse et se fonde dans la masse. Les dessins et les motifs qui ravissaient le regard étaient ainsi définitivement prisonniers entre la pâte céramique et la couche d'émail. L'équivalent européen le plus proche était la faïence, faite d'argile portée à 900 degrés et recouverte d'un émail d'oxyde d'étain. La faïence présente l'apparence superficielle de la porcelaine, mais elle n'a ni sa finesse ni sa transparence. Les Européens en empruntèrent la technique, au XVe siècle, aux potiers musulmans, qui l'avaient mise au point pour fabriquer des contrefaçons bon marché susceptibles de concurrencer les marchandises chinoises. Il fallut attendre 1708 pour qu'un chimiste allemand réussisse à reproduire la technique de fabrication de la vraie porcelaine dans une ville proche de Dresde appelée Meissen, qui devint bientôt synonyme de beaux objets réalisés dans cette matière.

L'effet du bleu sur le blanc enchantait les consommateurs européens. À nos yeux, les lignes et figures d'un bleu cobalt profond sur un fond blanc pur sont typiquement chinoises. C'est pourtant une esthétique d'emprunt ou, du moins, une adaptation. À l'époque où les potiers commencèrent à fabriquer de la vraie porcelaine, la Chine vivait sous la domination des Mongols. Ceux-ci contrôlaient également l'Asie centrale, ce qui facilitait le transport par voie terrestre des marchandises d'une extrémité de leur empire continental à l'autre. Le goût persan s'était porté depuis longtemps vers les céramiques chinoises, disponibles en Perse depuis le VIIIe siècle. Incapables de rivaliser avec la blancheur des céramiques chinoises, les potiers locaux mirent au point une technique qui leur permettait de masquer leur argile grise sous un émail blanc opaque d'apparence chinoise. Sur cette base blanche, ils peignaient des figures décoratives bleues, utilisant le cobalt local comme colorant. L'effet était saisissant. Au XIIIe siècle, lorsque la Perse et la Chine furent plus directement liées par l'Empire mongol, les potiers chinois purent accéder bien plus aisément encore au marché perse. Toujours sensibles aux demandes de ce marché, ils adaptèrent l'aspect de leurs articles au goût persan, intégrant notamment un décor cobalt à leurs modèles. Le cobalt de Chine étant plus pâle que celui de Perse, les potiers de Jingdezhen commencèrent à importer du cobalt perse pour obtenir une couleur qui plairait, espéraient-ils, aux acheteurs persans.

La porcelaine bleu et blanc est issue de ce long processus d'innovation. Elle se vendait fort bien en Perse, notamment parce que le Coran interdit de manger dans de la vaisselle d'or ou d'argent. Les riches tenaient à servir leurs invités dans de la vaisselle de prix, et puisqu'il leur était impossible de présenter de la nourriture dans des récipients en métaux précieux, il leur fallait un produit aussi plaisant et aussi cher, mais qui n'existait pas du temps de la révélation du Coran. La porcelaine de Jingdezhen convenait à merveille. Les acheteurs mongols et chinois furent, eux aussi, séduits par l'aspect de ce produit. Ce que nous appelons aujourd'hui « porcelaine de Chine » est né de ce métissage interculturel fortuit, de ce mélange de facteurs matériels et esthétiques, qui transforma la production mondiale de céramique. Les potiers syriens de la cour de Tamerlan, par exemple, commencèrent à donner à leurs articles une apparence chinoise au début du XVe siècle. À la suite de l'expansion du commerce mondial de la céramique au XVIe siècle vers le Mexique, le Proche-Orient et la péninsule Ibérique, puis vers l'Angleterre et les Pays-Bas un siècle plus tard, les potiers de tous ces pays leur emboîtèrent le pas. Tout le monde essaya – vainement pendant longtemps – d'imiter l'aspect et le toucher de la porcelaine chinoise bleu et blanc. Hors de Chine, les boutiques de céramique des bazars du XVIIe siècle étaient encombrées d'imitations de second ordre, qui n'avaient pas grand-chose à voir avec l'original.

Les lecteurs hollandais apprirent l'existence de la porcelaine chinoise en 1596 grâce à Jan Huygen Van Linschoten, un de leurs compatriotes qui s'était rendu en Inde au service des Portugais. Son *Itinerario*, un ouvrage très populaire, fut une source d'inspiration pour la génération suivante de négociants hollandais qui opéraient à l'échelle planétaire. Van Linschoten vit des porcelaines chinoises sur les marchés de Goa. Sans être jamais allé en Chine, il réussit à se procurer des informations relativement sérieuses sur ces objets. « Si je parlais des porcelaines qu'on fabrique là-bas [il fait allusion à la Chine, sur la foi de ce qu'il a entendu dire à Goa], « on ne me croirait pas, et celles-ci sont exportées chaque année vers l'Inde, le Portugal, la Nouvelle-Espagne et ailleurs ! » Van Linschoten apprit que la porcelaine était produite « à l'intérieur » – ce qui est effectivement le cas de celles de Jingdezhen –, et que seuls les articles de second choix partaient à l'exportation. Les pièces de grande qualité, « si délicates qu'aucun verre de cristal ne saurait leur être comparé », restaient dans le pays et étaient destinées à la Cour.

Les négociants indiens apportaient des porcelaines chinoises sur le sous-continent depuis le XVe siècle au moins. Ils les achetaient à des marchands chinois installés en Asie du Sud-Est, lesquels les faisaient venir depuis des ports situés le long de la côte sud-est de la Chine, où des marchands de céramiques les avaient eux-mêmes expédiées depuis l'intérieur des terres. L'exploitation d'une route commerciale maritime contournant l'Afrique ouvrit soudain un marché européen. Les Portugais furent les premiers Européens à acquérir des porcelaines chinoises à Goa, mais ils ne tardèrent pas à prolonger leurs routes commerciales jusqu'au Sud de la Chine, pour pouvoir négocier directement avec des grossistes chinois. C'était la voie sur laquelle les Hollandais souhaitaient s'engager, et ils ne tardèrent pas à le faire. Mais la première grande cargaison de porcelaines chinoises à destination d'Amsterdam ne fut pas le produit d'une entreprise hollandaise. C'était la conséquence de la rivalité entre Hollandais et Portugais en haute mer, au large de Sainte-Hélène notamment. En 1602, onze ans avant le naufrage du *Lion blanc*, une flotte de navires hollandais s'était emparée en ce lieu du *San Iago,* un navire portugais. La capture s'était faite sans difficulté, et le *San Iago* fut conduit à Amsterdam avec toute sa cargaison. Le premier grand trésor de porcelaines à parvenir en Hollande fut déchargé sur les quais de cette ville, et des acheteurs venus de toute l'Europe se battirent pour obtenir une part de ce butin. Les Hollandais l'appelèrent *kraakporselein*, « porcelaine de caraque », en souvenir de la caraque portugaise à laquelle elle avait été prise.

L'année suivante, une nouvelle cargaison importante arriva aux Pays-Bas par le même biais. La *Santa Catarina* fut arraisonnée au large de Johore, dans le détroit de Malacca, la voie maritime reliant l'océan Indien à la mer de Chine méridionale. Ce fut la prise la plus célèbre du nouveau siècle. La *Santa Catarina* transportait cent mille objets de porcelaine pesant plus de cinquante tonnes au total. (Elle contenait également douze cents balles de soie chinoise, qui se vendirent fort bien, car la production de soie italienne avait été mauvaise cette année-là.) Des représentants des têtes couronnées du Nord de l'Europe affluèrent à Amsterdam avec ordre d'acheter tout ce qu'ils pourraient, à n'importe quel prix.

Les prises du *San Iago* et de la *Santa Catarina*, ainsi que le naufrage du *Lion blanc*, n'étaient que des escarmouches dans la guerre de plus grande envergure que les Hollandais menaient moins contre les Portugais que contre les Espagnols. Les Portugais étaient les associés commerciaux des Espagnols dans les années 1580-1640, époque où ces deux royaumes furent unis, ce qui faisait d'eux des cibles légitimes aux yeux des Hollandais. Mais l'ennemi juré était l'Espagne : c'était l'État qui avait occupé les Pays-Bas au XVIe siècle et avait réprimé le mouvement hollandais d'indépendance avec une extraordinaire violence. Bien que la trêve signée entre l'Espagne et les Provinces-Unies en 1609 ait mis fin un temps aux hostilités directes sur le territoire des Pays-Bas, hors d'Europe, la lutte entre le royaume espagnol et la République hollandaise faisait toujours rage.

La rivalité qui se jouait en haute mer – les Espagnols n'avaient pas tort de parler de « piraterie » – dépassait cependant la lutte hollandaise pour l'indépendance. Son véritable mobile était la redéfinition de l'ordre mondial. Ses racines remontent en réalité à l'année qui avait suivi le premier voyage de Christophe Colomb aux Indes occidentales. En 1493 donc, à la suite des découvertes territoriales faites de l'autre côté de l'Atlantique, le pape décréta que l'Espagne disposerait d'une juridiction exclusive sur toutes les nouvelles terres découvertes à l'ouest d'un méridien nord-sud passant à cent lieues des îles du Cap-Vert, au large de la côte sénégalaise, tandis que le Portugal pourrait revendiquer toutes les terres situées à l'est de cette ligne. Les autres États européens étaient exclus de tout droit à faire du commerce dans les régions récemment découvertes, ou à en réclamer la possession. Un an plus tard, l'Espagne et le Portugal modifièrent les termes de la bulle pontificale de 1493 par le traité de Tordesillas. Cet accord déplaçait la ligne de partage de 270 lieues plus à l'ouest, peut-être parce que les Portugais savaient, ou supposaient, qu'une partie de l'Amérique du Sud avançait à l'est de cette ligne (ils avaient raison : c'était le Brésil).

Le traité de Tordesillas ne disait rien du tracé de la ligne de démarcation de l'autre côté du globe, car aucun des signataires n'y était encore allé. Si bien que dans leur course autour de la planète, le Portugal et l'Espagne prirent promptement le départ dans des directions opposées, le Portugal par l'océan Indien et l'Espagne par le Pacifique. Ils savaient que la Chine se trouvait de l'autre côté de la terre et que l'État qui pourrait établir sa présence dans cette région du monde serait en bonne position pour s'emparer du plus précieux butin. Le gouvernement chinois n'était pas très enthousiaste à l'idée de laisser un État, quel qu'il fût, prendre pied sur son sol. Les étrangers n'étaient autorisés à résider en Chine que comme visiteurs temporaires, dans le cadre d'ambassades diplomatiques. Ce concept était cependant suffisamment élastique – et les deux parties l'entendaient bien ainsi – pour que les ambassades de pays voisins venues rendre « hommage » au trône chinois puissent agir, *de facto*, comme des délégations commerciales. Les ambassadeurs avaient le droit de se livrer à des activités commerciales, pourvu que leur volume restât modeste. Les marchands devaient être ambassadeurs, et les Portugais ne demandaient que cela. Ils arrivèrent en Chine avant les Espagnols, et firent des pieds et des mains pour ouvrir des voies de communication officielles avec la cour chinoise. Systématiquement repoussés, ils durent se contenter d'un commerce illégal en se retranchant sur des îles situées au large du continent. Au milieu du XVIe siècle, un accord officieux leur permit cependant de prendre pied sur une étroite péninsule située sur la côte sud de la Chine, un lieu appelé Macao, où ils établirent une minuscule base coloniale depuis laquelle ils pourraient commercer avec la Chine et avec le Japon.

À la charnière du XVIe et du XVIIe siècle, les navires de la VOC se trouvaient eux aussi dans la mer de Chine méridionale, explorant le littoral au nord de Macao jusqu'à la province du Fujian à la recherche d'un site qui leur permettrait de se livrer au commerce avec la Chine. Le gouvernement chinois ayant déjà conclu un accord commercial à Macao avec un groupe de « Francs », comme les Chinois appelaient les Européens (un terme emprunté aux Arabes), il n'avait aucune envie d'accorder de concession à d'autres. Mais à titre personnel, des marchands chinois ne demandaient qu'à négocier avec des Francs, quels qu'ils fussent, et certains fonctionnaires étaient prêts à s'arranger avec eux, moyennant finances. Le plus célèbre des fonctionnaires chinois était Gao Cai, un eunuque impérial chargé de collecter les droits de la douane maritime. Les reçus des douanes étant directement transmis à la comptabilité de la maison impériale et non à celle du ministère des Finances, l'eunuque Gao fit une entorse aux règles administratives au profit de son maître. En 1604, il établit un entrepôt commercial privé dans une île située au large du continent, où ses agents pouvaient négocier avec les Hollandais en échange de généreux présents pour lui-même et pour l'empereur. Ce petit négoce ne tarda pas à revenir aux oreilles du gouverneur provincial, qui envoya la marine limiter les activités illicites de l'eunuque[2].

En Asie du Sud-Est, l'absence d'États d'une puissance comparable à celle de la Chine rendait la région plus prometteuse pour les Hollandais qui souhaitaient y prendre pied. Les Espagnols (basés à Manille, dans les Philippines) et les Portugais n'étaient pas assez nombreux pour contrôler les milliers d'îles des environs, ce qui permit aux Hollandais d'intervenir rapidement et de prendre aux Portugais, en 1605, ce qu'on appela les îles aux Épices. Quatre ans plus tard, la VOC installa son premier poste commercial permanent à Bantam, à l'extrémité ouest de l'île de Java. Après s'être emparée de Jakarta à l'est, la compagnie y transporta son quartier général et rebaptisa la ville Batavia. La Hollande disposait désormais, à l'autre bout du monde, d'une base à partir de laquelle elle pouvait contester le monopole ibérique sur le commerce asiatique. Ce nouvel arrangement fonctionna à merveille pour la compagnie. La valeur des importations hollandaises depuis cette région augmenta de près de 3 % par an.

Le *Lion blanc* fut l'une des premières et des plus spectaculaires victimes de la guerre pour la domination du commerce avec l'Asie. Ce bateau avait fait sa première traversée Amsterdam-Asie – une distance de quelque quatorze mille miles nautiques (vingt-cinq mille kilomètres) – dès 1601, un an avant la constitution de la VOC[3]. Il revint à son port d'attache en juillet de l'année suivante. L'aggravation des tensions avec des bâtiments portugais dans les eaux asiatiques justifia l'installation de six canons de bronze supplémentaires à l'avant et à l'arrière du bateau. Quand il partit pour sa deuxième traversée asiatique en 1605, le *Lion blanc* naviguait sous les couleurs de la VOC.

Ce nouvel accord commercial apparaît sur la culasse des canons de cuivre que les archéologues ont repêchés dans la baie en 1976. Le maître fondeur Hendrick Muers y avait en effet inscrit son nom et la date – *Henricus Muers me fecit 1604* – sous les initiales enchevêtrées de la compagnie, *VOC*, assorties d'un *A*, emblème de la chambre d'Amsterdam de la Compagnie.

Le *Lion blanc* accomplit un deuxième voyage sans anicroches et repartit pour un troisième, funeste celui-ci, en 1610. Après avoir déposé sa cargaison à Bantam, il fut réaffecté à une escadre chargée de réprimer un soulèvement, au profit des négociants en noix de muscade des îles aux Épices. Le *Lion blanc* passa l'hiver avec une flotte qui s'attaquait aux navires espagnols faisant voile depuis Manille. Ils en capturèrent cinq. Il servit ensuite à la navigation entre les îles au cours du printemps et de l'été, puis reçut l'ordre de regagner Bantam pour embarquer son chargement avant de reprendre la route d'Amsterdam pour la troisième fois. Le 5 décembre 1612, il partit au sein du groupe de quatre navires placés sous le commandement de l'amiral Lam. Le 1er juin de l'été suivant, il quitta Sainte-Hélène pour la dernière étape de son retour à Amsterdam. Nous connaissons la suite.

La piraterie hollandaise provoqua des protestations diplomatiques non seulement du Portugal, mais aussi d'autres nations européennes[4]. Quand les Hollandais s'emparèrent de la *Santa Catarina* en 1603, le Portugal demanda la restitution du navire et de l'intégralité de sa cargaison, faisant valoir que cette prise était illégale. Les directeurs de la VOC estimèrent devoir plaider leur cause et ne pas se contenter de tirer vanité de l'impunité avec laquelle ils accomplissaient de tels larcins. Ils tenaient à ce que les principes du droit international sanctionnent le bien-fondé de leurs agissements. Ils engagèrent donc un jeune et brillant juriste de Delft, Huig De Groot (plus connu sous la forme latinisée de son nom, Grotius), qu'ils chargèrent de préparer un dossier confirmant que cette capture ne relevait pas d'un acte de piraterie et avait pour seul objectif de défendre les intérêts légitimes de la compagnie.

En 1608, Grotius livra aux directeurs de la VOC ce qu'ils voulaient. Son traité *De jure praedae* (« Du droit de pillage ») présentait comme un acte de guerre le blocus naval des Pays-Bas imposé par les Espagnols et qui était alors en vigueur. Cette provocation donnait aux Hollandais le droit de considérer les navires portugais et espagnols comme des bâtiments de puissances belligérantes. La capture d'un de ces navires en temps de guerre relevait donc de la prise de butin légitime, et n'avait rien d'illégal. L'année suivante, Grotius développa *Du droit de pillage* dans son ouvrage majeur, *Mare Liberum*, c'est-à-dire, si l'on traduit l'intégralité de son titre, *La Liberté des mers ou le Droit qui revient aux Hollandais de participer au commerce des Indes orientales.*

Dans *La Liberté des mers*, Grotius expose plusieurs arguments audacieux et novateurs. Personne n'avait encore jamais pensé à avancer le plus hardi de tous : tout le monde a le droit de faire du commerce. Pour la première fois, la liberté du commerce est présentée comme un principe de droit international, ce qu'elle est effectivement dans l'ordre mondial depuis cette date. Il découle de ce principe fondamental qu'aucun État n'a le droit d'empêcher les ressortissants d'un autre État d'emprunter les voies maritimes à des fins commerciales. Si le commerce était libre, les mers sur lesquelles il se faisait l'étaient aussi. Rien ne permettait au Portugal et à l'Espagne d'abroger cette loi en monopolisant le commerce maritime vers l'Asie. Grotius n'était pas disposé à admettre l'argument selon lequel ils avaient acquis ce privilège en apportant le christianisme aux indigènes des régions du monde où ils faisaient du commerce. Le devoir de convertir les païens ne l'emportait pas sur la liberté du commerce ; plus encore, aux yeux de Grotius, il faisait offense au principe de l'égalité de traitement pour tous : « La foi religieuse ne supprime ni le droit naturel ni le droit humain d'où découle la souveraineté », affirmait-il. Que des hommes refusent le christianisme n'était « pas une cause suffisante qui justifie qu'on leur fasse la guerre, ou qu'on les dépouille de leurs biens ». Et il ne pouvait être question de contrebalancer les dépenses liées à leur conversion en empêchant d'autres nations de commercer avec eux. Armée d'une interprétation du raisonnement de Grotius très favorable à ses propres intérêts, la VOC autorisa ses capitaines à faire usage de la force partout où l'on prétendait les empêcher de commercer.

Les directeurs de la VOC reconnurent également que le meilleur moyen de dominer le marché de la porcelaine était d'en acheter par des filières commerciales régulières, et non de la voler à d'autres bateaux. Ils commencèrent à faire savoir à leurs capitaines en partance de Bantam qu'il n'était pas question de revenir en Hollande sans porcelaines chinoises. En 1608, ils leur transmirent même une liste de commissions : cinquante mille beurriers, dix mille assiettes, deux mille compotiers, et un millier de salières, de moutardiers, de jattes évasées et de grands plats de différentes sortes, auxquels s'ajoutait un nombre non précisé de cruches et de tasses. Cette commande représentait une hausse de la demande tellement vertigineuse que, dans un premier temps, les marchands chinois furent incapables de la satisfaire. « La porcelaine ici atteint généralement des prix tellement élevés », notait avec consternation le responsable d'opérations de Bantam dans une lettre aux directeurs de la VOC en 1610. Pis encore, dès qu'une flotte de bateaux hollandais arrivait au port, les marchands chinois « augment[aient] immédiatement leurs tarifs, » si bien qu'il lui était « impossible de calculer un profit sur ces prix ». La seule façon de contrôler ces fluctuations était d'interrompre les achats jusqu'à nouvel ordre, et de négocier une amélioration de l'approvisionnement avec les Chinois. « Nous rechercherons dorénavant de la porcelaine et essaierons de passer contrat avec les Chinois pour qu'ils en livrent beaucoup, écrivait-il, car ce qu'ils ont apporté jusqu'à présent ne représente pas grand-chose et est, pour l'essentiel, de qualité inférieure. » Il avait décidé de ne rien acheter de ce qu'ils proposaient cette année-là. « Seules des marchandises très originales feront l'affaire. »

Au cours de l'hiver 1612, lorsque le *Lion blanc* chargea sa cargaison sur les quais de Bantam, les articles des fournisseurs chinois répondaient aux exigences de qualité de la VOC. Le *Wapen van Amsterdam*, le vaisseau amiral de la flotte décimée de Lam, ne rapporta que cinq tonneaux de porcelaine, dont chacun contenait cinq grands plats. Il s'agissait d'achats tout à fait particuliers, des présents destinés aux responsables de la VOC. L'essentiel de la cargaison de porcelaine était à bord de l'autre bateau hollandais qui arriva à bon port, le *Vlissingen*. Celui-ci déchargea 38 641 articles, qui allaient de grands et coûteux plats de service et de décanteurs à cognac à des ensembles modestes mais charmants d'huiliers et vinaigriers et à de petits bougeoirs. Le chargement valait 6 791 florins – une somme substantielle, mais qui n'avait rien d'inimaginable si l'on songe qu'un artisan qualifié de l'époque pouvait gagner deux cents florins par an. Ce fut le début d'un commerce de porcelaine durable et croissant. En 1640, pour choisir une date et un bateau au hasard, le *Nassau* rapporta à lui seul à Amsterdam 126 391 objets de porcelaine. Ils ne représentaient pas la cargaison la plus lucrative du bateau – il s'agissait du poivre, dont le *Nassau* transportait 9 164 sacs –, mais c'était certainement le produit dont la présence marqua le plus la société hollandaise. Au cours de la première moitié du XVIIe siècle, les navires de la VOC transportèrent en Europe largement plus de trois millions de pièces au total.

Les potiers chinois produisaient pour les marchés d'exportation du monde entier. Ils fabriquaient aussi des articles destinés au marché intérieur, en quantités et de qualité largement supérieures à ce qu'ils expédiaient à l'étranger. Les Chinois de la dynastie Ming n'étaient pas moins désireux que les Hollandais de posséder de belles porcelaines bleu et blanc, mais des critères de goût bien plus complexes présidaient à leurs acquisitions.

Wen Zhenheng était un amateur d'art avisé et l'un des principaux arbitres du goût de sa génération (il mourut en 1645). Au moment où le *Lion blanc* explosait et sombrait, Wen vivait à Suzhou, une métropole culturelle. La ville était productrice et consommatrice des œuvres d'art et des objets culturels les plus somptueux, ainsi que les plus commerciaux, que l'on pût trouver en Chine. Wen se trouvait donc à l'endroit idéal pour rédiger son célèbre manuel de la consommation culturelle et du bon goût, *Un traité du superflu*. Arrière-petit-fils du plus grand artiste du XVIe siècle, lui-même essayiste et membre d'une des familles les plus riches et les plus raffinées de Suzhou, Wen était merveilleusement placé pour transmettre le point de vue de sa classe sociale sur ce qui se faisait ou ne se faisait pas chez les gens comme il faut, et sur ce qu'il convenait de posséder ou d'éviter – c'est d'ailleurs le sujet même d'*Un traité du superflu*. Ce guide d'acquisition et d'utilisation de beaux objets devait répondre aux besoins de lecteurs qui, contrairement à un gentilhomme comme Wen, n'étaient pas suffisamment cultivés ou bien élevés pour disposer de ces connaissances grâce à leur éducation. Il était destiné aux nouveaux riches désireux d'être admis dans la classe supérieure. De la part de Wen, c'était aussi un moyen astucieux de tirer profit de leur ignorance, car ce livre se vendit très bien.

Dans la partie consacrée aux objets décoratifs, Wen Zhenheng place très haut la barre de la porcelaine de bonne qualité. Il reconnaît qu'un gentilhomme se doit de posséder et d'exhiber des objets de porcelaine, mais doute de la valeur de tout ce qui a été réalisé après le deuxième quart du XVe siècle ; pour lui, personne n'aura envie de faire savoir à ses amis qu'il possède des productions aussi récentes. La porcelaine parfaite, déclare-t-il, doit être « bleue comme le ciel, lustrée comme un miroir et sonore comme un carillon » – mais il a le bon sens de se demander si pareille perfection a jamais été atteinte, même au XVe siècle. Quelques pièces du XVIe siècle résistent à l'épreuve de son jugement, à condition qu'elles soient destinées à un usage quotidien. Un hôte peut ainsi servir le thé à ses invités dans des tasses fabriquées par le potier Cui. (Le four privé de Cui, à Jingdezhen, produisit de la belle porcelaine, à la fois bleu et blanc et multicolore, pendant le troisième quart du XVIe siècle.) Mais franchement, déplore Wen, les tasses sont un peu trop grandes pour être élégantes. Il conviendrait de ne s'en servir que si l'on ne dispose pas de mieux.

Posséder des objets d'une grande valeur culturelle n'était pas dépourvu de tout péril pour ceux qui cherchaient à gravir les échelons du prestige social. Même si l'on avait acquis un article de porcelaine d'une beauté qui en justifiait la possession aux yeux de Wen, il fallait prendre garde à ne pas s'en servir à mauvais escient. Pour exposer un vase que l'on souhaitait faire admirer, par exemple, le seul meuble admissible était, affirme-t-il, « une table dans le style japonais ». Les dimensions de cette table dépendent de la taille et du style du vase, lesquels doivent, à leur tour, être adaptés aux dimensions de la pièce où il est exposé. « Au printemps et en hiver, il est approprié de se servir de récipients de bronze ; à l'automne et en été, de vases de céramique », insiste-t-il. Rien d'autre n'est tolérable. « Appréciez le bronze et la céramique, et considérez l'or et l'argent comme de vil prix », conseille-t-il. Il fallait s'abstenir d'utiliser des objets en métaux précieux non pas, comme le conseillait le Coran, pour éviter le péché d'orgueil, mais pour se distinguer de ceux qui n'étaient que riches, et n'avaient ni éducation ni goût. « Évitez les vases avec des anneaux, suggère-t-il également, et ne les disposez jamais par paires. » Tout cela était bien compliqué.

Parmi les nombreuses règles de Wen figurent des conseils sur les fleurs à disposer dans ce fameux vase. Ces recommandations s'achèvent par cette sévère mise en garde : « Plus de deux tiges, et votre chambre ressemblera à une taverne. » L'exubérance et la profusion des bouquets dont les Européens garnissaient allègrement leurs porcelaines chinoises récemment acquises et que les artistes hollandais aimaient à peindre quand ils ne représentaient pas des scènes de taverne (et parfois même quand ils le faisaient) auraient été aux yeux de Wen le comble du mauvais goût et de la vulgarité. Imaginez sa consternation devant l'usage que les Européens faisaient de leurs tasses à thé. Wen admettait que l'on serve des fruits et des noix quand on buvait du thé dans une des tasses du potier Cui, par exemple, mais jamais d'oranges. Ces fruits étaient trop parfumés pour être servis avec du thé, tout comme l'étaient le jasmin et la cannelle. Dans la guerre que Wen menait contre le mauvais goût, les Européens étaient vaincus d'avance.

Ces règles du jeu social échappaient fatalement aux Européens. Ils étaient trop novices dans l'art de l'acquisition des porcelaines pour se préoccuper d'autre chose que de s'en procurer certaines. Ils avaient leurs règles, eux aussi, mais en matière de possession d'objets de luxe, de céramique du moins, leur terrain culturel n'était pas aussi rigoureusement jalonné. Les précieux objets qui sortirent des cales du *Vlissingen* et furent mis aux enchères dans les entrepôts de la VOC en 1613 suscitèrent une vive convoitise, sans discrimination de style ni de qualité. Leurs seules valeurs culturelles étaient leur rareté, leur prix et leur caractère exclusif. N'ayant aucune expérience de la porcelaine, les Européens étaient libres de laisser leurs nouvelles acquisitions occuper toutes les niches qui convenaient à leurs acheteurs. On commença à voir de la vaisselle chinoise sur les tables des salles à manger, car elle était remarquablement facile à laver et ne communiquait pas le goût de la nourriture de la veille au repas du jour. On exhibait aussi des plats chinois comme des curiosités coûteuses venues de l'autre bout du monde. Ils décoraient les tables, les vitrines, les manteaux de cheminée et même les linteaux de porte. (Si vous regardez attentivement les linteaux de porte des peintures d'intérieurs hollandais entre le milieu et la fin du XVIIe siècle, vous découvrirez bien souvent des plats ou des vases perchés au-dessus.) Il n'aurait servi à rien d'expliquer aux Européens qu'il fallait impérativement disposer les beaux vases sur des tables basses de style japonais, car ils n'avaient pas la moindre idée de ce que cela pouvait être. Ils les plaçaient au gré de leur convenance.

En revanche, ces questions comptaient énormément pour Wen Zhenheng. Dans son univers de distinctions sociales complexes, la supériorité du raffiné sur le vulgaire était menacée dès que les riches incultes affirmaient leur pouvoir sur ceux qui avaient pour tout capital leur bonne éducation. La richesse ne mettait pas à l'abri de la vulgarité. Au contraire, alors que les rangs toujours plus denses des nouveaux riches de l'ère commerciale dans laquelle vivait Wen n'avaient qu'une hâte, vivre dans l'ostentation au lieu d'apprendre à vivre bien, la richesse avait plus de chances d'engendrer la vulgarité que d'aider à s'en démarquer. Les gens sans instruction mangeaient dans des assiettes d'or et d'argent sans avoir conscience de leur grossièreté. Ils rinçaient leurs pinceaux de calligraphie dans des tasses de porcelaine récentes, alors que les seules matières acceptables étaient le jade ou le bronze – Wen n'autorisait l'utilisation d'un godet de porcelaine que si sa fabrication était antérieure à 1435. Ces règles étaient intransigeantes. Elles favorisaient évidemment l'homme cultivé, l'initié doté de connaissances que celui qui n'était que fortuné ne pouvait espérer acquérir – si ce n'est, paradoxalement, en achetant un exemplaire du *Traité du superflu*. Dans cette guerre de rang social, les nouveaux venus étaient toujours désavantagés, car ils ne participaient pas à la rédaction des règles. En revanche, ils pouvaient prendre part au jeu, ce qui n'était jamais le cas des pauvres.

Wen Zhenheng aurait bien ri s'il avait flâné sur les quais du Grand Canal qui traversait sa ville pour inspecter les cargaisons de porcelaine expédiées aux Hollandais. Ce n'était pour l'essentiel que de la porcelaine de caraque, destinée à l'exportation. Aux yeux de Wen, ces articles étaient trop épais, ils étaient peints grossièrement et décorés de motifs manquant cruellement de délicatesse. C'était exactement le genre de bric-à-brac digne d'être écoulé auprès d'étrangers ignorants. Un gentilhomme de Suzhou n'aurait jamais envisagé de servir des amuse-gueule dans des bols mal peints, dont le fond portait l'inscription « article de qualité supérieure » (une marque qui figurait sur de nombreuses pièces d'exportation), pas plus que de présenter des fruits confits dans des compotiers à pied dont les émaux laiteux étaient constellés de perforations et dont les socles portaient de fausses dates remontant au XVe siècle, ni de verser du thé de qualité dans des tasses qui n'avaient été fabriquées que l'année précédente. Un guide de Pékin de 1635, qui ne recule devant aucun snobisme, admet qu'il peut encore arriver aux potiers de Jingdezhen de réaliser une « jolie pièce » qui ne fera pas honte à son possesseur, tout en observant que le vrai connaisseur fera bien d'éviter toute production contemporaine. Dans le doute, mieux valait choisir de la porcelaine ancienne.

Si les Européens étaient, selon les critères des Chinois, de piètres juges de ce que transportaient les navires de la VOC, ils étaient au contraire d'excellents juges selon les leurs. En effet, à quoi pouvaient-ils comparer la porcelaine chinoise sinon à la vaisselle et aux pichets de terre cuite grossière et fragile que produisaient les potiers italiens et flamands ? Les articles chinois les surpassaient par leur finesse, leur solidité, leur style, leurs coloris, et par toutes les autres qualités, ou presque, de la céramique. Aucun artisan européen n'était capable de reproduire ces objets, ce qui explique que dès qu'un bateau de la VOC revenait en Hollande, on se précipitait de partout pour en acquérir.

Au début du XVIIe siècle, quand la porcelaine commença à arriver dans le Nord de l'Europe, elle atteignait des prix trop élevés pour la plupart des bourses. En 1604, dans *Mesure pour mesure*, le Pompée bouffon de Shakespeare régale Escalus et Angelo du récit contourné de la dernière grossesse de sa patronne, Mistress Overdone, et leur annonce qu'elle a réclamé des pruneaux. « Nous n'en avions pour lors que deux, monsieur, dans la maison, qui étaient dans ce temps-là comme dans un plat de fruits, un plat d'environ trois sous ; Vos Grandeurs ont vu de ces plats-là ; ce ne sont pas des plats de Chine, mais de fort bons plats. » Mistress Overdone gagnait assez bien sa vie comme entremetteuse pour se payer de la belle vaisselle, mais pas de la porcelaine chinoise. Ce vers serait tombé à plat une décennie plus tard seulement lorsque, la porcelaine chinoise commençant à inonder le marché européen, les prix se mirent à baisser. Comme l'observait exactement dix ans après l'auteur d'une histoire d'Amsterdam, « l'abondance de porcelaine croît quotidiennement », de sorte que la vaisselle chinoise « est ici d'usage presque quotidien chez le commun des gens ». En 1649, un Anglais de passage à Amsterdam témoignait que « toute maison de qualité » était bien pourvue en porcelaine chinoise.

Cette abondance était due à ce que l'auteur d'Amsterdam appelait « ces navigations », qui transformaient la vie matérielle des Européens avec une profondeur et une rapidité qui les surprenaient souvent. C'est ce qui incita René Descartes en 1631 à qualifier Amsterdam d'« inventaire du possible ». Le voyageur anglais John Evelyn fut tout aussi impressionné par Amsterdam quand il visita la ville dix ans plus tard. Il s'émerveilla de l'« innombrable assemblée de navires et de vaisseaux qui passent continûment devant la cité, qui est certainement l'affluence la plus animée de mortels que l'on trouve aujourd'hui sur la face de toute la Terre, et celle qui s'adonne le plus au commerce ». Bien que remarquable, Amsterdam n'avait rien d'exceptionnel par rapport à d'autres centres urbains d'Europe. Quand Evelyn se rendit à Paris trois ans plus tard, il y fut frappé par « toutes les curiosités naturelles ou artificielles imaginables, indiennes ou européennes, pour le luxe ou pour l'usage » que l'on peut « se procurer avec de l'argent ». Dans un quartier marchand le long de la Seine, il fut particulièrement étonné par une boutique qui s'appelait l'Arche de Noé et où il trouva un merveilleux assortiment de « vitrines, coquillages, ivoires, porcelaines, poissons séchés, insectes rares, oiseaux, tableaux, et mille extravagances exotiques ». La porcelaine – *purselan*, écrivait-il – était l'une des « extravagances » que l'on pouvait désormais acheter aisément.

Le développement explosif du marché d'articles orientaux ne tarda pas à influer sur leur production. Depuis des siècles, les potiers chinois avaient pris conscience de la nécessité d'adapter leurs marchandises aux goûts étrangers, aplatissant la forme en gourde traditionnelle d'un vase pour le faire ressembler à une flasque turque ou ajoutant des cloisons sur leurs assiettes pour se conformer aux coutumes alimentaires des Japonais. Avec l'augmentation de la demande européenne, les marchands de porcelaine chinoise d'Asie du Sud-Est s'initièrent aux goûts des Européens, et les communiquèrent à leurs fournisseurs de l'intérieur des terres pour qu'ils puissent répondre aux vœux de la clientèle. Lorsqu'il s'agissait d'approvisionner le marché étranger, les potiers de Jingdezhen étaient parfaitement indifférents aux critères du goût chinois de Wen Zhenheng. Ils voulaient savoir ce qui se vendrait et étaient prêts à modifier leur production d'une saison à l'autre pour satisfaire le goût européen.

Dans les années 1620, par exemple, quand la mode des tulipes turques fit rage en Europe du Nord, les potiers de Jingdezhen peignirent des tulipes sur leur vaisselle. N'en ayant jamais vu pour de vrai, les peintres sur porcelaine représentèrent des fleurs dans lesquelles on aurait bien du mal à reconnaître des tulipes, mais peu importait. L'essentiel était de réagir immédiatement à l'évolution du marché. Lors du fameux krach de la tulipe en 1637, la VOC se hâta d'annuler toutes les commandes de vaisselle décorée de tulipes, de crainte de se retrouver avec un stock invendable sur les bras.

L'un des hybrides les plus singuliers que les potiers de Jingdezhen élaborèrent spécialement pour plaire aux Européens est un grand bol à soupe creux, que les Hollandais appelaient un *klapmuts*. La forme de ce récipient rappelait en effet les chapeaux de feutre de laine bon marché portés par les classes inférieures hollandaises. À en juger par le grand nombre de ces articles contenu dans la cale du *Lion blanc*, c'était un objet populaire et son nom, bien qu'il désignât quelque chose d'assez ordinaire, lui est resté.

Pareil récipient n'aurait eu aucune utilité en Chine. C'était une question de soupe. Contrairement à la soupe européenne, la soupe chinoise est plus proche du bouillon que du potage ; c'est une boisson, et non une entrée. L'étiquette vous autorise donc à porter le bol à vos lèvres pour la boire. Voilà pourquoi les bols à soupe chinois ont des parois verticales raides : pour qu'il soit plus facile de boire en approchant le bord de sa bouche. L'étiquette européenne interdit de soulever le bol, ce qui oblige à utiliser une grande cuiller destinée à cette fin. Essayez de mettre une cuiller européenne dans un bol à soupe chinois – il se renversera : les bords sont trop hauts et le centre de gravité n'est pas assez bas pour équilibrer le poids du manche. D'où la forme plus aplatie du *klapmuts*, dont le large bord permet à un Européen de poser sa cuiller sans risque d'accident.

Les consommateurs chinois ne s'intéressaient guère aux articles d'exportation destinés aux Européens. S'il arrivait à une pièce de ce genre de circuler à l'intérieur de la Chine, c'était uniquement comme objet de curiosité. Les quelques porcelaines de caraque qui figuraient dans deux tombes chinoises du début du XVIIe siècle étaient probablement arrivées à ce titre entre les mains de leurs propriétaires. Une assiette de service décorée dans le style européen a été retrouvée dans la tombe d'un prince Ming mort en 1603, et deux paires d'assiettes de style *klapmuts* ont été découvertes, inhumées aux côtés d'un fonctionnaire de province. Les deux sites funéraires sont situés dans la province du Jiangxi, où se trouvait le centre de fabrication de porcelaine de Jingdezhen, ce qui contribue à expliquer comment ces hommes entrèrent en possession de ces articles. Quant aux raisons qui les poussèrent à les convoiter, nous en sommes réduits à des hypothèses. Peut-être le style des porcelaines de caraque en faisait-il à leurs yeux des objets exotiques séduisants, que l'on pouvait se procurer localement ? On observe ici une singulière convergence : aux deux extrémités du continent eurasiatique, les classes supérieures achetaient de la porcelaine de caraque, les Chinois parce qu'ils la prenaient pour l'incarnation d'un style occidental exotique, et les Européens parce qu'ils y voyaient la quintessence du style chinois.

Dans les années 1610, quand les navires de la VOC commencèrent à livrer plus régulièrement des chargements de céramique, la vaisselle chinoise ne se borna plus à décorer les tables, à remplir les buffets et à se percher au-dessus des armoires : elle fit son apparition sur les toiles hollandaises. La première peinture hollandaise à représenter une assiette chinoise, une toile de Pieter Isaacsz, fut peinte en 1599, plusieurs années avant que la grande vente aux enchères d'une cargaison portugaise confisquée ne mette ces objets à la disposition des acheteurs hollandais. Le premier tableau où l'on voit un *klapmuts* est une nature morte de Nicolaes Gillis, réalisée deux ans plus tard. Gillis a disposé sur une table un fatras de fruits, de noix, de cruches et de bols. À nos yeux, il s'agit d'une nature morte hollandaise comme une autre, mais un spectateur de 1601 ne pouvait manquer de relever la présence d'une porcelaine chinoise d'un genre que seuls les plus riches pouvaient s'offrir, et que la plupart des Hollandais n'avaient encore jamais vu pour de vrai, et encore moins touché. Gillis n'aurait jamais pu posséder l'objet qu'il a peint. Il faudrait attendre deux ans encore pour que la cargaison du *San Iago* débarque à Amsterdam, et dix ans de plus pour que le prix des articles chinois soit à la portée des bourses ordinaires. Il semblerait donc qu'il ait peint ce *klapmuts* à la demande de son propriétaire : ce n'était pas une simple nature morte, mais le portrait d'une possession très chère.

Vers le milieu du XVIIe siècle, une demeure hollandaise était généralement décorée de porcelaines. L'art emboîta le pas à la vie concrète, et les peintres disposèrent de la vaisselle chinoise dans des scènes domestiques, afin de leur prêter une touche de chic en même temps qu'un vernis de réalité. On commença à pouvoir se procurer des porcelaines chinoises à Delft avant l'époque de Vermeer. Le navire amiral de la chambre de Delft de la VOC, le *Wapen van Delft*, se rendit deux fois en Asie, et revint en 1627 et en 1629 avec une cargaison comptant au total quinze mille pièces de porcelaine, dont certaines resteraient sur place. La plus grande collection particulière de la ville appartenait à Niclaes Verburg, directeur de la chambre de Delft. Verburg avait les moyens d'acheter tout ce que ses bateaux rapportaient à Rotterdam et que ses barges remontaient jusqu'à Delft ; à sa mort, en 1670, il était en effet l'homme le plus riche de la ville.

Sans faire réellement partie du même milieu que Verburg, Maria Thins souhaitait que sa demeure satisfasse aux critères récents du goût et de l'élégance. Si l'on peut se fier aux toiles de Vermeer, plusieurs objets de porcelaine appartenaient à la maisonnée Thins-Vermeer. Le *klapmuts* de la *Liseuse à la fenêtre* se retrouve dans *La Jeune Femme assoupie* ; on peut donc penser qu'il s'agissait d'un bien familial. La maison possédait peut-être aussi une aiguière ou une cruche chinoise bleu et blanc, car on en distingue une derrière un luth, sur une table, dans *La Leçon de musique interrompue*. Il ne pouvait cependant pas s'agir d'un article transporté par la VOC, car un artisan européen a enrichi encore cet objet en y ajoutant un couvercle d'argent. On observe également un pot à gingembre de style caraque posé sur la table, à gauche de la *Dame au collier de perles*. Le reflet incurvé d'une fenêtre invisible sur la gauche, à la surface du pot, révèle pourquoi Vermeer, passionné par les effets de lumière, a dû prendre plaisir à peindre un objet aussi luisant qu'un pot chinois. Sur la même table, juste devant la femme au collier, on distingue un petit bol aux parois à peine incurvées – témoignage d'un quatrième objet chinois de la collection Thins-Vermeer ?

Les porcelaines que les bateaux de la VOC rapportaient en Europe étaient des articles coûteux, des objets de consommation ostentatoire qui arrivaient uniquement entre les mains de ceux qui avaient les moyens de les acheter. Désireux de tirer profit de la vogue des articles chinois, les fabricants européens de céramique se lancèrent dans la production de substituts aux objets d'importation afin de satisfaire le reste de la clientèle. Les potiers et les céramistes de Delft furent de ceux qui réussirent le mieux. C'étaient des descendants d'Italiens partis au XVIe siècle de Faenza (localité qui donna son nom à la terre cuite polychrome connue sous le nom de faïence) qui avaient émigré à Anvers, à la recherche de travail, avant de poursuivre leur route encore plus au nord pour échapper à l'armée espagnole venue réprimer le mouvement d'indépendance hollandais. Ils apportaient dans leurs bagages leur connaissance de la production de céramique et purent installer des fours dans les célèbres brasseries de Delft, dont beaucoup avaient été contraintes à la fermeture lorsque les goûts de la classe ouvrière s'étaient portés vers le gin, au détriment de la bière. Dans ces poteries récemment transformées, ils entreprirent d'imiter la nouvelle esthétique originaire de Chine, et les acheteurs apprécièrent leurs céramiques.

Les potiers de Delft furent incapables de rivaliser avec la qualité du bleu et blanc chinois, mais ils réussirent à produire des contrefaçons acceptables à bas prix. La faïence de Delft devint un substitut accessible aux gens ordinaires qui avaient envie de porcelaine chinoise mais qui, dans les premières années du commerce de la VOC, ne pouvaient rêver d'acquérir plus de quelques objets. Les potiers de Delft ne se contentèrent pas d'imiter ; ils innovèrent. Leur plus grand succès en matière de produits bas de gamme fut les carreaux muraux bleu et blanc destinés aux nouvelles maisons que construisait la bourgeoisie de Delft. Il en émanait un souffle séduisant de chinoiserie, et le style esquissé des figures peintes à leur surface reproduisait vaguement ce que les gens auraient pu qualifier de chinois. Anthony Bailey l'exprime joliment dans sa biographie de Vermeer : « Rarement, écrit-il, plagiat à longue distance a produit un résultat aussi original, la création d'un type d'art populaire. » Cette industrie prit un immense essor. Au moment où Vermeer peignait, le quart de la main-d'œuvre de la ville était employé, d'une manière ou d'une autre, dans le commerce de la céramique. La céramique de Delft se vendait bien et en grandes quantités à ceux qui n'avaient pas les moyens d'acheter des articles chinois, et le nom de la ville voyagea avec ces marchandises. En Angleterre, la vaisselle de porcelaine prit le nom de *china*, mais en Irlande, ce fut celui de *delph* qui l'emporta.

Des carreaux de Delft apparaissent sur cinq toiles de Vermeer. Les peintres et les fabricants de carreaux de céramique appartenant à la même guilde d'artisans que celle dont Vermeer était syndic, la guilde de Saint-Luc, il connaissait certainement les propriétaires des fours. Il devait même connaître certains des peintres de céramique, qui jouissaient d'un statut plus élevé que celui des fabricants ordinaires de carreaux. Vermeer semble avoir apprécié les motifs fantaisistes qui décorent ces objets – édifices et navires, cupidons et soldats, hommes qui pissent et anges qui fument –, car il en reproduit certains sur ses propres toiles. De toute évidence, il aimait le bleu cobalt qu'ils utilisaient, puisqu'il fit aussi de cette teinte une de ses caractéristiques de coloriste. Peut-être pouvons-nous distinguer dans son emploi du bleu cobalt et dans ses rendus détaillés de la lumière sur des surfaces brillantes les premières amorces d'un style décoratif appelé chinoiserie, qui serait extrêmement prisé des Européens au XVIIIe siècle.

Malgré l'absence de toute preuve concrète, nous pouvons imaginer que, travaillant dans une des villes où la VOC avait une chambre, Vermeer aura vu des exemples de peintures chinoises. Nous savons que la collection de Niclaes Verburg, le directeur de la VOC de Delft, en contenait plusieurs, mais il est peu probable qu'elles aient été montrées ailleurs que dans sa demeure. Cependant, des marins curieux rapportèrent certainement, et firent circuler, des images de ce que les Chinois tenaient pour beau. John Evelyn raconte avoir vu des peintures étrangères inhabituelles à l'Arche de Noé, à Paris. Y avait-il des représentations chinoises parmi elles ? Quand un satiriste d'Amsterdam divertissait ses lecteurs en imaginant « une peinture sur laquelle douze mandarins étaient esquissés d'un seul coup de pinceau », il s'adressait à un public très au fait des touches audacieuses et fluides des artistes chinois. Si des peintures chinoises circulaient aux Pays-Bas, Vermeer aura sûrement réussi à en voir.

La diffusion d'articles décoratifs ne se faisait pas en sens unique, de la Chine vers l'Europe. Des peintures et des objets européens circulaient également en Chine. Le 5 mars 1610, pendant que le *Lion blanc* faisait sa troisième traversée d'Amsterdam vers l'Asie et quelques années avant que Wen Zhenheng n'entreprenne de rédiger son *Traité du superflu*, un marchand d'art appelé Marchand Xia rendit visite à l'un de ses clients préférés. Li Rihua était un célèbre peintre amateur et un riche collectionneur d'art, qui vivait à Jiaxing, une petite ville sur le delta du Yangzi, au sud-est de Shanghai. Li évoluait dans les mêmes milieux que la famille Wen et connaissait sans doute l'auteur du *Traité du superflu*. Il était un client régulier de Marchand Xia, à qui il achetait depuis longtemps des peintures et des antiquités. Xia revenait tout juste de

Nankin, centre du commerce d'antiquités et de curiosités situé sur l'autre rive du delta du Yangzi. Il rapportait un choix de raretés qu'il souhaitait proposer à Li : une coupe à vin en porcelaine des années 1470, un récipient à eau en bronze ancien en forme de tigre tapi, d'un genre qu'utilisaient les calligraphes pour diluer leur encre, et une paire de boucles d'oreilles verdâtres de la taille d'un pouce. Xia assura à Li que ces boucles d'oreilles étaient faites dans un cristal rare provenant d'un four qui n'avait produit de tels objets que dans les années 950, ce qui laissait entendre qu'elles devaient atteindre un bon prix.

Li apprécia la plupart des articles que Xia lui soumettait, mais comprit rapidement que le marchand faisait erreur à propos des boucles d'oreilles. Il décida de s'amuser un peu aux dépens de Xia en faisant semblant de les examiner avec grand soin, avant de lui faire remarquer qu'elles étaient en verre. Non seulement il ne s'agissait pas d'une antiquité du Xe siècle, mais, qui plus est, elles n'étaient même pas chinoises. Comme Li le nota dans son journal le jour même : « Ces articles ont été apportés ici sur des navires étrangers venant du Sud – ce sont en fait des articles de fabrication étrangère. Les objets de verre que l'on trouve actuellement sont tous l'œuvre d'étrangers de l'océan occidental [Atlantique], qui les fabriquent en fondant de la pierre ; il ne s'agit pas de trésors produits naturellement. » Il ne déplaisait pas à Li de damer le pion à Marchand Xia, mais il n'agissait pas par méchanceté. Il savait que la contrefaçon était indissociable du jeu de l'achat et de la vente d'antiquités, et était assez satisfait que, pour une fois, la dupe ait été le négociant et non le client. Marchand Xia repartit un peu refroidi, et sans doute plus ennuyé d'avoir acheté ces boucles d'oreilles à un prix élevé à Nankin que d'avoir essayé de les vendre à un amateur aussi éclairé que Li Rihua.

Cette anecdote prouve-t-elle que les Chinois ne s'intéressaient pas aux objets étrangers ? Pas du tout. Il faut comprendre ce que représentait sa collection aux yeux de Li. À travers cette activité, il cherchait à découvrir des objets qui confirmeraient l'autorité culturelle des anciens ; l'authenticité était donc d'une importance capitale à ses yeux. Ces antiquités devaient être un lien entre lui et des temps meilleurs, évidemment situés dans le passé. Mais ce que révèle cette anecdote, c'est que des articles de fabrication étrangère circulaient en Chine dès le XVIIe siècle. S'ils arrivaient à Nankin pour se retrouver entre les mains de marchands itinérants des villes environnantes, c'est forcément qu'il existait un marché pour de tels articles. Leur diffusion n'atteignait certes pas l'ampleur de celle des objets étrangers vendus en Europe, mais il est vrai que le volume qui arrivait en Chine était beaucoup plus restreint. De plus, à la différence de l'Europe où près d'un siècle de pillage et de commerce mondiaux avait permis aux Européens de devenir de véritables amateurs de curiosités étrangères, la demande d'objets de ce type en Chine n'était pas très développée. Les articles étrangers n'étaient pas inaccessibles aux collectionneurs chinois et Wen Zhenheng encourageait les lecteurs de son traité à en acquérir quelques-uns. Il recommandait ainsi les pinceaux et le papier à lettres de Corée et conseillait de posséder une vaste gamme d'objets japonais, comprenant des éventails, des règles de bronze et des ciseaux d'acier, ainsi que des boîtes laquées et du mobilier de qualité. Ce n'était pas parce qu'un objet était d'origine étrangère qu'on ne pouvait pas l'apprécier.

Si les objets étrangers posaient un « problème » en Chine, cela ne tenait pas à un mépris invétéré des

Chinois pour ce genre d'articles, mais à la nature trop floue de ces derniers. Les beaux objets étaient appréciés dans la mesure où ils pouvaient transmettre des significations culturelles ; dans le cas d'antiquités, il s'agissait de significations liées à l'équilibre et aux convenances en même temps que d'une vénération du passé. Les antiquités étaient prisées parce qu'elles offraient à leurs possesseurs un contact matériel avec un passé envisagé comme un âge d'or, et avec lequel le présent ne pouvait pas rivaliser. La charge de sens que les objets devaient véhiculer rendait la valeur à attribuer aux articles d'origine étrangère difficile à déterminer. La rareté était une qualité appréciable et la curiosité à l'égard des choses merveilleuses ou étranges répondait à une impulsion louable pour un collectionneur, mais le principal mobile de la constitution d'une collection était d'entrer en contact avec les valeurs fondamentales de la civilisation. Voilà pourquoi Wen pouvait recommander à ses lecteurs des objets coréens ou japonais. La Chine avait un long passé d'interactions avec la Corée et le Japon ; on pouvait donc estimer que les objets coréens et japonais partageaient la même philosophie de la civilisation que les objets chinois. Ils étaient différents, mais cette différence était apprivoisée. Elle ne dérapait pas de l'étrange au bizarre.

On ne pouvait en dire autant des objets européens. Li Rihua n'était pas indifférent à ce qui se passait au-delà des côtes chinoises ; son journal contient de nombreuses réflexions sur ce qu'il avait entendu dire à propos de navires et de marins étrangers qui s'aventuraient dans les eaux littorales chinoises. Mais les objets d'origine étrangère ne trouvaient pas place dans son système symbolique. Ils n'incarnaient aucune valeur. Ils étaient curieux, sans plus. En Europe, en revanche, les objets chinois exerçaient un effet bien plus puissant. La différence y devenait une invitation à l'acquisition. Les Européens avaient envie de les intégrer dans leurs espaces de vie, et étaient même prêts, au besoin, à réviser leurs critères esthétiques. Le plat que Vermeer a disposé au premier plan de la *Liseuse à la fenêtre* est un article étranger, niché entre les plis du tapis turc, un autre article étranger. Ces objets n'inspiraient ni mépris ni angoisse. Ils étaient beaux, et provenaient de lieux où l'on fabriquait de belles choses, qui pouvaient être achetées. C'était tout, et cela suffisait pour en justifier l'acquisition.

Si les demeures européennes étaient prêtes à accueillir des articles étrangers, ceux-ci ne trouvaient pas place dans les demeures chinoises. En dernière analyse, ce n'était pas une question d'esthétique ou de culture. Le plus important, en l'occurrence, était la relation que chacun pouvait se permettre d'entretenir avec le vaste monde. Pleinement soutenus par l'État hollandais, les marchands hollandais sillonnaient les mers et déchargeaient sur les quais du Kolk de merveilleux témoignages de ce qu'on trouvait au bout du monde. Les habitants de Delft voyaient dans la vaisselle chinoise un emblème de leur bonne fortune et ne demandaient qu'à en exposer chez eux. Bien sûr, ces objets étaient beaux et leurs propriétaires hollandais appréciaient leur beauté. Mais cette vaisselle était également symbolique d'une relation positive au monde.

Que voyait Li Rihua quand il portait le regard au-delà des quais de son Jiaxing natal, sinon une côte cernée de pirates ? Du lieu où il se trouvait, le vaste monde se présentait comme une source de menaces, et non de promesses ou de richesses, et moins encore de délice ou d'inspiration. Il n'avait aucune raison de vouloir posséder des symboles de cette menace et de les disposer dans son atelier. Les Européens, en revanche, étaient prêts à courir de grands dangers et à dépenser beaucoup d'argent pour se procurer des articles chinois. C'est pour cette raison que, quatre ans après le naufrage du *Lion blanc,* l'amiral Lam était de retour en mer de Chine méridionale, pillant des navires ibériques et capturant des vaisseaux chinois dans l'espoir d'en acquérir davantage encore.

4

Leçons de géographie

Il y a une toile de Vermeer, *Le Géographe* (fig. 4), qui requiert bien peu d'efforts de qui cherche à localiser des signes du vaste monde qui entourait et envahissait Delft. Cette toile ouvre de façon conventionnelle sur l'atelier de l'artiste, cet espace clos que nous nous attendons à trouver chez Vermeer, où, une fois de plus, des fenêtres ont été peintes selon un angle tellement oblique que leurs vitres étincelantes ne laissent rien paraître de ce qui est dehors, dans la rue. Mais, cette fois, la pièce est encombrée d'objets qui renvoient avec volubilité à un monde bien plus vaste. La pièce que Vermeer met ici en scène n'a rien à voir avec les rendez-vous galants, thème des deux toiles précédentes, ni avec la recherche de la perfection morale, qui inspirera une autre œuvre que nous examinerons bientôt. C'est une tout autre impulsion que nous observons ici, l'envie de comprendre le monde : non pas celui des intérieurs domestiques, ni même celui de Delft, mais les lointaines contrées où se rendaient commerçants et voyageurs, et d'où ils rapportaient des objets extraordinaires et des nouvelles stupéfiantes. Les objets excitaient le regard, tandis que les informations excitaient la réflexion ; absorbant toutes ces innovations, les grands esprits de la génération de Vermeer apprenaient à voir le monde différemment. Ils prenaient de nouvelles mesures, proposaient des théories inédites et élaboraient des modèles originaux à une échelle macroscopique qui s'étendait jusqu'aux contrées les plus reculées de la planète, ou microscopique qui s'enfonçait dans les mystérieuses profondeurs que l'on commençait à découvrir dans une goutte de pluie ou un grain de poussière.

Voilà le sujet du *Géographe*. Il n'est pas surprenant, dans ces circonstances, qu'il inspire au spectateur un état d'esprit qui n'a pas grand-chose à voir avec celui des autres toiles de Vermeer. Comme à l'accoutumée, le peintre a construit sa toile autour d'une figure entièrement absorbée dans ses propres activités, et qui ne pose pas pour le spectateur. Pourtant, le sentiment d'intimité des autres œuvres est absent ici. Nous sommes attirés vers le géographe qui lève les yeux pour réfléchir, exactement comme nous étions attirés vers la jeune femme qui lit sa lettre, mais nous n'accédons pas véritablement à un niveau de réflexion plus profond. Peut-être Vermeer avait-il l'intention dans *Le Géographe* (et dans son pendant *L'Astronome*) d'aborder une nouvelle thématique sans avoir vraiment trouvé comment communiquer au spectateur l'expérience émotionnelle d'un drame intellectuel. L'envie passionnée de connaître le monde en le cartographiant n'était pas encore tout à fait aussi convaincante pour les spectateurs – ou pour l'artiste – que l'envie passionnée de connaître autrui par le biais de l'amour. Peut-être ces peintures lui furent-elles commandées par un client désireux de posséder une représentation de la nouvelle soif de savoir scientifique, un sujet qui ne motivait guère Vermeer. De fait, peut-être lui furent-elles commandées par l'homme même qui lui servit de modèle, probablement Antonie Van Leeuwenhoek, drapier, topographe et esprit universel.

Le patronyme de Leeuwenhoek était également son adresse : « au coin de la Porte du lion », c'est-à-dire la première, à droite, des deux portes qui figurent sur la *Vue de Delft*. Il est surtout connu pour les expériences qu'il réalisa avec des lentilles optiques et qui lui valent de passer aujourd'hui pour le père de la microbiologie. Aucune source documentaire ne permet d'établir un lien direct entre Vermeer et Leeuwenhoek, mais de fortes présomptions pèsent en faveur d'une amitié entre les deux hommes. Le fait qu'ils soient nés le même mois, aient vécu dans le même quartier de la même ville et aient eu des amis communs ne suffirait peut-être pas à convaincre les plus sceptiques. Mais Leeuwenhoek joua un rôle clé après le décès de Vermeer. Ce dernier mourut à un moment où ses activités de peintre et de marchand d'art étaient loin d'être florissantes. Sa veuve, Catharina, dut se déclarer en faillite deux mois plus tard. Les échevins de la ville nommèrent alors Leeuwenhoek administrateur de la succession. À en juger par un portrait plus tardif, l'homme qui a repoussé le tapis turc sur la table et qui se penche sur une carte en tenant un compas de topographe est Leeuwenhoek. Même si ce n'est pas le cas, Leeuwenhoek était exactement le genre de personnage que célèbre cette toile.

Les signes du monde extérieur sont omniprésents. Le document que le géographe a étalé devant lui est indéchiffrable, mais il s'agit de toute évidence d'une carte. Une carte marine sur vélum est négligemment enroulée sur sa droite, sous la fenêtre. Deux autres gisent par terre, derrière lui. Une carte marine des côtes européennes – le sujet apparaît clairement dès lors qu'on comprend que le sommet de la carte représente l'ouest et non le nord – est accrochée au mur du fond. L'original de cette carte n'a pas été retrouvé, mais elle est identique à celle que réalisa Willem Blaeu, l'éditeur et marchand de cartes d'Amsterdam, qui imprima notamment celle que l'on voit sur le mur du fond dans *L'Officier et la jeune fille riant*. Un globe terrestre domine littéralement tout le tableau. Il s'agit de l'édition de 1618 d'un globe publié par Hendrick Hondius en 1600.

Vermeer porte sur le globe de Hondius juste assez de détails pour nous révéler qu'il est tourné de façon à montrer ce que Hondius appelle l'Orientalus Oceanus, l'océan oriental, que nous connaissons aujourd'hui sous le nom d'océan Indien. Naviguer sur cet océan représentait un immense défi pour les navigateurs hollandais des premières années du XVIIe siècle. La route portugaise vers l'Asie du Sud-Est doublait le cap de Bonne-Espérance et remontait au-delà de Madagascar, en suivant l'arc de la ligne côtière. Cette voie présentait l'avantage d'offrir de nombreux points d'accostage, mais l'inconvénient d'opposer aux navigateurs des courants et des vents défavorables. De plus, elle était sous contrôle portugais, malgré une défense irrégulière. Un marin hollandais découvrit un autre trajet en 1610. Il fallait pour cela descendre à quarante degrés de latitude sud plus bas que le cap, et attraper les vents d'ouest dominants qui, associés à la dérive d'Ouest (ou Grand Courant d'Ouest), pouvaient faire franchir rapidement à un bateau la partie inférieure de l'océan Indien. On virait ensuite au nord, vers Java, en suivant les alizés sud et en contournant entièrement l'Inde. Ce parcours raccourcissait de plusieurs mois le voyage vers les îles aux Épices.

Le cartouche (la volute ornementale portant une inscription que bien des cartographes de l'époque utilisaient pour remplir les espaces vides de leurs cartes) qui se trouve sur la partie inférieure du globe est illisible sur la toile de Vermeer, mais on peut le déchiffrer sur un exemplaire de ce globe qui est parvenu jusqu'à nous. Hondius y a imprimé en guise de justification une brève explication des raisons pour lesquelles ce globe n'est pas identique à la version qu'il avait publiée en 1600. « Comme de très fréquentes expéditions sont lancées chaque jour dans toutes les régions du monde, qu'elles constatent et enregistrent clairement leurs positions, je pense que nul ne s'étonnera que cette description diffère considérablement de celles que nous avons précédemment publiées. » Hondius fait ensuite appel aux amateurs enthousiastes qui ont joué un rôle majeur dans l'accumulation de ce savoir. « Nous demandons au lecteur bienveillant, s'il devait avoir une connaissance plus complète de quelque lieu, de bien vouloir nous la communiquer à fin d'augmenter le bien public. » L'augmentation du bien public entraînait également celui des ventes, bien sûr, mais, à l'époque, personne ne s'offusquait que ces deux domaines se recoupent si cela rendait le produit plus digne de confiance. Un nouveau monde s'étendait au loin, et sa connaissance avait un prix, d'autant que l'un des coûts tangibles de l'ignorance était le naufrage.

Le jésuite espagnol Adriano de Las Cortes découvrit à ses dépens les conséquences d'une connaissance incomplète de la mer de Chine méridionale dans la matinée du 16 février 1623, quand la *Nossa Senhora da Guía* fut poussée contre les écueils de la côte chinoise. La *Guía* était un vaisseau portugais, qui était parti de la colonie espagnole de Manille dans les Philippines pour rejoindre la colonie portugaise de Macao, à l'embouchure de la rivière des Perles. Il avait

ROUTES COMMERCIALES MONDIALES AU XVIIe SIÈCLE

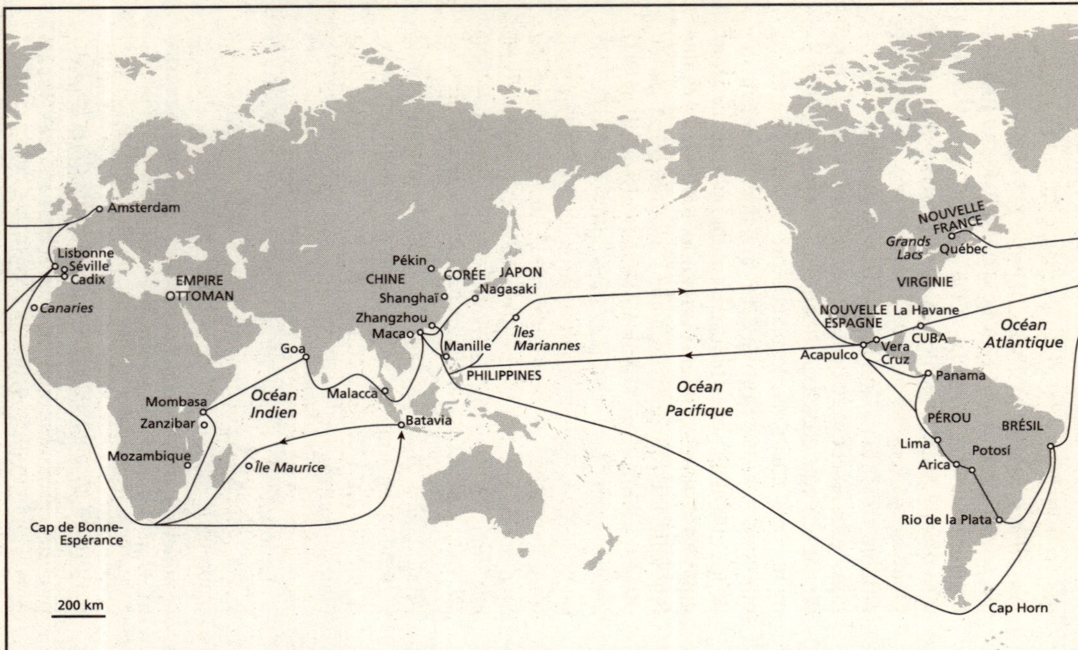

pris la mer à Manille trois semaines plus tôt, remontant en louvoyant la côte occidentale de l'île de Luçon, avant de se diriger vers l'ouest à travers la mer de Chine méridionale en direction de la Chine. Le troisième jour de traversée en haute mer, un brouillard froid encalmina le navire. Le navigateur aurait dû emporter les cartes marines dont il avait besoin pour faire le trajet très fréquenté de Manille à Macao, mais les cartes n'étaient utiles que s'il pouvait relever sa position grâce au soleil et aux étoiles. La combinaison de brouillard, de ralentissement et de dérive eut raison de son habileté. Il n'était pas très difficile de calculer approximativement sa distance par rapport à l'équateur, mais il lui était impossible d'estimer à quelle position entre l'est et l'ouest son navire se trouvait. (Les instruments nécessaires pour déterminer la longitude en mer ne furent mis au point qu'un siècle et demi plus tard.) Le vent se releva deux jours plus tard, mais il devint si violent que le navire fut détourné encore plus loin. Le pilote de la *Guía* n'avait aucun moyen de calculer sa position. Il lui faudrait attendre qu'une terre soit en vue pour essayer de déterminer où ils se trouvaient, en étudiant le profil du littoral.

Deux heures avant le lever du soleil, le 16 février, un coup de vent rejeta inopinément le navire contre la côte chinoise. Le lieu n'était pas cartographié, et personne à bord ne le connaissait. Les rescapés n'apprendraient que plus tard qu'ils avaient échoué à trois cent cinquante kilomètres au nord-est de leur destination, Macao. Les eaux dans lesquelles leur navire se fracassa étaient assez peu profondes pour permettre à la majorité des plus de deux cents personnes qui se trouvaient à bord de la *Guía* de rejoindre la rive. Quinze seulement périrent : plusieurs marins, plusieurs esclaves (dont une femme), quelques Tagals de Manille, deux Espagnols et un jeune Japonais.

Les habitants d'un village de pêcheurs voisin descendirent sur la plage pour contempler les naufragés, évitant soigneusement tout contact avec ceux qui émergeaient tant bien que mal des flots. La plupart n'avaient sans doute encore jamais vu d'étrangers de près, car ce point du littoral se trouvait à l'écart des deux principales voies maritimes du commerce international, celle qui se rendait de Macao au Japon, et celle qui se dirigeait vers les Philippines depuis Amoy (aujourd'hui Xiamen), à deux cents kilomètres de Macao en sens inverse. Les pêcheurs qui vivaient sur cette côte n'ignoraient pas que des étrangers naviguaient dans ces eaux. Ils avaient certainement entendu parler des Portugais de Macao (le discours officiel chinois les appelait les Aoyi, les étrangers de Macao) et ils savaient que ces gens ne risquaient pas de les attaquer. Ceux qu'ils craignaient étaient les Wokou, ou Pirates nains (terme familier désignant les Japonais) et les terribles Hongmao ou Cheveux rouges (un mot récemment forgé pour nommer les Hollandais). Cela faisait un siècle que les Pirates nains lançaient des raids sur la côte, depuis que le gouvernement chinois avait interdit le commerce maritime avec le Japon en 1525. Ils étaient redoutés pour leur habileté au maniement de l'épée. Les habitants racontaient encore l'histoire d'une douzaine de Japonais qui avaient réussi à passer par le fil de leurs épées trois cents miliciens chinois envoyés contre eux. Les Cheveux rouges faisaient encore un peu plus peur. Les Hollandais ne s'attaquaient à cette côte que depuis deux ou trois ans, mais ils s'étaient rapidement fait la réputation d'hommes violents et dangereux. Le nom que les Chinois leur donnaient nous apprend ce qui les frappa le plus chez eux. Les Chinois ont normalement les cheveux noirs. Les Portugais ayant généralement les cheveux foncés eux aussi, on les trouvait plus laids que bizarres. Il en allait bien différemment des Hollandais, dont les cheveux blonds ou roux stupéfièrent les Chinois. Tous ceux qui avaient des cheveux de cette couleur étaient des Cheveux rouges, donc des Hollandais, donc des gens dangereux.

L'épave ne rejeta pas seulement des Cheveux rouges, des Pirates nains et des étrangers de Macao. Quelques individus bien différents se trouvaient parmi eux : les Heigui, ou Fantômes noirs. Il s'agissait d'esclaves africains employés par les Portugais comme domestiques et qui étaient omniprésents dans les colonies européennes d'Asie orientale. Ils ne ressemblaient à aucun des êtres humains que les Chinois avaient déjà vus. Aussi étaient-ils plus redoutés encore que les autres.

La vision de ces étrangers ne tint pas longtemps les villageois à distance. Leurs regards se portèrent rapidement vers les caisses et les tonneaux qui flottaient vers la rive avec les rescapés. Ils entreprirent de hisser les épaves sur la plage et commencèrent à fouiller la cargaison. La milice locale ne tarda pas à arriver, armée d'épées et d'arquebuses. Sa mission était d'empêcher les survivants de s'éloigner, en attendant qu'un commandant militaire vienne les prendre en charge. Ses membres auraient bien voulu, eux aussi, s'emparer des débris du naufrage, échoués sur la grève. Mais les pilleurs d'épaves les ayant devancés, les miliciens s'en prirent aux rescapés trempés ; ils en fouillèrent certains, en déshabillèrent d'autres à la recherche de l'argent et des bijoux qu'ils devaient, ils en étaient convaincus, dissimuler sur eux. Épuisés et effrayés, les naufragés commencèrent par se laisser faire, bien que certains aient résisté calmement. Avant que les miliciens n'aient eu le temps de trouver grand-chose, les rescapés se rassemblèrent et commencèrent à se diriger vers l'intérieur des terres.

Craignant d'être sanctionnés pour n'avoir pas su les retenir, les miliciens se mirent à jeter des pierres et à brandir leurs lances contre les étrangers pour leur faire comprendre qu'ils devaient rester sur la plage. Cela n'empêcha pas cette foule de deux cents personnes de poursuivre sa marche. Les arquebusiers chinois ouvrirent alors le feu. L'un d'eux atteignit sa cible, un Pirate nain, mais la charge de poudre était si faible que la balle se perdit dans les vêtements de l'homme sans le blesser. Les épées de la milice furent plus efficaces. Un marin portugais du nom de Francesco fut transpercé, puis décapité. Il fut le premier rescapé à périr entre les mains de leurs ravisseurs. Puis un habitant de Macao qui s'appelait Miguel Xuarez fut tué d'un coup de lance. Un prêtre prit Xuarez dans ses bras, mais les miliciens l'écartèrent et le décapitèrent.

Un officier de l'armée arriva enfin à cheval accompagné d'une petite escorte. Benito Barbosa, capitaine de la *Guía*, se précipita vers lui, et l'implora d'avoir pitié de ses passagers et de son équipage, mais l'officier brandit son épée dans un geste d'intimidation et ordonna aux membres de son escorte de trancher un morceau d'oreille de Barbosa, et de le faire prisonnier. Il n'y aurait pas de négociation ; il exigeait la capitulation.

C'est alors que l'entreprise de pillage commença pour de bon. Les miliciens circulèrent à leur gré au milieu des rescapés, les fouillant et s'emparant de tout ce qu'ils pouvaient trouver. Certains naufragés avaient réussi à gagner le rivage avec une petite partie de leurs possessions, et la plupart remirent leurs richesses à ceux qui les abordaient – mais pas tous. Ismaël, un marchand indien musulman de Goa, avait déjà retiré un de ses vêtements qu'il avait plié en ballot. Ce paquet attira l'attention d'un milicien soupçonneux.

Ismaël refusa de le lui remettre et, dans la lutte acharnée qui s'ensuivit, le balluchon lui échappa des mains. Six ou sept pesos d'argent roulèrent sur le sol. Furieux de cette résistance, le milicien mit fin à la querelle en tranchant la tête d'Ismaël. Budo, un autre marchand indien de Goa, fut victime d'une échauffourée du même genre. Un des miliciens devina que Budo dissimulait quelque chose dans sa bouche. Sous la menace, le marchand cracha deux bagues par terre, puis les enfonça dans le sable à coups de pied pour les faire disparaître. Les miliciens déçus feignirent l'indifférence mais, dix minutes plus tard, ils se glissèrent derrière Budo et lui coupèrent la tête, qu'ils brandirent en guise de trophée.

D'autres périrent pour des raisons qui n'avaient rien à voir avec le refus de se défaire de leurs richesses. Un certain Suconsaba et un franciscain né près de Goa avaient été blessés au cours du naufrage et étaient à l'article de la mort au moment où ils avaient rejoint la rive. Selon Adriano de Las Cortes, le jésuite espagnol qui écrivit un récit du naufrage de la *Guía*, « certains des nôtres soupçonnèrent qu'ils n'étaient pas encore morts quand les Chinois leur tranchèrent la tête à tous les deux ». Masmamut Ganpti, « un marin maure », nous dit Las Cortes, réussit à gagner le rivage sans encombre mais s'attira des ennuis par la suite. Il eut la tête coupée « sans raison et sans qu'on eût donné aux Chinois aucun prétexte ». Un « courageux Noir », peut-être un esclave du propriétaire du navire, Gonçalo Ferreira, voulut défendre son maître contre des miliciens qui prétendaient lui prendre ses vêtements. Les Chinois s'emparèrent de lui et l'entravèrent avant de lui trancher la tête. Un autre serviteur de Ferreira connut le même sort, non parce qu'il avait défié les miliciens mais parce qu'il était trop faible pour suivre les autres quand les

Chinois entreprirent de conduire les rescapés vers l'intérieur des terres à marche forcée.

Parmi ceux qui se noyèrent ou qui furent exécutés ce matin-là figurent des individus identifiés comme des Maures, des Noirs, des habitants de Goa, des musulmans d'Asie du Sud, des Macanais, des Portugais, des Espagnols, des esclaves, des Tagals et des Japonais [1]. Cet inventaire des victimes constitue en fait un résumé de la liste des passagers de la *Guía*, remarquable par sa diversité. On trouvait ainsi à bord quatre-vingt-onze Portugais. Certains étaient nés à Macao ou y vivaient et y travaillaient, alors que les autres étaient originaires de colonies portugaises dispersées autour du monde, des Canaries à Goa et Macao. Les seuls autres Européens à bord étaient six Espagnols. Un accord mutuel entre l'Espagne et le Portugal interdisait aux navires d'un pays de transporter les ressortissants de l'autre et réciproquement, mais ce règlement était ignoré en cas de nécessité, surtout lorsqu'il s'agissait de prêtres, ou de laïcs catholiques en mission, ce qui était le cas de ces six Espagnols. L'un d'eux venait même du Mexique.

Les Européens composaient un peu moins de la moitié des effectifs des passagers. Le deuxième groupe par ordre d'importance était formé de soixante-neuf Japonais – les Pirates nains. Les Portugais de Macao embauchaient en effet des Japonais en grand nombre pour qu'ils se chargent de leurs transactions commerciales avec les Chinois. Connaissant l'écriture chinoise, il leur était plus facile qu'aux Portugais d'expliquer tous les détails d'un accord commercial. Leurs traits physiques leur permettaient également d'évoluer plus librement au milieu des Chinois. Il leur arrivait même parfois de s'introduire sans se faire remarquer à l'intérieur du pays, ce qui était évidemment impossible aux Portugais. Las Cortes connaissait un des Japonais, un prêtre catholique du nom de Miguel Matsuda. C'est lui qui échappa miraculeusement à la mort quand ses vêtements arrêtèrent une balle d'arquebuse. Exilé en 1614 aux Philippines par le gouvernement japonais parce qu'il s'était converti au christianisme, Matsuda avait suivi l'enseignement de missionnaires jésuites à Manille pour être ordonné prêtre. Il se rendait alors à Macao dans l'intention de regagner Nagasaki sur un navire portugais et de revenir clandestinement au Japon pour y répandre la doctrine chrétienne. C'était une mission périlleuse, qui s'achèverait au Japon par l'arrestation et l'exécution de Matsuda.

Après les Japonais et les Européens, le groupe le plus nombreux était celui auquel appartenaient Ismaël et Budo : trente-quatre marchands musulmans de la colonie portugaise de Goa, en Inde, dont deux voyageaient avec leurs épouses. Enfin, Las Cortes mentionne en passant des Indiens « des alentours de Manille » (Tagals), des Maures, des Noirs et des Juifs, sans préciser les effectifs respectifs de ces différentes catégories.

Cet extraordinaire échantillon d'espèce humaine rassemblé sur la liste des passagers de la *Guía* nous renseigne sur l'identité de ceux qui se déplaçaient à travers le réseau commercial qu'alimentait la navigation portugaise. Si Las Cortes n'avait pas pris la peine de rédiger le récit de son naufrage, et si son manuscrit n'avait pas été conservé à la British Library, nous ignorerions tout du singulier mélange ethnique de la *Guía*. Le propriétaire et le capitaine du navire étaient portugais, mais leurs passagers formaient un groupe remarquablement cosmopolite, allant du Mexique à l'est jusqu'aux Canaries à l'ouest. Le mémoire de Las Cortes nous apprend que la majorité de ceux qui se trouvaient à bord de ce que nous identifierions comme un « navire portugais » n'étaient pas du tout portugais, mais venaient, littéralement, des quatre coins du monde. La *Guía* n'avait rien d'exceptionnel, car d'autres documents révèlent une situation analogue. Le dernier navire de commerce portugais à faire voile avec succès vers le Japon en 1638 transportait quatre-vingt-dix Portugais et cent cinquante « demi-castes, Nègres et gens de couleur », pour citer un autre compte rendu. Les navires européens dominaient peut-être les voies maritimes du XVIIe siècle, mais les Européens étaient toujours minoritaires à bord.

Les villageois rassemblés sur la plage observaient, médusés, ce microcosme de gens venus de toute la planète que l'océan avait rejetés sur la grève. Leurs réactions conduisirent Las Cortes à supposer qu'ils « n'avaient jamais vu d'étrangers ni de gens d'autres nations ». C'était, supposait-il, parce que « personne n'entrait dans leur pays et que la plupart n'étaient jamais sortis de chez eux ». Les deux univers qui se faisaient face sur la plage en ce matin de février se trouvaient aux deux extrémités du spectre d'expériences du monde possible au XVIIe siècle : d'un côté, ceux qui avaient passé toute leur vie à l'intérieur de leurs propres frontières culturelles ; de l'autre, ceux qui franchissaient quotidiennement ces frontières et se mêlaient constamment à des gens d'origine, de couleur, de langue et d'habitudes différentes des leurs.

La réaction de ces villageois à la vue d'Européens n'ayant pas laissé de trace, nous sommes contraints, pour combler cette lacune, de recourir à des descriptions issues d'autres contextes. Voici par exemple les impressions que firent sur un écrivain chinois des marchands espagnols de passage à Macao : « Ils ont de longs corps et de grands nez, avec des yeux de chat et des bouches crochues, des cheveux bouclés et des moustaches rouges. Ils adorent faire des affaires.

Quand ils font une transaction, ils lèvent simplement plusieurs doigts [pour indiquer le prix], et même si l'affaire se monte à plusieurs milliers d'onces d'argent, ils ne s'embarrassent pas de contrat. Dans chaque entreprise, ils désignent le ciel pour garantie et ne manquent jamais à leur parole. Leurs vêtements sont élégants et propres. » Cet auteur s'efforce ensuite de rattacher ces Européens à une histoire qui lui est familière. Ces hommes venant de ce que les Chinois appelaient le Grand Ouest (l'Europe), qui s'étendait au-delà du Petit Ouest (l'Inde), ils devaient entretenir des liens quelconques avec l'Inde. L'écrivain avait probablement recueilli quelques bribes d'informations sur les religions chrétiennes, car il suggère ensuite qu'à l'origine, les Espagnols avaient certainement été bouddhistes, mais qu'ils avaient perdu leur identité et ne professaient plus que des doctrines religieuses corrompues.

Si les Blancs étaient un objet de curiosité, la vision de Noirs provoquait un véritable choc. « Nos Noirs surtout les intriguaient beaucoup, écrit Las Cortes, et ils ne cessaient de s'étonner de voir qu'en se lavant, ils ne devenaient pas plus blancs. » (Las Cortes voyageait en compagnie d'un domestique noir. Voit-on transparaître ici ses propres préjugés ?) À l'époque, les Chinois possédaient plusieurs termes pour désigner les Noirs. Tous les étrangers pouvant être qualifiés de « fantômes » *(gui)*, ils étaient tout simplement des Fantômes noirs. On les appelait aussi Esclaves de Kunlun, un terme forgé mille ans plus tôt à propos des étrangers à peau sombre venus d'Inde, une terre située au-delà des monts Kunlun, à la limite sud-ouest de la Chine. Li Rihua, le collectionneur de Jiaxing qui avait identifié les boucles d'oreilles de verre que son marchand essayait de lui faire prendre pour une antiquité chinoise, vivait sur le delta du Yangzi, bien plus au nord, et n'avait jamais vu de Noir. Il note cependant dans son journal intime qu'on les appelait *luting* (un terme dont on a perdu l'étymologie) et qu'ils nageaient si bien que les pêcheurs les utilisaient pour attirer les poissons dans leurs filets. Toutes les familles de pêcheurs du Sud de la Chine en possèdent un, avait-on raconté à Li.

Le géographe chinois Wang Shixing nous en offre une description un peu plus sérieuse. Les Noirs de Macao, dit-il, ont des « corps comme de la laque. Les seules parties qui restent blanches sont leurs yeux ». Il leur attribue une réputation redoutable. « Si le maître d'un esclave lui ordonnait de se trancher la gorge, il le ferait sans réfléchir. Il est dans leur nature de tuer avec des couteaux. Si le maître sort et dit à son esclave de protéger sa porte, il ne bougera pas même si une inondation ou un incendie menacent de l'engloutir. Que quelqu'un heurte à peine la porte, et l'esclave le tuera, qu'il y ait eu vol ou non. » Wang mentionne, lui aussi, leurs prouesses aquatiques, faisant écho à Li Rihua. « Ils plongent fort bien, écrit-il, et peuvent retirer des choses de l'eau si on noue une corde à leur taille. » La dernière chose qu'il note à leur sujet est leur prix élevé. « Il faut cinquante ou soixante onces d'argent pour en acheter un », un prix destiné à susciter l'étonnement de ses lecteurs, car on pouvait, pour la même somme, acquérir quinze bœufs.

Wang intègre cette information dans son étude encyclopédique de la géographie chinoise, afin de souligner la diversité des lieux et des types humains que recèle le territoire chinois, Macao compris. L'objectif de Li Rihua était différent : ses observations devaient illustrer sa conviction que « d'étranges choses apparaissent de temps en temps dans les cieux et sur la terre ; que le nombre de choses de la création n'est pas fixé d'emblée ». Li avait compris qu'il vivait à

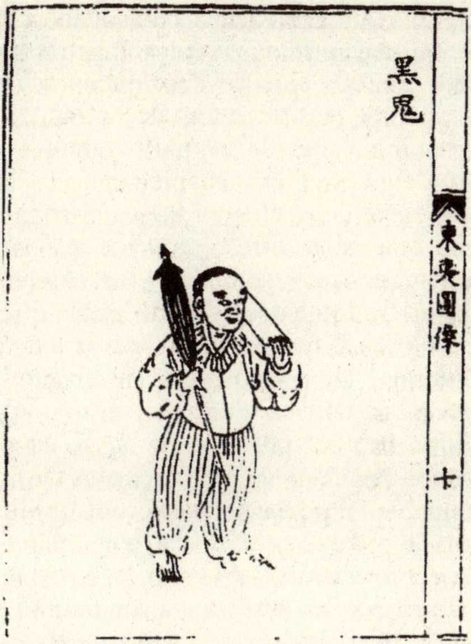

Gravure d'un « fantôme noir », selon la terminologie de l'époque, vêtu en domestique portugais, à Macao, d'après le *Récit illustré des étrangers de l'Est* de Cai Ruxian en 1586. Cai occupait le poste éminent de commissaire de l'administration provinciale de Guangdong. Il s'agit peut-être de la première représentation chinoise d'un Africain.

une époque où les catégories traditionnelles du savoir ne recouvraient pas l'intégralité de ce qui existait sur la planète et que l'on aurait peut-être besoin de nouvelles catégories pour donner du sens à toutes les innovations qui s'offraient à l'entendement des Chinois du XVIIe siècle. Malheureusement, et comiquement, une grande partie de ces informations relevaient de la plus pure fantaisie. Loin de livrer des renseignements utiles susceptibles d'enrichir les connaissances, la description que fait Li des Hollandais – « ils ont les cheveux rouges et le visage noir, et la plante de leurs pieds mesure plus de deux pieds de long » – relève du stéréotype fourre-tout de l'étranger.

Les premiers jours de captivité furent épuisants. L'officier n'était pas d'humeur clémente et n'avait pas la moindre envie de se charger de ses prisonniers plus longtemps que nécessaire, craignant que ses supérieurs ne critiquent ses méthodes. Il les conduisit donc à la garnison de Jinghai, qui faisait partie d'une série de postes militaires fortifiés aménagés le long de cette région littorale. Le commandant de la garnison les interrogea mais, faute d'interprète, il n'en apprit pas grand-chose. Il jugea plus sûr, lui aussi, de supposer le pire plutôt que de se voir accuser plus tard d'indulgence coupable ; il refusa donc de croire qu'ils étaient, comme ils le prétendaient, d'innocents marchands et les traita comme les pirates qu'il les croyait être. Il s'en débarrassa en les adressant à son tour à l'échelon supérieur de la chaîne de commandement, aux fonctionnaires de Chaozhou, siège de la préfecture, qui leur firent subir, en même temps qu'au commandant de Jinghai, plusieurs jours d'interrogatoire serré. Cette fois encore, il fallut se passer d'interprète, mais, au bout de quelques jours, les fonctionnaires de Chaozhou réussirent à dénicher un Chinois qui avait travaillé à Macao et savait suffisamment de portugais pour assurer une traduction rudimentaire. À la surprise générale, l'homme reconnut un des marchands de Macao, António Viegas, né au Portugal, qui lui avait vendu des clous de girofle quelques années auparavant. On mit ensuite la main sur un officier qui avait travaillé à Manille comme cordonnier et qui, grâce à ses connaissances en espagnol, se chargea de traduire les propos des Espagnols. (Las Cortes fut étonné qu'il avouât sa profession sans le moindre embarras ; en effet, les Espagnols considéraient que réparer des souliers était un métier dégradant et auraient fait tout leur possible pour ne pas reconnaître un passé aussi méprisable.) Le savetier promu officier était un homme compatissant, qui intervint discrètement pour améliorer le sort des étrangers. Les fonctionnaires de Chaozhou trouvèrent encore quelqu'un qui avait travaillé parmi les marchands chinois de Nagasaki et avait épousé une Japonaise. Il put assurer la traduction pour les passagers japonais de la *Guía*.

Le commandant de Jinghai exposa son accusation de piraterie à ses supérieurs de Chaozhou. Il affirma que les étrangers avaient déclenché le combat, attaquant la milice comme des pirates et résistant toute une journée à ceux qui cherchaient à les arrêter. Ils avaient également transporté à terre de l'argent qu'ils avaient enterré pour venir le rechercher ultérieurement. Leurs nationalités étaient si nombreuses qu'il était impossible d'imaginer qu'ils pussent se livrer à des activités commerciales légitimes. C'était forcément une bande de desperados qui s'était constituée dans le but de piller. Deux ou trois d'entre eux étaient blonds, preuve évidente de la présence de Cheveux rouges parmi eux. Enfin, personne ne pouvait nier que ce groupe incluait un grand nombre de Japonais, auxquels il était absolument interdit de poser le pied en territoire chinois. Tout semblait indiquer qu'il s'agissait de pirates, que le commandant avait brillamment appréhendés avant qu'ils ne puissent se livrer au moindre méfait.

Les fonctionnaires de la préfecture voulurent ensuite entendre la version des rescapés, notamment à propos de l'argent qu'ils auraient caché. Quand on lui demanda si un Chinois lui avait dérobé de l'argent, un prêtre portugais du nom de Luis de Ángulo répondit que les miliciens qui l'avaient arrêté avaient pris les cinquante pesos qui se trouvaient dans ses vêtements. Dès que cette information fut transmise et traduite, tous les soldats de Jinghai présents se jetèrent à genoux et protestèrent énergiquement – aucun d'eux n'aurait jamais fait une chose pareille, ils savaient bien que voler les biens d'un prisonnier était un grave délit pour un soldat dans l'exercice de ses fonctions. Tous les interprètes demandèrent alors à se retirer. Ils n'ignoraient pas le sort que leur réservaient les soldats de Jinghai s'ils continuaient à révéler la vérité. Cette attitude suffit à éveiller les soupçons des fonctionnaires sur la véracité de la version du commandant, et lorsque les récits de vol se multiplièrent au cours des interrogatoires, leur méfiance ne cessa de grandir. L'enquête prit alors un autre tour, et ce fut au commandant de Jinghai de faire l'objet d'une enquête minutieuse.

Aucun jugement définitif ne pouvait être prononcé au niveau préfectoral dans les affaires concernant des étrangers. Il fallut donc transmettre le dossier aux autorités provinciales de Canton, seules habilitées à décider éventuellement de libérer Las Cortes et ses compagnons et de les laisser repartir pour Macao. L'ensemble de la procédure allait durer un an.

Les étrangers arrivés par la mer n'inquiétaient pas seulement les pêcheurs et les fonctionnaires chargés de protéger la côte des activités de contrebande et de piraterie. Lu Zhaolong, originaire de Xiangshan, le comté où se trouvait Macao, était un représentant très cultivé de la petite noblesse cantonaise. Il avait gravi les échelons de l'administration au cours des années 1620 jusqu'à occuper le poste de secrétaire du gouvernement central. Il n'y a aucune raison de supposer que l'histoire du naufrage de la *Guía* soit parvenue à ses oreilles, bien que, s'agissant d'un incident international, un rapport ait été envoyé à la Cour. Néanmoins, Lu se tenait au courant de ce qui se passait dans son comté natal, ne fût-ce que pour veiller sur les intérêts de sa famille et de ses amis.

La présence d'un nombre aussi important d'étrangers sur la côte ne plaisait guère à Lu. Pas plus que le nombre bien plus important encore de Chinois qui ne demandaient qu'à faire du troc et des échanges avec ces pirates, et surtout avec les Cheveux rouges. En réalité, les Chinois ne savaient pas grand-chose sur ces derniers. Le premier récit concernant un pays appelé « Helan » (Hollande) que l'on trouve dans les Véritables Récits, le journal quotidien de la Cour, figure dans une notice de l'été 1623. Bien que ce rapport admette que « leur intention ne dépasse pas le désir de se procurer des produits chinois », les fonctionnaires de la Cour étaient conscients que les Cheveux rouges représentaient une nouvelle présence incontrôlable le long de la côte, et ils s'en inquiétaient. Certains, comme Lu Zhaolong, souhaitaient le départ de tous les étrangers, Cheveux rouges ou autres.

En juin 1630, cinq ans après le naufrage de la *Guía*, Lu Zhaolong adressa à l'empereur Chongzhen le premier d'une série de quatre mémoires, ou recommandations politiques. À cette époque, la Cour était plongée dans une controverse de politique étrangère : le plus grand danger venait-il du sud ou du nord ? Qui faisait peser la plus grave menace sur le régime : les marchands européens et japonais sur la côte sud, ou les guerriers mongols et toungouses sur la frontière nord ? C'était pour les responsables chinois un casse-tête récurrent dont la réponse pesait lourd dans l'affectation des ressources militaires. Les étrangers du Nord, qui adopteraient bientôt l'appellation ethnique de Mandchous, s'étaient emparés de la plupart des terres situées au-delà de la Grande Muraille et n'hésitaient plus à se livrer à des incursions à l'intérieur de celle-ci. Les Cheveux rouges, les étrangers de Macao et les Pirates nains semaient le trouble sur la côte sud. Le littoral n'était pas protégé par une Grande Muraille de Chine, derrière laquelle les forces militaires de la dynastie Ming auraient pu se tapir et tenir une position défensive. La côte était entièrement exposée. Si elle était essentiellement inhospitalière pour de grands navires, les îles offraient cependant suffisamment de mouillages aux bateaux du Grand Océan de l'Ouest, qui pouvaient ainsi venir négocier avec des marchands chinois au mépris des réglementations sur le commerce étranger.

Lu Zhaolong était convaincu que c'était le Sud et non le Nord qui menaçait le plus la Chine. En qualité de censeur chargé de superviser les activités du ministère des Rites – la branche du gouvernement Ming chargée des relations avec les étrangers –, il était parfaitement informé de ce qui s'y passait. Or ce ministère, tout au long des années 1620, n'avait cessé de se montrer accommodant avec les Portugais de Macao et leurs missionnaires jésuites. Lu était inquiet. Dans le premier de ses quatre mémoires adressés à l'empereur Chongzhen, il le mettait en garde contre toutes relations avec les étrangers de Macao.

« Votre fonctionnaire est né et a grandi dans le comté de Xiangshan et il connaît les intentions véritables des étrangers de Macao, expliquait-il à l'empereur. Ils sont par nature agressifs et violents, et leurs esprits sont insondables. » Il rappelait que les premiers contacts s'étaient limités à des échanges commerciaux à l'abri d'îles situées au large, avant de noter que les Portugais avaient réussi à prendre pied à Macao. « Au début, ils ont simplement dressé des tentes où ils ont campé, mais au fil du temps, ils ont construit des bâtiments et ont fortifié l'Île Verte, et ensuite, ils ont érigé des tours à canons et de solides remparts pour pouvoir se défendre à l'intérieur. » On avait vu arriver dans leur sillage un assortiment bigarré d'étrangers. Cela prouvait, aux yeux de Lu, que les Portugais étaient parfaitement indifférents aux lois pourtant très strictes de la Chine sur la nationalité de ceux qui étaient autorisés à entrer dans le pays, sur les conditions de leur séjour et sur l'attitude qu'ils devaient avoir, le cas échéant. Plus particulièrement, en autorisant des Japonais à mettre le pied sur le sol chinois sans autorisation préalable des autorités du pays, les Portugais prouvaient qu'ils ne tenaient aucun compte de la législation chinoise.

« Il y a des moments où ils s'embarquent sur leurs navires étrangers et se fraient un passage vers l'intérieur des terres », rappelait Lu à l'empereur. « Pour poursuivre leurs intentions immorales, ils résistent aux troupes gouvernementales, ils pillent notre peuple, enlèvent nos enfants et achètent du salpêtre, du plomb et du fer », autant de matériaux dont l'exportation était interdite en raison de leur intérêt militaire. Le comportement que cela inspirait aux Chinois ordinaires était plus préoccupant encore. « Des criminels venus de la province de Fujian vont en grand nombre se nourrir à Macao. Ceux qui sont incités à s'y établir ne sont pas moins de vingt ou trente mille. Les bandits de la province du Guangdong comptent sur eux pour causer des troubles, grâce à la présence d'effectifs innombrables. » Le vrai sujet d'inquiétude n'était pas la culture, mais la criminalité, surtout du côté chinois.

Deux ans avant que Lu Zhaolong ne lui adresse ces mémoires, l'empereur qui venait d'accéder au trône avait pris fait et cause pour le camp qui redoutait les Mandchous plus que les Européens. Il avait même accepté d'inviter un groupe de canonniers portugais à venir de Macao à Pékin pour améliorer les défenses d'artillerie sur la frontière nord de la Chine. Mais la faction adverse avait été assez puissante pour retenir la délégation à Nankin. Même si une invasion du Nord était imminente, avaient argumenté ses porte-parole, la solution était-elle vraiment d'engager des mercenaires étrangers pour renforcer la frontière insuffisamment défendue ? Après tout, qui avait inventé le canon ? Les Chinois. Pourquoi les munitions chinoises ne seraient-elles pas efficaces ? (Dans ses Mémoires, Las Cortes affiche le plus grand mépris pour la qualité des armes à feu chinoises.) « Comment imaginer que nous ayons besoin de l'enseignement d'étrangers pour manifester notre force militaire ? » demandait Lu plus tard. Et, plus précisément, le danger qui régnait sur une frontière justifiait-il de mettre la Chine en péril sur une autre ?

De nombreux fonctionnaires de la Cour étaient favorables à l'idée de tirer avantage de la balistique européenne pour permettre à la Chine de défendre plus efficacement ses frontières. Le témoignage le plus spectaculaire de la supériorité de l'artillerie européenne fut donné à Macao en 1622. En juin de cette année-là, une flotte de navires de la VOC envahit Macao dans l'espoir de reprendre aux Portugais ce comptoir lucratif et de contrôler ainsi le commerce avec la Chine. L'entreprise aurait parfaitement pu réussir, si le mathématicien jésuite Giacomo Rho n'avait pas effectué des calculs géométriques pour un des artilleurs qui défendaient la ville. L'artilleur avec lequel Rho collabora réussit ainsi à toucher de plein fouet la cache de barils de poudre que les agresseurs hollandais avaient descendus à terre. Peut-être le coup de Rho tenait-il autant à la chance qu'à une astuce de visée, mais peu importait. Rho fut glorifié à jamais pour l'exploit mathématique qui avait sauvé la Macao portugaise des Hollandais.

Certains fonctionnaires chinois tirèrent une leçon extrêmement satisfaisante de cette victoire : puisque les étrangers se combattaient mutuellement, il ne restait à la Chine qu'à les monter les uns contre les autres, en permettant, en l'occurrence, aux Portugais de faire du commerce et en empêchant les Hollandais d'en faire autant. « Nous ne dépensons pas un sou, déclara le gouverneur général Dai Zhuo à Canton, et pourtant, grâce à la stratégie qui consiste à faire attaquer les étrangers par les étrangers, notre puissance s'étend jusque par-delà les mers. »

Lu Zhaolong était hostile à ce que la Chine fasse appel aux étrangers. Employer des artilleurs portugais était une preuve de faiblesse et non de force. D'autres membres de la Cour défendaient un point de vue plus offensif. Pour eux, la victoire de Rho prouvait que la Chine devait se doter d'une technologie plus avancée pour pouvoir se défendre. L'empereur Chongzhen leur donnait raison et avait déjà envoyé un édit ordonnant au groupe d'artilleurs portugais de poursuivre sa route comme prévu, avant même que Lu n'ait envoyé son premier mémoire [2].

Gonçalo Teixeira Correa conduisait la délégation de quatre artilleurs et deux interprètes, auxquels s'ajoutaient une bonne vingtaine de serviteurs indiens et africains. Un des traducteurs était chinois, l'autre était l'éminent prêtre jésuite João Rodrigues, qui avait dirigé pendant quatre ans la mission au Japon. Rodrigues était déjà connu des fonctionnaires chinois du Sud qui n'avaient aucune confiance en lui. À Canton, le juge Yan Junyan, un ami de Lu Zhaolong, reprochait à Rodrigues de s'immiscer dans les affaires intérieures de la Chine. Il soupçonnait le vieux jésuite de n'être pas un simple interprète mais, contraint de respecter les directives de Pékin, il l'autorisa à traverser Canton.

Malgré les instructions impériales autorisant la délégation à s'approcher de Pékin, un certain nombre de fonctionnaires qui partageaient l'avis de Lu Zhaolong résistèrent opiniâtrement. L'équipe dut interrompre son voyage à Nankin, comme la précédente délégation. Les fonctionnaires refusaient de les laisser poursuivre sans confirmation explicite de l'empereur. Dans un rapport qu'il envoya chez lui, Rodrigues prétendit qu'ils attendaient qu'un vent favorable leur permette de remonter le Grand Canal ; mais il ne cherchait qu'à sauver la face. L'édit impérial arriva enfin le 14 février 1630 : poursuivez en toute hâte votre route vers la capitale. On avait repéré des mouvements de troupes mandchoues à proximité de Pékin. Le concours des étrangers était indispensable.

À soixante-cinq kilomètres au sud de la capitale, une bande de combattants mandchous croisa la route des artilleurs portugais. La rencontre était fortuite, mais c'était un coup de chance inespéré pour les adeptes du recours à la technologie européenne. Les artilleurs se replièrent sur la ville voisine de Zhuozhou et hissèrent huit de leurs canons sur les murailles de la ville. Leurs tirs ne provoquèrent guère de dégâts, mais leur effet fut assez impressionnant pour mettre les Mandchous en fuite. On n'avait pas livré de vraie bataille, on n'avait pas remporté de vraie victoire. Mais ce fut suffisant pour que la faction de la Cour favorable à cette expédition balaye les objections d'adversaires comme Lu Zhaolong.

Arrivés dans la capitale, Teixeira et Rodrigues se rendirent compte que leur détachement était trop modeste pour modifier la donne dans une campagne de grande ampleur. Quatre canonniers avaient peu de chances de l'emporter contre les Mandchous, magnifiquement commandés, capables de se déployer rapidement et qui disposaient en outre d'un certain nombre d'artilleurs chinois compétents passés dans leur camp. Les Portugais décidèrent de profiter de l'excellente réputation qu'ils avaient acquise et proposèrent de faire venir de Macao trois cents cavaliers. Peut-être, hypothèse qui paraît tout à fait vraisemblable, cette suggestion leur fut-elle dictée par le vice-ministre de la Guerre. Il s'agissait de Xu Guangqi, le fonctionnaire même qui avait été le fer de lance de la première demande de soutien militaire en 1620. Il écrivit au trône le 2 mars 1630, expliquant que les canons européens étaient coulés avec plus de compétence et dans du métal de meilleure qualité que les canons chinois. Ils employaient une poudre plus volatile, et un meilleur réglage du viseur améliorait leur précision. Après moult délibérations, l'empereur demanda au ministre des Rites de lui soumettre une proposition concrète à cet effet. Entre-temps, le vice-ministre de la Guerre avait été muté au poste de vice-ministre des Rites. À ce titre, Xu présenta à l'empereur un projet en bonne et due forme le 5 juin : il fallait renvoyer Rodrigues à Macao pour qu'il passe commande de nouveaux canons, recrute davantage d'artilleurs et conduise les uns et les autres à Pékin pour renforcer les troupes frontalières Ming. Au cours du même mois, Giacomo Rho, le célèbre mathématicien jésuite qui avait sauvé Macao, arriva dans la capitale à l'invitation du même vice-ministre.

Les jésuites connaissaient mieux Xu Guangqi par son nom de baptême. En effet, Xu Guangqi n'était autre que Paolo Xu, le plus haut fonctionnaire de la Cour à s'être converti au christianisme. Comme Lu Zhaolong, Paolo Xu était issu d'une famille du littoral, mais sa ville d'origine était située beaucoup plus haut sur la côte, puisqu'il s'agissait de Shanghai, où les menaces maritimes venaient du Japon plus que de l'Europe. La paix de Shanghai n'avait été troublée ni par les étrangers de Macao ni par les Cheveux rouges. La ville était trop au nord de la zone littorale où le commerce les conduisait. Pourtant, une série de rencontres fortuites – encouragées cependant par la curiosité insatiable de Xu – avait permis à ce natif de Shanghai de faire la connaissance d'un grand nombre d'Européens au cours de son existence. Ces Européens n'étaient cependant ni des marchands de Macao, ni des pirates hollandais. C'étaient des missionnaires jésuites originaires de toute l'Europe, et ils détenaient un savoir qui, Xu en était parfaitement conscient, pouvait avoir une immense valeur pour la Chine.

Cela faisait moins de dix ans que les Jésuites avaient débarqué en Chine depuis Macao quand Xu, fort occupé à passer les examens qui assureraient son ascension au sein de l'administration, en rencontra un dans une ville provinciale du Sud en 1595. Un nouveau contact eut lieu cinq ans plus tard avec Matteo Ricci, le brillant jésuite italien qui dirigea la mission en Chine jusqu'à sa mort en 1610. Lors de sa troisième entrevue, en 1603, Xu reçut le baptême et prit le nom chrétien de Paolo. Xu se lia avec les jésuites, et plus particulièrement avec Ricci, un lettré, avec qui il collabora sur toute une série de projets religieux et intellectuels destinés à prouver la valeur des connaissances nouvelles que les missionnaires avaient apportées d'Europe. Les Chinois furent peu nombreux à se convertir au christianisme ; leurs traditions les rendaient méfiants à l'égard d'une foi qui leur imposait de renoncer à leurs rites et croyances antérieurs. L'engagement absolu qu'exigeait cette nouvelle doctrine religieuse ne dérangeait pas Xu. Il considérait en effet le christianisme comme une partie intégrante du vaste corpus de savoir européen, au même titre que la métallurgie, la balistique, l'hydraulique et la géométrie – autant de sujets qu'il avait hâte d'apprendre et d'adapter à l'usage chinois. Il ne voyait aucune raison d'accepter certaines branches de ce que l'on finirait par appeler le savoir occidental, et d'en rejeter d'autres.

Lu Zhaolong considérait à juste titre Paolo Xu comme son principal adversaire dans le débat sur l'emploi de la technologie européenne en Chine. S'il voulait rallier l'empereur à son point de vue, il était indispensable d'éroder l'autorité non négligeable de Xu. La petite victoire portugaise à Zhuozhou rendait sa tâche d'autant plus ardue. Il devait agir avec prudence. L'argument majeur de Lu était la sécurité nationale. « Inviter les lointains étrangers ne constituera pas seulement un risque intérieur, mais leur permettra de déceler nos faiblesses, de se familiariser avec notre situation et de rire ainsi du manque de défenseurs de notre dynastie Céleste. » Si la Chine voulait continuer à inspirer aux étrangers le respect qui lui était dû, elle devait impérativement les tenir à distance. Le spectacle de trois cents mercenaires – « des gens d'une autre espèce, galopant sur leurs chevaux, brandissant leurs sabres et lançant des flèches avec leurs arcs à l'intérieur de la capitale impériale » – était trop dérangeant pour pouvoir être autorisé. Placer la souveraineté de la Chine entre leurs mains représentait un risque insensé. En outre, le coût du transport et de l'alimentation de pareille horde était exorbitant. Pour le même prix, le gouvernement pourrait fondre plusieurs centaines de canons.

Lu Zhaolong finit par en venir aux attaques personnelles contre Paolo Xu, s'en prenant à son point le plus vulnérable : son christianisme. « Tous les étrangers de Macao pratiquent les enseignements du Seigneur des Cieux, se plaignait-il dans le dernier passage de sa première communication à l'empereur. Ses doctrines sont tellement abstruses qu'elles induisent aisément en erreur le siècle et troublent les gens. » Il évoquait des cas d'apparition du culte chrétien en divers lieux de Chine. L'accusation dépassait les inquiétudes qu'inspiraient les agissements censément répréhensibles des trois cents soldats portugais. Elle relevait d'une angoisse bien plus profonde à l'idée que les étrangers puissent contaminer les croyances fondamentales de la culture chinoise. Lu allait même jusqu'à suggérer à mots couverts qu'une religion étrangère risquait d'exercer sur les esprits chinois une influence néfaste à l'autorité dynastique. Des sectes bouddhistes millénaristes s'étaient récemment manifestées dans la région de la capitale et avaient même, en une occasion, provoqué un soulèvement dans la ville. Des congrégations chrétiennes clandestines ne pourraient-elles pas fomenter des troubles de même nature ? Pis encore, des chrétiens chinois ne manqueraient pas d'entretenir des relations secrètes avec les étrangers, autrement dit avec Macao. Qui savait quelles conséquences pourraient avoir de telles relations ? « Je ne crois pas qu'il existe au monde chose pareille aux enseignements du Seigneur des Cieux », déclarait Lu, ne comprenant pas que l'empereur prêtât l'oreille à un homme comme Xu, qui les préférait aux écrits de Confucius. « Pour quel motif se montre-t-il aussi ingénieux et aussi avide de faire tout son possible pour assurer le maintien des étrangers de Macao et préparer leurs perspectives à long terme ? »

Le christianisme de Xu n'était pas son seul point faible. Ses liens avec Macao en constituaient un autre. L'inquiétude qu'inspiraient à cette époque les agissements des étrangers à Macao parcourt comme un fil rouge toutes les doléances des Chinois concernant les Européens. Cette même préoccupation entraîna en 1616 la répression du christianisme à Nankin, où un vice-ministre des Rites bien différent, Shen Que, expulsa deux missionnaires. Alfonso Vagnone et Álvaro Semedo furent reconduits à Macao – pour citer une adaptation anglaise du récit qu'en fit plus tard Semedo – « dans des cages de bois fort étroites (comme celles qui servent dans ce pays pour transporter les condamnés à mort d'un lieu à un autre), avec des chaînes de fer autour du cou, et des menottes aux poignets, les cheveux pendants et accoutrés de vêtements bizarres, pour signaler que c'était un peuple étrange et barbare ». Parlant de lui-même et de Vagnone à la troisième personne, Semedo écrit : « Les pères furent portés ainsi au milieu d'un vacarme indescriptible que les ministres faisaient avec le cliquetis de leurs entraves et de leurs chaînes. Devant eux, on portait trois tablettes, avec une inscription en grosses lettres proclamant la sentence du roi et interdisant à quiconque d'avoir commerce ou entretien avec eux. C'est dans pareil équipage qu'ils sortirent de Nankin. » Pendant trente jours, ils voyagèrent dans ces cages en direction du sud, de Canton, d'où ils furent réexpédiés vers Macao avec de sévères mises en garde les sommant de regagner l'Europe pour n'en plus jamais revenir.

La voix de Paolo Xu avait été la seule à s'élever pour défendre ces deux jésuites dès 1616, ce qui ne l'avait pas empêché d'avertir un autre missionnaire que les jésuites seraient bien avisés de dissimuler leurs contacts avec Macao. « Toute la Chine redoute les Portugais », expliqua-t-il, et Macao était le point de concentration de toutes leurs inquiétudes. Les fonctionnaires hostiles n'y voyaient pas un innocent comptoir commercial, mais une base d'où les Portugais administraient un réseau d'agents envoyés à l'intérieur de la Chine pour fomenter des troubles religieux et organiser des activités de contrebande et d'espionnage. Les missionnaires passaient pour des espions. Voilà pourquoi Shen Que accusait Semedo et Vagnone de « tirer les marrons du feu au profit des Francs ». Un rapport du ministère des Rites de Nankin lui donnait raison. Macao était le point d'arrivée et de départ des jésuites, le port qui leur assurait le passage vers tous les lieux du monde, et le canal par lequel, selon le ministère, Vagnone recevait annuellement les six cents onces d'argent à distribuer aux missions de Chine (le ministère révisa plus tard ce chiffre à la baisse, et le ramena à cent vingt onces). Macao n'était donc pas une simple base de commerce extérieur, note un rapport de la Censure de Nankin trois mois plus tard, mais la source des atteintes portugaises à la souveraineté chinoise : « Leur religion fait de Macao son nid. » Les jésuites finirent par comprendre que leurs relations avec Macao constituaient un handicap, mais ils ne purent jamais se passer de cette colonie. Elle jouait un rôle capital dans toutes leurs activités en Chine ; y renoncer, c'était se priver du soutien organisationnel et financier qui permettait à la mission de poursuivre ses opérations.

Paolo Xu insistait pour qu'on ne confonde pas les Cheveux rouges et les étrangers de Macao, exactement comme ses amis jésuites auraient pu lui demander de le faire. Les étrangers de Macao soutenaient leurs activités et leur offraient l'appui qui leur permettait d'envoyer des missionnaires en Chine. Si les Hollandais prenaient Macao aux Portugais, les jésuites pouvaient renoncer à leur mission en Chine. Leurs amis et leurs ennemis ne pouvaient qu'être ceux de Paolo Xu. Lu Zhaolong n'était pas convaincu que l'on pût faire confiance à un étranger, qu'il fût portugais ou hollandais. « Le fonctionnaire des rites Xu a réuni des arguments qu'il a entendus et en a fait un mémoire qui jacasse pendant des centaines de mots, se plaignait

Lu, et dont le fond est qu'il faut distinguer les Cheveux rouges et les étrangers de Macao, les uns étant dociles, les autres réfractaires. » Xu tenait à établir cette distinction pour protéger ses liens avec les jésuites et éviter qu'on ne mette dans le même sac prêtres portugais et pirates hollandais. Lu ne voulait rien savoir.

Les jésuites n'ignoraient pas que leurs liens avec Macao étaient essentiels au succès de leur mission. En 1633, un an après que João Rodrigues eut regagné Macao à la fin de sa besogne aux côtés des artilleurs, il adressa une lettre au supérieur de sa société, en Europe[3]. Il y soulignait la nécessité de protéger la colonie et sa réputation, « car de là dépendent le commerce si vital pour les Deux Indes de Sa Majesté [les Indes orientales et les Indes occidentales, ces dernières recouvrant les possessions du Portugal dans l'actuel Brésil] ainsi que la mission destinée à convertir la Chine, le Japon, la Cochinchine, le Tonkin et d'autres pays à notre sainte religion. » Macao était le cœur financier et stratégique de l'entreprise asiatique des jésuites. Le langage employé par Rodrigues fait étrangement écho à une déclaration publiée par le ministère des Rites de Nankin. « Cette ville de Macao est la porte étroite par où les sujets et tous les produits nécessaires aux masses et à l'entretien temporel pénètrent dans ces contrées. » Si la lettre de Rodrigues était tombée entre les mains de Lu Zhaolong, il y aurait vu confirmés ses soupçons faisant de Macao la tête de pont de la pénétration étrangère en Chine. De même, s'il avait su que les deux prêtres expulsés de Chine dans une cage en 1617 étaient de retour dans le pays dès les années 1630, bravant les lois chinoises et convertissant la population à leur foi suspecte, il aurait vu vérifiées ses pires craintes quant à la menace que représentait Macao pour l'autorité de la dynastie.

Le rôle de centre financier de la mission jésuite en Chine que jouait Macao était la raison même pour laquelle Las Cortes, le chroniqueur jésuite du naufrage de la *Guía*, se rendait de Manille à Macao quand son navire avait sombré. Dans ses Mémoires, il se contente de dire, sans plus de détails, qu'il avait des affaires à traiter à Macao. Quand il arriva enfin à Macao, ce fut avec João Rodrigues et nul autre qu'il négocia. Las Cortes ne nous précise pas de quoi il s'agissait, mais deux mois plus tard, il était à bord du premier bateau en partance pour Manille.

Au cours de son voyage de retour, Las Cortes eut la malchance d'essuyer une nouvelle tempête. Sur le convoi de cinq navires qui traversèrent de conserve la mer de Chine méridionale, quatre seulement arrivèrent à Manille. Dans son récit, Las Cortes se lamente sur la perte de la cargaison de ce navire, qui comprenait, note-t-il, des soies chinoises achetées trois cent mille pesos à Macao. Brocarts somptueux et gazes d'une légèreté de plume dans une gamme étourdissante de coloris, ces étoffes n'auraient jamais pu être tissées ou achetées ailleurs par un Européen, mais Las Cortes ne se préoccupait guère de leur beauté. Ce qui l'intéressait, c'était leur valeur. « Si l'on compte ce qu'elle devait rapporter une fois vendue à Manille, écrit-il à propos de la cargaison perdue, il faut sans doute y ajouter deux cent mille pesos, ce qui fait monter la perte à un demi-million de pesos. » Comme il s'agit de la dernière note de quelque importance du récit de son aventure d'un an en Chine, le calcul ne peut manquer d'attirer l'attention par lui-même. Cette cargaison perdue révèle peut-être l'objectif que poursuivait Las Cortes en se rendant à Macao : acheter des soies chinoises que les jésuites pourraient ensuite vendre à bénéfice à Manille, et dont les recettes financeraient leur mission aux Philippines. Cela nous apprend peut-être aussi qu'il transportait dans ses bagages une masse d'argent destinée à acheter ces soieries, quand il avait fait la traversée vers Macao sur la *Guía*. Si les soieries perdues appartenaient aux jésuites, la mission de Las Cortes à Macao avait été à l'origine d'une lourde perte à l'aller comme au retour.

Les conséquences d'une erreur de cap et d'un échouage sur la côte chinoise furent tout aussi importantes pour les passagers de la *Guía* que pour les propriétaires de la cargaison que contenait la cale. Il s'écoula une année entière avant que les rescapés ne soient enfin jugés à Canton. La délibération fut confiée au commissaire de surveillance provincial, dont les fonctions regroupaient celles de procureur général et de gouverneur provincial. Las Cortes ne nous précise pas le nom du commissaire, mais il s'agissait probablement de Pan Runmin.

Pan Runmin venait d'accéder au poste de commissaire de surveillance en 1625. Quelques mois plus tard, une promotion le conduirait ailleurs, mais il se trouvait sans doute encore à Canton quand l'affaire de la *Guía* fut jugée. On ne sait pas grand-chose de Pan, sinon qu'il était originaire de la province de Guizhou, à l'intérieur des terres, dans le Sud-Ouest de la Chine, une région tribale où rares étaient ceux qui réussissaient à recevoir l'instruction nécessaire pour devenir fonctionnaire et où les seuls étrangers étaient les membres des tribus établies dans les montagnes. Las Cortes était peut-être le tout premier Européen auquel Pan eût jamais eu affaire. Le jésuite sentit que Pan était intrigué par les étrangers et qu'aucun détail ne lui échappait. De fait, il semblait plus désireux de s'informer des hommes qu'il avait en face de lui que d'engager des poursuites judiciaires contre eux.

Pan commença son instruction en inspectant soigneusement les naufragés, allant jusqu'à examiner la plante des pieds de ceux qui allaient pieds nus pour établir s'ils avaient subi une marche forcée. Il fut rapidement convaincu que les étrangers avaient été maltraités par ses officiers. Il convoqua le commandant de Jinghai et lui fit subir un interrogatoire. Le commandant ne démordit pas de la version qu'il avait présentée à Chaozhou : ces hommes étaient des Cheveux rouges et des Pirates nains, et non les innocents marchands de Manille et de Macao qu'ils prétendaient être, et ses hommes les avaient arrêtés en toute légitimité. Certains avaient peut-être été blessés, mais cela s'était produit durant le naufrage, avant qu'ils ne soient confiés à sa garde. Il n'était pas responsable de leur état. Il exhorta le commissaire à se concentrer sur le nœud de l'affaire : ces naufragés étaient des étrangers, parmi lesquels des Japonais, entrés illégalement dans le pays.

Selon le récit que nous livre Las Cortes de la journée qu'ils passèrent au tribunal, le commissaire Pan tenait à savoir si l'on avait récupéré une cargaison quelconque avec les étrangers. Le cas échéant, ces biens devaient être considérés comme des produits de contrebande et tout Chinois qui y toucherait se rendrait coupable de ce délit. (Comme le nota le juge Yan, ami de Lu Zhaolong, dans une affaire de commerce illégal entre soldats cantonais et négociants hollandais : « Ceux qui sont à bord [de navires étrangers] ne sont pas autorités à apporter des marchandises à terre et ceux qui sont à terre ne sont pas autorisés à monter sur les navires et à recevoir des marchandises. ») Le commandant de Jinghai affirma énergiquement que les rescapés avaient débarqué sans rien d'autre que ce qu'ils avaient sur eux. La *Guía* ne transportait pas d'argent, insista-t-il, et aucun des hommes dont il était responsable n'avait rien pris aux étrangers. Pan avait suffisamment d'expérience pour savoir que ce n'était certainement pas vrai, mais il n'avait aucune preuve du contraire et dut renoncer à soutirer la vérité à ses subordonnés.

Le commissaire Pan se tourna alors vers Las Cortes. Il lui posa une série de questions soigneusement formulées pour essayer de découvrir le fin mot de l'affaire. Faisant plus confiance à Las Cortes qu'à ses propres officiers, Pan comprit rapidement que ces gens avaient effectivement été brutalisés, que le navire transportait une cargaison d'argent, que ses propriétaires avaient été empêchés de la récupérer et qu'une partie avait été sauvée plus tard. Pan s'y attendait, mais sachant que le commandant ne lui présenterait aucune preuve que l'argent avait été volé, il ne pouvait rien faire. Il en vint alors aux décapitations, dont les preuves – les têtes tranchées de Ganpti et des autres – se trouvaient dans une rangée de paniers, dans la salle d'audience.

« Avez-vous vu quelqu'un de Jinghai tuer les gens dont les têtes ont été présentées à cette cour ?

– En vérité, déclara Las Cortes, nous les avons seulement vus couper la tête à sept des nôtres, et nous ne savons pas s'ils leur avaient coupé la tête alors qu'ils étaient encore vivants ou bien déjà morts, soit par noyade, soit à cause du froid et des affres du naufrage. »

Le commissaire Pan voulait savoir si les Chinois étaient responsables de la mort de certains des étrangers, mais Las Cortes préféra biaiser. Il se doutait que des accusations de meurtre ne serviraient pas leur cause et ne feraient que retarder leur libération. Pan comprit apparemment où voulait en venir Las Cortes : trouver un compromis afin de clore l'affaire et de leur permettre à tous de rentrer chez eux. Ne disposant que du témoignage muet des têtes tranchées, il renonça à l'accusation de meurtre en constatant que « les morts ne pouvaient nous être rendus en vie ».

Quant au problème de l'argent disparu, on le régla de la même manière. Chacun savait qu'il arrivait aux navires étrangers de transporter jusqu'à dix mille onces (taels) d'argent, comme le note le juge Yan dans une autre affaire, mais aucun des deux camps ne fit état de la perte ou du gain d'une seule once. Pan dut conclure au non-lieu. Quant à l'argent que transportait le navire, déclara-t-il dans son jugement final, il « était considéré comme de l'argent perdu en mer dont on ne savait rien ». Pan refusa également le versement de toute indemnité aux étrangers, ajoutant qu'« il ne semblait du reste guère possible que le petit nombre de Blancs que nous étions ait possédé une telle quantité d'argent ». Il semblait donc croire que l'argent utilisé dans le commerce appartenait à des individus, et non à des corporations. On peut y voir un curieux subterfuge, un prétexte pour ne rien faire, ou bien un signe de l'ignorance de Pan touchant le commerce extérieur.

Le commissaire Pan se laissa-t-il duper ? Je n'en crois rien. Le récit de Las Cortes donne à croire qu'il comprenait parfaitement ce qui se passait et n'ignorait pas les limites de ce qu'il pouvait faire en l'absence de toute preuve d'un crime commis à trois cent cinquante kilomètres de là. Il dut clore la procédure en constatant que le navire avait fait naufrage en Chine malencontreusement et non intentionnellement, que les passagers ne se livraient pas à la piraterie et devaient être autorisés à regagner Macao. Toutes les accusations portées contre eux furent rejetées.

Le géographe serein de Vermeer est à un monde de distance, physiquement et intellectuellement, des débats du tribunal de Pan. Ce n'est pas un villageois du littoral menacé par les pirates ; et il n'a rien à craindre de l'océan, car ses compatriotes en ont, en tout état de cause, la maîtrise ; il n'a aucun intérêt non plus dans les profits des marchands de la VOC qui se rendent dans des contrées lointaines. Ce qui l'intéresse, ce sont les informations qu'ils en rapportent : des données qu'il va rassembler, analyser et synthétiser sur des cartes maritimes et terrestres que les marchands pourront ensuite emporter dans un vaste monde, mieux compris désormais. Et si ces précieuses connaissances ne suffisent pas, on en collectera et on en intégrera de nouvelles. Au XVIIe siècle, le géographe participait activement à cette interminable boucle de rétroaction et de correction. C'est exactement ce que réclamait Hondius dans le cartouche figurant sur la courbure du globe que nous voyons au-dessus de la tête du géographe. Que ceux qui se lancent dans les « très fréquentes expéditions » qui partent « chaque jour dans toutes les régions du monde » veuillent bien lui communiquer leurs positions afin qu'il puisse réaliser une nouvelle édition, plus satisfaisante que celle qu'ils ont sous les yeux.

Ce mécanisme de rétroaction (qui comprenait une bonne dose d'emprunts au travail d'autrui, voire de plagiat pur et simple) permit aux cartographes européens de corriger régulièrement leurs cartes au cours du XVIIe siècle. De nouvelles connaissances se substituaient aux anciennes, avant d'être à leur tour remplacées par des informations plus récentes encore, et, espérait-on, plus fiables. Le processus n'était pas toujours parfait : de nombreuses cartes de l'Amérique du Nord montraient encore un passage transcontinental bien après l'époque où l'on avait pu espérer en découvrir un. Néanmoins, l'accumulation de tous ces ajouts permit de corriger et de compléter les informations et de compléter peu à peu la carte du monde.

Quelques zones vides résistèrent obstinément à ce processus d'accumulation des connaissances – l'intérieur de l'Afrique, le milieu de l'océan Pacifique, l'extrémité nord de l'Amérique du Nord, les deux pôles – et relevant le défi, les explorateurs s'attachaient à les combler, souvent pour le simple plaisir et non parce que ce savoir était indispensable. Ce dont les marchands avaient besoin, c'était d'informations précises sur les routes que parcouraient leurs navires, afin de réduire les risques de naufrage et d'augmenter la rapidité de leurs allées et venues – accélérant ainsi le rythme auquel leur capital leur rapportait un profit. Mais ce n'est pas là l'histoire que raconte *Le Géographe* de Vermeer. Leeuwenhoek pose en homme de science, et non en homme d'affaires. Et pourtant, sans les érudits comme lui qui consacraient leur énergie à l'accumulation de connaissances utiles, les marchands n'auraient pas eu leurs cartes. Ces deux impulsions – savoir et acquisition – se complétaient.

La situation des géographes chinois était bien différente. Chez eux, aucun mécanisme de rétroaction n'était à l'œuvre et les impulsions à modifier les connaissances déjà disponibles étaient minces. Même s'ils avaient pu s'informer auprès des marins du littoral de ce qui se passait dans les régions situées au-delà de leurs frontières, les érudits chinois ne s'y intéressaient guère. Le géographe Zhang Xie faisait cependant exception et il prit effectivement la peine de s'entretenir avec les marins qui avaient navigué dans les eaux d'Asie du Sud-Est, quand il rédigea ses *Recherches sur les mers de l'Est et de l'Ouest*. Comme il l'affirme dans ses notes préliminaires, « tous les lieux consignés dans ce livre sont des lieux où des navires marchands se sont rendus ». Zhang critiquait vertement ceux qui écrivent l'histoire en se contentant de reproduire des données anciennes, et sans tenir compte des évolutions récentes. Ces auteurs perpétuent l'ignorance au lieu d'augmenter le savoir. Son objectif était de consigner des informations récentes, notamment sur les Cheveux rouges, en raison de l'influence qu'ils exerçaient alors sur le commerce maritime.

Son livre n'eut guère d'incidence, cependant, sur ceux qui voyageaient vraiment ; mais pour être juste, aucun lecteur de Zhang ne lui aurait demandé cela. Les éléments contenus dans cet ouvrage, comme l'écrit le préfacier, « ont été sélectionnés pour offrir de la documentation aux historiens d'une autre époque », et non aux marins et aux marchands du temps de Zhang, ceux-là mêmes auprès desquels il avait collecté ses informations. Son livre n'était pas destiné à ces lecteurs, mais à d'autres intellectuels curieux comme lui, qui n'avaient aucune intention de se rendre un jour à l'étranger et voulaient simplement en savoir davantage sur les pays situés au-delà de leurs rivages. Zhang Xie savait que les Chinois pouvaient désormais s'attendre à ce que des navires tels que la *Guía* se présentent aux abords de la Chine, mais ce n'était pas une idée que des lecteurs à l'esprit plus conventionnel auraient pu appréhender.

Matteo Ricci, le collaborateur jésuite de Paolo Xu et le missionnaire le plus haut placé en Chine jusqu'à sa mort en 1610, partageait volontiers ce que les Européens savaient du monde naturel, pensant impressionner ainsi les Chinois et prouver plus aisément la vérité du christianisme. Sous quelle forme plus claire que des cartes aurait-il pu présenter les nouvelles connaissances géographiques ? À cette époque, les cartes européennes du monde se présentaient sous différents aspects et Ricci en copia et en révisa plusieurs, ajoutant des noms de lieux et des explications en chinois, dans l'espoir d'attirer l'attention des intellectuels qu'il rencontrait. Le public chinois de la fin de l'époque Ming aimait les cartes. Les cartes murales commerciales n'étaient pas aussi populaires qu'en Hollande, mais il en existait et on les accrochait aux murs. En contemplant ces cartes européennes, les spectateurs chinois ne savaient que faire des informations qu'elles contenaient, pour la simple raison que la plupart d'entre eux ne possédaient pas le bagage nécessaire pour tirer quelque enseignement des images de Ricci.

Paolo Xu s'en délecta au contraire, car il était persuadé que la théorie de la rotondité de la terre était juste et estimait que les cartes pouvaient transmettre cette idée avec plus d'efficacité qu'une explication écrite. Les cartes du monde européennes de Ricci furent également reprises par d'autres érudits, car on les retrouve dans les deux grandes encyclopédies de l'époque, le *Compendium d'Images et d'Écrits* et *Images réunies des Trois Royaumes* (les trois royaumes étant le ciel, la terre et le genre humain). Le compilateur de la première notait avec ravissement que grâce à ces nouvelles cartes, « vous n'êtes plus obligé de quitter votre demeure et vous pouvez tout de même avoir une connaissance complète du monde ». Mais le pas menant de l'intérieur de la maison à l'extérieur ne fut pas franchi pour autant. La publication de ces cartes dans des encyclopédies populaires aurait pu déclencher un effet de rétroaction et donner aux lecteurs chinois l'envie de sortir, carte en main, pour mettre ce savoir à l'épreuve. Ce ne fut pas le cas. Ces cartes ne furent pas améliorées ni complétées par la suite en vue de nouvelles publications, comme ce fut le cas en Europe, et elles n'évincèrent pas non plus la cosmologie traditionnelle. Le problème était simple : aucun marin chinois, ou presque, n'avait eu l'occasion de vérifier et de développer ces connaissances. Aucun marchand chinois ne faisait le tour du monde et ne découvrait que la terre était ronde. Les seuls à livrer ces informations sur le vaste monde étaient des étrangers, auxquels on accordait une confiance limitée. Par conséquent, on ne trouvait en Chine personne qui, comme le géographe de Vermeer, ait eu l'envie, ou la possibilité, d'intégrer un flot infini de données en provenance du monde extérieur et de réviser régulièrement le corpus de connaissances utiles dont quelqu'un d'autre avait réellement besoin.

Le monde extérieur pénétrait dans la vie des Européens sous forme d'idées et d'objets, dont nous avons vu certains dans la pièce que Vermeer a peinte. Le monde extérieur restait à l'extérieur de la vie de la plupart des Chinois. Peut-être s'insinua-t-il dans l'esprit de Paolo Xu ; le commissaire Pan lui-même sentit que les gens que ce monde extérieur avait placés en son pouvoir pouvaient lui apprendre quelque chose. Mais si le commandant de Jinghai et Lu Zhaolong avaient leur mot à dire, ce qui était le cas, mieux valait que ce monde-là reste à l'extérieur.

Figure 1. Johannes Vermeer, *Vue de Delft*, 1660 ou 1661, La Haye, Mauritshuis. Cette toile, l'une des deux seules scènes d'extérieur de Vermeer, représente la ligne des toits de Delft telle qu'elle apparaît depuis le sud-est, de l'autre côté du Kolk, le port fluvial de Delft.

Figure 2. Johannes Vermeer, *L'Officier et la jeune fille riant*, v. 1658, New York, Frick Collection. Une légère distorsion de perspective prête du dynamisme à cette toile représentant ce qui aurait été, sans cet artifice, une conversation statique. La carte de la Hollande et de la Frise occidentale est un tirage réalisé par Willem Blaeu à partir de planches du cartographe de Delft, Balthasar Van Berckenrode.

Figure 3. Johannes Vermeer, *La Liseuse à la fenêtre*, v. 1657, Dresde, Gemäldegalerie. Il s'agit peut-être de la première de plusieurs œuvres que Vermeer réalisa près des fenêtres de son atelier, à l'étage de la maison. Dans le traitement du tapis et des fruits au premier plan, il recourt pour la première fois à la technique pointilliste.

Figure 4. Johannes Vermeer, *Le Géographe*, 1669 (?), Francfort-sur-le-Main, Städelsches Kunstinstitut. Il s'agit de l'une des deux toiles de commande (l'autre étant *L'Astronome*) représentant un savant qui pourrait être Antonie Van Leeuwenhoek. Bien que la date de 1669 qui figure sur le mur sous la signature de Vermeer ne soit pas originale, elle est peut-être exacte.

Figure 5. Une assiette du musée Lambert Van Meerten, Delft, Gemeente Musea. Cette assiette a sans doute été fabriquée à Delft vers la fin du XVIIe siècle. Son décor faussement chinois représente cinq figures religieuses dans des nuages au premier plan, et un certain nombre de personnages masculins et féminins dans un jardin chinois à l'arrière.

Figure 6. Johannes Vermeer, *Femme à la balance*, v. 1664, Washington, D.C., National Gallery of Art, Widener Collection. Catharina Bolnes, sa femme, lui servit sans doute de modèle. Cette toile nous montre Vermeer à l'apogée de sa puissance créatrice.

Figure 7. Hendrik Van der Burch, *Les Joueurs de cartes*, Detroit Institute of Arts, don de Mr. et Mrs. John S. Newberry. Van der Burch traite le sujet d'une conversation assise entre un officier et une jeune femme différemment de Vermeer dans *L'Officier et la jeune fille riant*. Cette toile date de 1660 approximativement, époque où Van der Burch se trouvait à Leyde ou à Amsterdam, car il avait quitté Delft en 1655.

Figure 8. L'empereur Guan, dieu chinois de la guerre, figurine en ivoire. La statue que le Chinois converti exhuma des abords de Manille en janvier 1640 devait être à peu près contemporaine de cette figurine.

5

L'art de fumer

De tous les collectionneurs de curiosités locales de Delft au XIXe siècle, Lambert Van Meerten était le plus obsédé par sa passion. Héritier d'une famille qui s'était enrichie dans le commerce des spiritueux, Lambert consacra sa vie et sa fortune à acquérir une importante collection d'objets d'art, de statues, de céramiques, de bibelots, mettant également la main sur tous les débris architecturaux qu'il pouvait se procurer dans des bâtiments en rénovation. Il posséda bientôt plus d'objets qu'il n'en aurait pu abriter dans sa demeure, mais eut la bonne fortune de trouver en Jan Schouten un ami plus riche et plus raisonnable que lui. Schouten vint à sa rescousse et l'aida, pour entreposer ses trésors, à acheter une grosse maison de trois étages, située aujourd'hui du même côté du canal de l'Oude Delft que la chambre de la VOC de Delft, mais plus en amont. À la mort de Van Meerten, Schouten transforma ce bâtiment en musée, ce qu'il est resté jusqu'à aujourd'hui.

Quand je m'y suis rendu, je suis tombé en arrêt devant un grand plat bleu et blanc exposé dans une vitrine, au fond d'une pièce reculée de l'étage supérieur.

Ce plat, de quarante-trois centimètres de diamètre, représente une scène chinoise, un jardin animé, peuplé d'immortels, d'érudits, de domestiques et de créatures mythologiques (fig. 5). Les Portugais furent les premiers à s'essayer à la fabrication de vaisselle sur le modèle chinois, mais c'est aux potiers de Delft que l'on doit les premières imitations passables. Le plat en question est illustré d'une représentation faussement chinoise réalisée avec un remarquable sens théâtral, mais personne n'irait le confondre avec une authentique œuvre chinoise. De nombreux petits détails trahissent en effet son origine hollandaise. Les ébréchures du bord révèlent qu'il est en argile européenne, et l'émail n'a ni la dureté ni la régularité des articles de Jingdezhen. Mais la preuve irrécusable nous est livrée par les trois idéogrammes de la tablette que porte un fonctionnaire confucéen, au milieu du plat. Valeureuse tentative de reproduction de caractères chinois, cette inscription n'a strictement aucun sens. Il faut donc en conclure que ce plat est un faux. Ce jugement serait pourtant trop sévère. Le décor de ce plat n'a jamais cherché à tromper l'acheteur. La chinoiserie avait pour seul dessein de séduire le regard et de stimuler l'imagination. C'est une contrefaçon radieuse, innocente.

Les personnages du plat de Van Meerten se consacrent activement à des occupations diverses, conformes à ce que les Européens s'attendaient à voir faire les Chinois sur des images : flotter au milieu des nuages, traverser des ponts et capturer des grues. Parmi les bizarreries et les incohérences que l'on n'observerait jamais sur un « vrai » plat chinois, on peut relever la présence d'un immortel qui chevauche un chien-tigre mythologique tout en tirant énergiquement sur une pipe à long tuyau. On ne voit pas de fumée sortir de sa bouche ni de sa pipe, mais elle est remplacée par les volutes des nuages célestes à travers lesquels le personnage évolue. À ma connaissance, aucun peintre chinois de porcelaine n'a jamais représenté de fumeur sur une de ses pièces. Et jusqu'à une date bien plus avancée du XVIIIe siècle, jamais un artiste chinois n'aurait eu l'idée d'inclure un fumeur dans son répertoire de motifs. Le cas échéant, ce sujet n'aurait fait l'objet que de croquis ou de gravures sur bois (nous en verrons un exemple précoce plus loin dans ce chapitre). Il faut du temps pour que la culture assimile les nouvelles habitudes sociales, et la consommation de tabac n'a pas été suffisamment intégrée pour faire son entrée dans les beaux-arts avant le XXe siècle. La peinture chinoise est très conservatrice sur ces questions culturelles.

Ce n'est pas la seule pièce de porcelaine hollandaise à représenter un fumeur. Les peintres de carreaux de Delft reproduisaient ce motif depuis plusieurs décennies. Et les peintres sur porcelaine n'étaient pas les seuls artistes à traiter ce sujet. Sur leurs toiles, les peintres de Delft l'utilisaient depuis tout aussi longtemps pour symboliser la sociabilité et la convivialité. Le peintre hollandais de la « Joyeuse compagnie », Jan Steen, prenait plaisir à peupler ses scènes satiriques de fumeurs de tous âges. Pieter De Hooch et Hendrik Van der Burch, des artistes plus distingués, munissaient leurs personnages masculins de pipes pour leur occuper les mains pendant qu'ils conversaient. Johannes Vermeer n'a jamais peint de fumeur. Aucune de ses toiles ne nous ouvre donc de porte sur la diffusion mondiale du tabac. Ce plat – qui est peut-être la plus ancienne représentation d'un fumeur chinois réalisée par un artiste européen – fera cependant l'affaire.

Pourquoi le peintre a-t-il imaginé que les Chinois fumaient ? Son plat n'est pas la copie d'un original chinois, car aucun peintre chinois n'aurait représenté pareille scène sur une porcelaine. S'il l'a inventée, c'est sans doute parce qu'il avait entendu dire que les Chinois fumaient. Quelques bribes d'informations globales avaient dû parvenir jusqu'à lui. À cette époque, les Européens fumaient déjà, car ils s'étaient initiés aux plaisirs du tabac dans la dernière partie du XVIe siècle. L'adoption de cette pratique par les Chinois, et par tous les Asiatiques en fait, au cours du XVIIe siècle, habitude qu'ils ont prise de leur propre chef, sans le moindre encouragement des élites économiques ou culturelles – en réalité, sans que personne, ou presque, n'en prenne conscience –, est un effet totalement imprévisible de la mobilité planétaire de ce siècle. Le goût pour le tabac n'était pas, *a priori*, destiné à se répandre dans le monde entier. Ce fut pourtant le cas. L'immortel qui fume sur le plat de Delft nous ouvre une nouvelle porte, qui nous reconduit dans le monde en pleine évolution du XVIIe siècle.

Pékin était la destination des jeunes gens cultivés de Chine qui voulaient se faire un nom et s'enrichir. Glaciale en hiver, encrassée par la poussière de Mongolie au printemps, brûlée de chaleur en été, la ville n'était agréable qu'en automne. Mais c'était la résidence de l'empereur et le centre du pouvoir. Ses salles d'examen attiraient les quelques ambitieux qui franchissaient les différentes étapes du système d'examens pour entrer au service de l'État. L'ascension n'était pas rapide. Tous les candidats devaient commencer à l'échelon inférieur de leur comté natal ; une petite poignée seulement arrivait jusqu'au degré ultime, celui de « lettré présenté », et moins nombreux encore étaient ceux qui étaient admis au service de la Cour. Être issu d'une famille de « lettrés présentés » pouvait aider un jeune homme à se préparer à la rude épreuve du franchissement des différents échelons, mais cela ne faisait plus aucune différence dès que le candidat entrait dans le cabinet d'examen où il allait passer trois jours à rédiger des dissertations. À moins bien sûr que sa famille ne connût un examinateur prêt à se laisser corrompre, mais c'était une entreprise difficile à organiser, et un crime capital qui plus est. Une fois l'examen réussi, le fait d'appartenir à une famille de diplômés assurait à l'heureux lauréat des compétences sociales et des relations politiques qui lui permettaient d'obtenir un poste décent dans la capitale, au lieu d'être envoyé en province comme magistrat de comté et de devoir faire des pieds et des mains pour regagner le centre du pouvoir. L'échelle qui menait à Pékin au terme d'une série d'examens était d'une raideur décourageante. Et il était presque aussi difficile de se faire nommer dans la capitale après avoir occupé un poste de magistrat de comté. La plupart n'y arrivaient jamais.

Yang Shicong était issu d'une bonne famille, mais il ne réussit ses examens de « lettré présenté » qu'en 1631, alors qu'il avait déjà plus de trente ans. Ses relations familiales lui permirent néanmoins de rattraper le temps perdu. Yang fut immédiatement affecté à l'Académie Hanlin de Pékin, un groupe de réflexion politique qui servait également de secrétariat à l'empereur Chongzhen, et il s'éleva jusqu'au rang de vice-ministre des Rites. On lui confia le poste convoité de professeur de l'héritier présomptif quand le prince atteignit sa majorité en 1637, et il devint ensuite conseiller du prince dans les années 1640. L'empereur se suicida lorsque des rebelles s'emparèrent de Pékin en avril 1644, quelques semaines seulement avant l'invasion des Mandchous qui prirent alors le pouvoir. Sous l'influence des Jésuites, l'héritier présomptif adressa un appel désespéré au pape, le suppliant d'envoyer une armée pour chasser les Mandchous de Chine. Mais que pouvait faire le souverain pontife contre une invasion qui se produisait à l'autre bout du monde ?

Yang n'est pas un personnage exceptionnel dans l'histoire de la dynastie. Ce n'était qu'un des nombreux fonctionnaires compétents à s'être élevé au rang de vice-ministre, sans être allé plus loin, et les ouvrages historiques courants sur cette période n'en font pas état. Il a pourtant attiré l'attention de quelques historiens grâce à un recueil d'anecdotes sur la vie dans la capitale au cours de la dernière décennie des Ming dont il est l'auteur. Il a achevé le manuscrit du *Recueil d'écrits de la Salle de Jade* en 1643. Ce n'était pas une année très favorable à la publication d'un livre. Une grave épidémie venait de ravager le Nord de la Chine l'année précédente, et, un an plus tard, les rebelles s'empareraient de la capitale et renverseraient la dynastie. Cela explique que cet ouvrage soit aujourd'hui extrêmement rare. Yang ignorait que la chute des Ming était imminente, mais il savait que des troubles agitaient l'empire. Son ouvrage, nous dit-il dans sa préface, cherchait à retracer la vie dans la capitale à une époque plus plaisante.

Dans un passage qui figure dans la première partie du *Recueil d'écrits de la Salle de Jade*, Yang observe deux changements mineurs survenus à Pékin au cours de la décennie qui vient de s'écouler. On les remarquait « à tous les coins de rue », comme il le dit, et ils étaient de mauvais augure. D'abord, les marchands ambulants s'étaient mis à vendre des syrrhaptes sauvages, une espèce d'oiseaux qui n'était pas originaire de la région de Pékin. Leur habitat naturel se trouvait plus au nord, le long de la limite méridionale du désert de Gobi. Selon les traditions locales, ces oiseaux ne se dirigeaient vers le sud que lorsque des manœuvres militaires sur la frontière du nord perturbaient leur biotope. On raconta à Yang que les syrrhaptes avaient fait leur apparition à Pékin en 1632. Des piégeurs d'oiseaux astucieux les capturaient désormais pour les vendre comme nourriture. L'arrivée de ces oiseaux à Pékin aurait pu signaler un changement météorologique ; 1632 fut en effet une année pluvieuse et l'abondance des précipitations ne fut peut-être pas étrangère à leur migration vers le sud. Mais localement, on interpréta leur présence comme la preuve de troubles sur la frontière nord, où les Mandchous se rassemblaient pour envahir le pays. Les syrrhaptes étaient en quelque sorte les canaris proverbiaux des mines de charbon. En fait, personne ne pouvait en parler ouvertement, car le seul fait d'évoquer un risque d'invasion pouvait vous faire accuser de trahison. Mais tout le monde comprenait ce que signifiait l'arrivée de syrrhaptes sur le marché.

Le second signe manifeste d'un bouleversement du monde était l'apparition de marchands de tabac. L'année de la naissance de Yang, en 1597, personne dans sa province natale du Shandong, au sud de Pékin, n'avait jamais goûté au tabac. Rares étaient les Chinois, de quelque région qu'ils fussent, à avoir fait cette expérience. Il y avait des fumeurs sur la côte sud, et les feuilles de tabac étaient arrivées jusqu'à Pékin, où elles figurent sur une liste d'achats d'un bureau de comté de 1596 (à un prix deux fois supérieur à celui de la cannelle ou du soufre vendus sur le marché de Pékin et sept fois supérieur à celui du thé au jasmin). Mais quand Yang arriva à Pékin pour passer ses examens en 1631, la consommation de « liqueur de fumée », comme certains l'appelaient, était bien établie dans la capitale. Yang fait remonter l'arrivée du tabac à Pékin au règne de l'empereur Tianqi, qui accéda au trône en 1621 et mourut six ans plus tard.

Les agriculteurs de Pékin, écrit-il, cultivaient le tabac depuis « les vingt dernières années ».

Yang estimait devoir justifier la présence de cette étrange plante à Pékin. Il commence ses explications en notant que fumer était un usage inconnu dans la Chine ancienne, car les classiques n'y font aucune allusion. Cette pratique doit donc être originaire de l'étranger. Les principaux fumeurs de la région de la capitale étant des soldats déplacés au nord pour défendre la frontière contre les Mandchous, Yang soupçonnait le tabac de venir du sud. Le marché que représentaient ces soldats avait incité les cultivateurs locaux à convertir leurs champs en plantations de tabac, une culture dix fois plus rentable que celle des céréales. En raison de l'abondance locale de tabac, cette pratique se répandit parmi les habitants de Pékin et ce phénomène finit par attirer l'attention de l'empereur Chongzhen. Celui-ci n'approuvait pas que les cultivateurs abandonnent la culture des céréales au profit du tabac, craignant de fâcheuses répercussions sur l'approvisionnement alimentaire de la région de Pékin. En 1639, il adopta un décret condamnant à la décapitation ceux qui seraient pris à vendre du tabac dans la capitale. L'explication officielle était que fumer représentait une perte de temps et d'argent, et que c'était mauvais pour la santé. Mais la population locale – et Yang nous transmet ici une information que l'histoire officielle n'aurait jamais consignée – vit dans cette interdiction une réaction disproportionnée à un simple jeu de mots.

À l'époque, fumer se disait communément *chi yan*, « manger la fumée. » (Aujourd'hui, on dit *chou yan*, « sucer la fumée ».) Le problème était que cette expression – *chi yan* – se prononçait de la même manière que celle qui signifie « manger la capitale ». *Yan* désignait en effet la fumée, mais, dans un autre caractère, c'était l'ancien nom de la région de Pékin. Or manger Pékin était précisément ce que les guerriers mandchous et les paysans rebelles menaçaient de faire à ce moment-là. La simple évocation du fait de fumer pouvait donc être assimilée au colportage de rumeurs de la part d'une cinquième colonne décidée à provoquer la chute de la dynastie. Si Yang avait su que les Mandchous étaient des fumeurs invétérés avant que les Chinois du Nord n'aient adopté cette pratique, cette information aurait encore donné du grain à moudre au camp hostile au tabac.

La première affaire connue d'application de la nouvelle législation fut portée devant les tribunaux de Pékin en 1640. Cette année-là, un étudiant de la province littorale du Sud-Est, le Fujian, arriva à Pékin pour passer les examens nationaux, accompagné d'un domestique. Ce dernier, sans doute pour aider son maître à joindre les deux bouts pendant qu'il était loin de chez lui, vendit dans la rue une partie du tabac qu'ils avaient apporté avec eux. Il fut promptement interpellé et la condamnation à la décapitation fut automatiquement prononcée. Le jugement fut transmis pour avis à l'empereur Chongzhen, qui confirma la sanction, faisant du pauvre homme la première victime de cette nouvelle et rigoureuse loi. Celle-ci était terriblement impopulaire auprès des habitants de Pékin. Le gouverneur général de la région mit deux ans à faire lever cette interdiction, ce qui fut chose faite en 1642. Quand Yang regagna la capitale cette année-là après une brève absence, on vendait du tabac en plus grandes quantités que jamais, et ce qu'on avait considéré un peu plus tôt comme une pratique exotique n'étonnait plus personne.

Le gouverneur général se montrait simplement raisonnable. Si les domestiques du Fujian le laissaient parfaitement indifférent, ce n'était pas le cas des soldats. Or ces derniers aimaient fumer. Ils croyaient que cela les aidait à lutter contre le froid et l'humidité. Pourquoi compromettre leur moral en les privant de cette prophylaxie ? La rumeur voulant que la Cour eût imposé cette interdiction par crainte de la sédition courait toujours, mais c'était parce que les habitants de la capitale avaient de bonnes raisons de se sentir menacés par les forces plus vastes de la rébellion, de l'invasion et des épidémies. Nouveauté s'il en était, le tabac était, d'une manière ou d'une autre, lié à des changements que la plupart des gens ne se sentaient pas de taille à affronter. Ils ne se trompaient pas, mais la situation ne se présentait pas tout à fait comme les Pékinois le pensaient. Pour voir l'ensemble de l'image, il faut observer le globe tout entier.

Représentez-vous une nouvelle fois le monde du XVIIe siècle comme le filet d'Indra, un filet qui, à l'instar d'une toile d'araignée, ne cesse de grandir, lançant de nouveaux fils à chaque nœud, s'attachant aux nouveaux points dès qu'ils sont à sa portée, se connectant latéralement à droite et à gauche, chaque nouveau rang de fils se répétant, encore et encore. Les araignées étaient nombreuses sur cette toile, qui comportait plusieurs centres, et la toile qu'elles tissaient ne s'étendait pas symétriquement dans toutes les directions. Certaines étaient plus favorisées que d'autres, en raison de leur localisation et des articles qu'on y fabriquait ou qu'on y apportait. D'autres lieux préféraient rester à l'écart en s'entourant de fortifications et en imposant des réglementations pour mieux s'isoler. Mais cela n'empêchait pas la toile d'araignée de grandir et de se ramifier partout où des hommes se déplaçaient, faisaient des conquêtes ou du commerce – et au cours de la première moitié du XVIIe siècle, ils s'y employèrent à un rythme plus soutenu et en plus grand nombre que jamais auparavant.

Les fils de cette toile étaient parcourus par des gens et des marchandises de toutes sortes, par des bateaux et des charrettes, des guerriers et des armes. Et par une masse d'autres choses encore : animaux et plantes, agents pathogènes et graines, mots et idées. Ces mouvements n'étaient pas ordonnés par une volonté supérieure, mais ils n'étaient jamais aléatoires. En effet, qu'il s'agisse de plantes ou d'idées, elles ne pouvaient voyager qu'en compagnie de ceux qui se déplaçaient, et ceux-ci le faisaient en fonction de besoins et de craintes qui suivaient des schémas établis – même s'ils se retrouvaient ailleurs qu'à l'endroit où ils avaient prévu de se rendre. Sans que cela réponde à une intention délibérée, les mouvements de ceux qui voyageaient d'un bout à l'autre de la planète entraînaient avec eux une infinité de choses et recréaient le monde d'une manière que l'on n'aurait pas crue possible. Tous les membres américains de la famille des Solanacées – tomate, pomme de terre, piment, tabac – circuleraient à travers le monde de cette façon-là.

En 1492, Christophe Colomb et son équipage furent les premiers non-Américains à voir fumer des indigènes des Amériques, mais c'est à Amerigo Vespucci que l'on doit la première allusion imprimée au tabac, en 1505. Jacques Cartier y goûta en 1535 lors de son second voyage dans le Nouveau Monde. Il trouva la fumée chaude en bouche. Pour décrire cette sensation à ses lecteurs, qui n'en avaient pas la moindre idée, la seule analogie qu'il put trouver fut celle du poivre – qui appartient, se trouve-t-il, à la même famille. Champlain observa du tabac lors de son premier voyage aux Amériques en 1599, le décrivant comme une sorte d'herbe, dont les habitants absorbent la fumée. Quand le chef Montagnais Anadabijou accueillit en grande pompe les Français à Tadoussac en 1603, il fit ce que devait faire un bon autochtone : il leur offrit du tabac. Champlain qualifia cette fête de *tabagie* – un mot qui, au Québec, désigne aujourd'hui un bureau de tabac.

Les Amérindiens utilisaient le tabac pour circuler entre le monde naturel et le monde surnaturel et communiquer avec les esprits. La fumée attirait l'attention de ces derniers, car ils aimaient l'odeur du tabac qui se consumait. L'intermédiaire se transportait aussi plus facilement dans l'état d'esprit adéquat. Les chamans s'en servaient pour provoquer des transes qui leur permettaient de quitter le monde naturel pour aller voir ce que manigançaient les esprits et sonder l'avenir. Les cigarettes d'aujourd'hui ne sont pas particulièrement hallucinogènes, mais le tabac indigène avait une teneur en nicotine beaucoup plus élevée que celui que l'on fume actuellement, et ses effets psychotropes étaient bien plus puissants. Champlain ne nous dit pas si le « devin » qui accompagna son expédition guerrière au lac Champlain en 1609 avait fumé jusqu'à l'ivresse pour prédire le résultat de leur campagne, mais on peut le penser.

Les propriétés antalgiques du tabac lui prêtaient des vertus médicinales en même temps que religieuses, deux domaines qui se recoupaient partiellement dans la pharmacologie du XVIIe siècle. La plupart des cultures prémodernes voyaient dans la maladie une perturbation de la relation entre le monde des hommes et celui des esprits, que ce fût à la suite de l'intrusion d'un esprit dans le monde des hommes ou de l'égarement de l'âme de la personne atteinte dans le monde des esprits. De même qu'il était censé apaiser un certain nombre de maux – du mal de dents et de la morsure de serpent aux convulsions, à la faim et même à l'asthme –, le tabac remédiait au dérèglement, de quelque nature qu'il fût, entre les mondes naturel et surnaturel, responsable de la maladie. La vertu curative du tabac était une application directe de son pouvoir spirituel.

Dans la vie quotidienne, le tabac était un outil majeur de sociabilité qui, comme sa fonction thérapeutique, jouissait du soutien bienveillant des esprits. Entretenir des relations sociales au niveau individuel ou collectif exigeait de la prévenance et de l'attention à autrui ; l'assistance des esprits facilitait la tâche. Brûler ou fumer du tabac était un moyen de se concilier les esprits s'ils étaient de mauvaise humeur – ce qui leur arrivait fréquemment – et de les inciter à favoriser les entreprises humaines. Partager du tabac au cours d'une *tabagie* se faisait en présence des esprits, ce qui permettait aux fumeurs d'arriver plus aisément à un consensus en cas de différends. À partir de ces circonstances solennelles, l'usage du tabac se répandit dans toute la vie sociale des Indiens d'Amérique, conservant cette fonction de convivialité. On fumait avec des amis, on partageait du tabac avec des voisins, on en offrait pour demander une faveur ou exprimer sa gratitude. Les Amérindiens font encore grand cas de la vie sociale, raison pour laquelle un grand nombre d'entre eux sont toujours de gros fumeurs.

Le tabac se déplaça le long des réseaux commerciaux que le désir européen de contacts avec la Chine tissa entre les Amériques et le reste de la planète. Il voyagea vers de nouveaux lieux et fut ainsi disponible pour des gens qui n'avaient encore jamais fumé, les Européens en premier lieu. L'usage du tabac s'accompagnait de pratiques religieuses, médicales, sociales et économiques qui durent trouver des niches équivalentes dans cette nouvelle culture. Il y a un demi-siècle, l'historien cubain Fernando Ortiz a parlé de transculturation pour désigner le processus par lequel des habitudes et des objets passent d'une culture à une autre de façon si complète qu'ils en font ensuite partie intégrante, et transforment à leur tour la culture dans laquelle ils se sont ainsi imposés. Ortiz savait que le « processus intense, complexe, ininterrompu » de transculturation peut être extrêmement destructeur de ce qui existait au préalable, mais il est impossible de contrôler les conséquences de ces phénomènes de mondialisation. Un moment de culture peut se transformer si rapidement en un autre qu'on a du mal à se rappeler quelle était la situation peu de temps auparavant.

Il n'en alla pas autrement du tabac. Partout où il fit son apparition, une culture de non-fumeurs se transforma en culture de fumeurs. La transculturation se fit presque du jour au lendemain, et le processus était généralement bien engagé avant même que les élites ne remarquent que tout le monde fumait et ne se mettent à inventer de bonnes raisons pour condamner ce comportement. Tous les contenus qui accompagnaient cette pratique chez les Amérindiens ne se transmirent pas aux autres cultures, bien sûr. Mais ce fut le cas d'un certain nombre d'entre eux, parmi lesquels l'idée que le tabac ouvrait la porte du monde spirituel. Cette signification religieuse subit évidemment des modifications en fonction des environnements auxquels elle accédait. Au Tibet, le tabac était consommé par de féroces divinités tutélaires qui cherchaient ainsi à se rendre plus féroces encore. La statue de la divinité protectrice du monastère de Trandruk dans la vallée du Yarlung, par exemple, brandit un fémur humain taillé en forme de pipe pour signaler son implacabilité à l'égard des perfides.

En Europe aussi, le tabac fut entraîné dans l'univers de la sorcellerie. Il était soupçonné de faciliter les contacts avec le diable. En 1609, l'année où Champlain marcha sur le sentier de la guerre, Henri IV chargea un juge d'enquêter sur la sorcellerie dans la France rurale. Cet homme découvrit, entre autres choses, que les sorcières consommaient du tabac. Ses recherches l'incitèrent à conclure que chaque sorcière en cultivait un plant dans son jardinet, et que la fumée leur permettait de se sustenter un peu et d'avoir l'esprit plus clair. L'explication la plus simple n'était-elle pas que les pauvres femmes cultivaient du tabac pour oublier la faim et la misère ? Mais l'inquisiteur était à la recherche de preuves de sorcellerie, et non de pauvreté. Il ne comprenait pas très bien le lien entre le tabac et les méfaits épouvantables dont on accusait les sorcières, mais, affirmait-il avec insistance, cette substance rend leur haleine et leur corps si malodorants qu'il fallait y être habitué pour le supporter. Elles fumaient, précise-t-il encore, trois ou quatre fois par jour.

La panique que les sorcières inspiraient en Europe s'effaça progressivement au cours du XVIIe siècle, emportant avec elle l'idée que le tabac permettait de communiquer avec le démon. Si des femmes suspectes fumaient, raisonna-t-on plus tard, c'était simplement par goût, et non pour se livrer à la magie noire. Une fois le tabac disculpé de son association avec la sorcellerie, le clergé fut libre de fumer, et il ne s'en priva pas. Les Jésuites restèrent cependant hostiles à cette pratique, que leur Compagnie interdisait, mais ils étaient minoritaires parmi les ecclésiastiques. Les autres prêtres chrétiens s'adonnèrent au tabac avec enthousiasme. Ils se mirent même à fumer avec une telle passion, tant à l'extérieur qu'à l'intérieur des églises, que le Vatican dut intervenir. Les « gens décents » qui se rendaient à l'église, nota le pape en 1643, étaient incommodés par l'odeur de fumée et répugnaient à traverser le tapis de cendre qui s'accumulait autour des porches. De crainte que ces habitudes personnelles répréhensibles ne ternissent encore la réputation déjà peu reluisante du clergé, le Vatican interdit aux prêtres de fumer dans les églises, et sous les porches. Ceux qui voulaient fumer pouvaient le faire, mais hors des églises et suffisamment loin du portail.

La fumée qui sortait de la bouche des gens éveillait la curiosité en même temps que la méfiance de ceux qui assistaient à ce spectacle pour la première fois. Quelle chose étrange et dangereuse ! Les pauvres étaient déjà condamnés à passer leurs hivers dans des taudis enfumés et à inhaler les vapeurs toxiques des feux de cuisine. Comment pouvait-on avoir l'idée d'aspirer de la fumée sans y être contraint ? Les Européens admettaient qu'on puisse respirer des vapeurs d'encens quand on allait à l'église, mais c'était une substance qui se diffusait dans l'atmosphère, et non un nuage de fumée concentrée qui descendait directement dans vos poumons. Fumer n'est pas une pratique naturelle. Elle exige un apprentissage. Et c'est la reconstitution de ce processus d'apprentissage qui fait tout l'intérêt des débuts de l'histoire du tabac.

Chaque culture apprend à fumer de façon légèrement différente. La façon dont les gens fument dépend de l'origine de cette pratique, de l'identité de ceux qui l'ont introduite ainsi que des habitudes ou des idées locales qui peuvent être adaptées pour prêter un sens à cette nouvelle habitude plutôt singulière. Une difficulté spécifique des élites européennes fut la nécessité d'effacer l'association entre le tabac et tous ceux qui en fumaient déjà, comme les Amérindiens. La plus célèbre diatribe de la Vieille Europe contre la « vile et barbare coutume » du tabac, prononcée par le roi britannique Jacques Ier, mettait ce thème en relief. Cet usage relevait, disait-il, des « manières barbares et bestiales des Indiens sauvages, impies et serviles » ; ce n'était pas une habitude qu'un Anglais se devait d'imiter. Les indigènes étaient « les esclaves des Espagnols, les rebuts du monde et en tant que tels, étrangers à la sainte Alliance de Dieu » – trois arguments, autant de coups portés contre le tabac, aux yeux du roi en tout cas. Mais ces critiques ne touchèrent guère les esprits de ses contemporains. Le grand historien élisabéthain William Camden avait beau déplorer que les Anglais aient « dégénéré en prenant la nature des Barbares, car ils sont enchantés, et pensent pouvoir être guéris par les mêmes choses que celles qu'emploient les Barbares », force lui fut d'admettre en 1615 qu'« en peu de temps, bien des hommes en tout lieu, certains par dévergondage, d'autres par souci de leur santé, avec un désir et une avidité insatiables, en ont aspiré la fumée puante à travers une pipe de terre ». Contrairement à Camden ou au roi, les gens du commun ne se souciaient pas de savoir qui était à l'origine de cette pratique.

L'histoire de l'arrivée du tabac en Europe a été essentiellement racontée du point de vue de l'élite. Cette chronique s'ouvre généralement sur la figure du médecin Rembert Dodoens, qui publia à Anvers en 1553 un herbier populaire en latin (une édition hollandaise parut l'année suivante, et une édition allemande un an après). L'herbier de Dodoens contient la première description botanique du tabac figurant dans un texte médical. C'est le premier témoignage écrit attestant que la connaissance de l'existence du tabac, et peut-être même la plante elle-même, était arrivée jusqu'aux Pays-Bas. Ne sachant quel nom donner à ce végétal, Dodoens emprunta celui d'une plante aux propriétés narcotiques qui lui était déjà familière, la jusquiame noire. Cette herbacée possède des fleurs jaunes striées de violet qui ressemblent à celles du tabac, et en prit donc le nom, provisoirement. Rendons-nous à présent au Portugal trois ans plus tard. Damião de Goes s'y vante par écrit que son parent Luis ait été le premier à essayer d'importer cette plante du Brésil en Europe. Damião ne précise pas la date de cet acte historique, mais dans la mesure où Luis entra par la suite chez les Jésuites et partit pour l'Inde en 1553, l'année même où Dodoens publia son herbier, il rapporta forcément le tabac d'outre-Atlantique avant cette date. L'écart temporel entre la connaissance de l'existence de la plante et son observation directe se referme donc. Goes nous apprend qu'il cultiva cette plante dans son jardin à Lisbonne, et s'il la cultiva, il est à parier qu'il en fuma.

Du Portugal, le tabac passa en France par le même intermédiaire. Damião de Goes donna en effet à Jean Nicot des graines de son jardin, et Nicot les rapporta en France pour les semer dans le sien. Cela se passa sans doute avant 1559, date à laquelle Nicot fut nommé ambassadeur de France au Portugal. Nicot se targua ensuite d'avoir introduit le tabac en France, mais un autre Français, André Thevet, fut le premier à offrir du tabac brésilien à la reine de France, Catherine de Médicis, en 1556. Thevet le baptisa *herbe de la royne* en son honneur, un nom qui passa un temps en anglais sous la forme de *the queen's weed.* Mais cette appellation fut bientôt éclipsée par d'autres. Nicot réussit en un sens à donner son propre nom à ce végétal, car le nom du tabac dans la classification de Linné est Nicotina (origine du mot que nous employons aujourd'hui pour désigner le composé azoté contenu dans le tabac et qui est responsable du phénomène de dépendance, la nicotine).

L'histoire de la transculturation du tabac en Europe se présente sous un jour un peu différent quand on la raconte du point de vue des petites gens. Si Dodoens fit figurer cette plante dans son herbier, c'était forcément parce que quelqu'un lui en avait montré – quelqu'un qui en avait rapporté des Amériques ou s'en était procuré auprès d'un autre voyageur. Dans la mesure où, dans les années 1550, Anvers était le port le plus actif du Nord de l'Europe (Amsterdam ne l'éclipserait qu'au siècle suivant) et accueillait jusqu'à cinq cents bateaux par jour, on peut penser que c'est sur les quais d'Anvers que ce voyageur débarqua avec cette plante dans ses bagages. La chaîne de la connaissance s'achève dans l'herbier de Dodoens, mais elle prit probablement son départ parmi ceux qui fumaient concrètement cette plante : les marins. Un marin ne l'aurait jamais appelée « herbe de la reine » ni « jusquiame ». Il aurait employé la dénomination courante parmi les Amérindiens, « petum » – que nous retrouvons dans le nom d'un proche parent du tabac, le pétunia[1]. Mais pourquoi accorder à Anvers la préséance, alors que les premiers navires à traverser l'Atlantique regagnaient des ports portugais et espagnols ? Une source suggère que le tabac arriva au Portugal par ce biais dès 1548, vingt ans avant que Damião de Goes n'en fasse état, toujours dans les poches de marins probablement. Les premiers Européens qui se mirent à fumer étaient donc des marins, des soldats et des prêtres. Les aristocrates et autres gentilshommes ne le trouvèrent à leur goût et n'en adoptèrent l'usage qu'ultérieurement.

L'herboriste espagnol Juan de Cárdenas s'intéressait aux propriétés médicinales du tabac, qu'il inclut dans son étude sur les pratiques médicales indigènes publiée au Mexique en 1591. Cárdenas reconnaît qu'il a classé cette plante dans la pharmacologie en fonction de l'usage qu'en faisaient les soldats espagnols au Mexique, qui s'en servaient pour lutter contre le froid, la faim et la soif – exactement comme les soldats du gouverneur général sur la frontière septentrionale de la Chine en 1642. Les Européens venus dans les Amériques avaient appris que telle était la propriété du tabac par les indigènes qui leur affirmèrent, comme ils le déclarèrent à Jacques Cartier dans les années 1530, que fumer leur permettait de rester en bonne santé et de se réchauffer. Le tabac était donc plus qu'une pratique barbare. Il était bon pour la santé. Comme l'explique un commentateur anglais en 1593, ce furent les propriétés médicinales du tabac qui le rendirent particulièrement attrayant, surtout pour les Anglais souffrant de l'humidité et de rhumatismes. Le tabac, note-t-il, a été « largement adopté et utilisé en Angleterre, et non sans effet, contre les rhumes et d'autres maladies engendrées dans les poumons et les parties internes ». On ne se contentait pas de le fumer, on l'utilisait aussi sous forme de pommade, en applications locales. Dans son herbier de 1597, l'herboriste anglais John Gerard note avec plus de précision que cette herbe, « préparée en onguent ou en baume, a des effets sur tous les apostèmes [abcès], tumeurs, ulcères incurables, enflures et tous maux du même genre ». Un apothicaire anglais en prescrivait dès 1597.

Les usages médicaux du tabac furent une source de profits pour les apothicaires. Comme le reconnaît gaiement John Gerard, il employait le tabac pour traiter « toutes les coupures et blessures à la tête, ce qui m'a valu à la fois couronnes et prestige ». Les autres sphères du commerce du tabac rapportaient encore plus gros. Au tournant du siècle, à l'époque où le tabac de Virginie était encore une nouveauté en Angleterre, on disait que les fumeurs étaient prêts à le payer son poids en argent. Et quand les consommateurs sont disposés à verser des sommes colossales pour se procurer quelque chose, les États s'empressent de prélever des droits tout aussi colossaux dès que ce quelque chose franchit la frontière. Le roi Jacques Ier pouvait bien dénigrer cette coutume barbare, le jour où la Virginia Company, qui importait du tabac de la colonie anglaise du même nom, l'invita à prélever sur le tabac un droit d'importation d'un montant qui lui parut acceptable, il ne se fit pas prier. Ses critiques du tabac tenaient apparemment autant aux pertes de revenus dues aux contrebandiers qu'à ses effets pernicieux sur la population.

Le montant élevé des prix et des droits dc douane encouragea évidemment les contrebandiers et les agriculteurs à se lancer dans cette entreprise – comme nous l'avons relevé à Pékin. Les fermiers hollandais commencèrent à cultiver du tabac pour remplacer les articles d'importation vers 1610, faisant rapidement des Pays-Bas le plus grand producteur de tabac d'Europe. Les cultivateurs anglais suivirent leur exemple, mais ni les uns ni les autres ne purent rivaliser avec la qualité du tabac de Virginie. Le tabac local étant beaucoup moins cher que le tabac d'importation, et étant en outre exempté de droits de douane, la solution commerciale fut le frelatage : mélanger la production locale et la production d'importation et feindre de vendre exclusivement la qualité supérieure. Les marchands hollandais utilisèrent cette technique dans les années 1630 pour concurrencer le commerce anglais du tabac dans la Baltique. Une autre méthode consistait à faire infuser du tabac importé de Virginie, et à plonger du tabac local dans ce brouet pour en améliorer la qualité, mais les résultats n'étaient pas très bons. Néanmoins, plaisir et profit inspirèrent toutes sortes de stratagèmes – de la contrebande à la publicité mensongère – qui contribuèrent à répandre l'usage du tabac parmi les Européens au cours de ces premières années.

La solution la plus profitable à long terme consistait à contrôler à la fois l'approvisionnement et la qualité à la source. Pour ce faire, les Européens écartèrent les producteurs indigènes dans les Amériques, et créèrent leurs propres plantations de tabac. Celui-ci serait désormais cultivé par des planteurs anglais, et les profits du commerce resteraient entre des mains anglaises. Dans les années 1610, la demande de tabac avait atteint une telle ampleur que la colonisation n'apparaissait plus comme une entreprise simplement spéculative, mais financièrement raisonnable. De même que les peaux de castor financèrent l'exploration française plus au nord, le tabac donna aux Anglais les moyens d'aller s'installer en Virginie et d'exproprier les populations autochtones de leurs terres.

Une autre évolution fut nécessaire pour que le tabac devienne une culture commerciale. Les cultivateurs de tabac découvrirent qu'il leur fallait plus de main-d'œuvre que leurs propres familles n'en pouvaient fournir. Bien que les Jésuites aient remporté quelques succès en faisant travailler des Indiens dans les plantations de tabac d'Amérique du Sud, la plupart de ceux-ci n'avaient pas envie d'y travailler. Même si on les y contraignait, ils profitaient de la nuit pour s'enfuir. La solution fut d'employer des gens qui n'avaient pas d'autre choix que le labeur qu'on leur imposait – les esclaves. Toujours avisés dès qu'il s'agissait de faire des affaires, les Hollandais prirent la tête de ce mouvement. À partir des années 1630, une autre corporation sous mandat de l'État, la Compagnie des Indes occidentales ou Westindische Compagnie – la WIC, pour la distinguer de la VOC –, s'implanta solidement de part et d'autre de l'Atlantique Sud, achetant des esclaves en Afrique pour les revendre aux propriétaires de plantations de tabac dans les Caraïbes et au Brésil. La WIC perdit la plupart de ces colonies dans les années 1640 lorsque d'autres négociants se mirent sur les rangs, mais pendant le dernier quart du XVIIe siècle, elle envoyait trois ou quatre négriers par an vers les Caraïbes, sans compter les navires qui assuraient la liaison avec l'Amérique du Sud.

Ces nouvelles méthodes de travail furent à l'origine d'un système commercial encore inédit. La culture du tabac (et du sucre) pouvait faire des Amériques une source de profits, tandis que l'Afrique fournissait la main-d'œuvre nécessaire aux plantations américaines et que l'argent sud-américain payait les marchandises envoyées depuis l'Europe et les Amériques vers l'Asie. Ensemble, ces trois produits de base de l'époque – l'argent, le tabac et les esclaves destinés à travailler dans les mines du premier et à récolter le second – jetèrent les fondements de la colonisation à long terme des Amériques. Ce type d'arrangement transnational, qui intégra progressivement d'autres produits encore, fut le modèle qui permit à l'Europe de dominer une grande partie du globe durant les trois siècles suivants.

L'envergure planétaire du tabac n'échappa pas aux contemporains. Dans sa satire des jeunes prétentieux à la mode publiée en 1609, le dramaturge anglais Thomas Dekker adressait cette prière au tabac : « Fais de moi ton héritier adoptif, pour que, héritant les vertus de tes bouffées, je puisse les distribuer parmi toutes les nations. » Les amateurs britanniques de tabac ne demandaient qu'à voir tout le monde fumer, tant que le tabac rendait « le superbe Anglais (au-dessus de tous les autres) plus habile dans l'art de rouler une feuille de Trinidado en *pudding* que le Nègre aux dents les plus blanches de toute l'Asie [2] ».

Que le monde devienne une confrérie de fumeurs,
pourvu que les Anglais jouissent du titre prestigieux
de plus grands connaisseurs en tabac et soient les
uniques bénéficiaires de ses qualités d'inspiration.

Dekker n'avait pas tort de supposer que le tabac ne tarderait pas à se répandre « parmi toutes les nations », principalement en Asie. Cette prophétie arrivait un peu trop tôt pour qu'il puisse savoir que la Chine deviendrait la plus grande nation de fumeurs et que les Chinois chercheraient avec plus d'enthousiasme encore que les Anglais à devenir les « héritiers adoptifs » du tabac. Il ne fallut pas longtemps pour qu'une pratique que les Anglais considéraient comme une vertu modérée quand il s'agissait d'eux-mêmes apparaisse comme un vice immodéré quand les Chinois l'adoptèrent. Une Anglaise qui se rendit en Chine au XIXe siècle se sentait parfaitement en droit de critiquer cette passion des Chinois en déclarant qu'ils aimaient le tabac « autant que les Turcs ». Ce n'était pas un compliment. On pouvait fumer, bien sûr, mais il ne fallait pas se livrer aux excès des Turcs ni des Chinois.

Le tabac arriva en Chine par trois routes : une route portugaise en direction de l'est, allant du Brésil à Macao, une route espagnole en direction de l'ouest, allant du Mexique à Manille, et une troisième route qui rejoignait Pékin en effectuant toute une série de bonds autour de l'Asie orientale. La première et la deuxième route se mirent en place à peu près en même temps, le tabac convergeant vers Macao et Manille et poursuivant son voyage jusqu'en Chine depuis ces ports de commerce : de Macao vers la province du Guangdong, de Manille vers la province du Fujian, plus haut sur la côte. L'habitude était certainement bien ancrée dans le premier quart du XVIIe siècle ; en effet, lorsque Adriano de Las Cortes, le chroniqueur du naufrage de la *Guía* en 1625, accosta à proximité du point de jonction entre ces provinces, il découvrit que les Chinois fumaient. Las Cortes fit cette constatation à la fin de sa première journée d'otage. Il était assoiffé et indiqua par gestes qu'il souhaitait boire. Ses gardiens comprirent ce qu'il voulait et lui tendirent un bol d'eau bouillante, que les Chinois tenaient pour plus salubre que l'eau froide. Las Cortes n'avait pas l'habitude de boire de l'eau chaude et poursuivit son manège, espérant qu'on lui servirait de l'eau froide. « Ils pensèrent que je demandais en fait autre chose, raconte-t-il, et les voilà qui m'apportent du tabac à fumer. » Las Cortes voulait à boire, et de toute façon, sa qualité de jésuite lui interdisait de fumer. Il chercha encore à se faire comprendre, provoquant les rires des Chinois. Enfin, l'énigme fut résolue et on lui apporta une nouvelle tasse, qui contenait cette fois ce qu'il décrit comme « de l'eau chaude cuite avec l'herbe *cha* ». C'était la première fois que Las Cortes voyait du thé. Celui-ci n'avait pas encore effectué sa transculturation dans la société européenne, mais, en 1635, le tabac était lui d'usage courant sur le littoral chinois.

Des deux provinces du Guangdong et du Fujian, ce fut le Fujian qui se fit la réputation de patrie chinoise du tabac. Il arriva sur des navires chinois en provenance de Manille dans plusieurs ports, dont le plus important était Yuegang (le port de la Lune), qui desservait la ville préfectorale de Zhangzhou à l'extrémité sud de la côte du Fujian. Fang Yizhi, un brillant lettré du XVIIe siècle fasciné par le monde extérieur, date son apparition au Fujian des années 1610 – quelque trente ans avant que Fang ne s'introduise au Fujian, déguisé en marchand ambulant de drogues, pour échapper aux armées mandchoues qui envahirent le Sud de la Chine en 1645. Fang cite la famille Ma, de Zhangzhou, parmi les plus grands producteurs de tabac. De toute évidence, ils avaient connu un beau succès avec ce nouveau produit qui se répandait comme une traînée de poudre. « Il s'est diffusé progressivement à l'intérieur de toutes nos frontières, si bien que tout le monde porte à présent une longue pipe et avale la fumée après l'avoir allumée avec du feu. Certains sont devenus des ivrognes fanatiques. »

Fang désigne le tabac par le nom de *danrouguo*, « le fruit charnu de la plante *danbagu* ». C'était ainsi que les Chinois des Philippines appelaient le tabac, *danbagu*. Ils avaient forgé ce mot à partir d'une translittération grossière de l'espagnol *tabaco*, que les Espagnols avaient eux-mêmes transposé du terme antillais désignant le roseau creux dans lequel les Indiens des Caraïbes émiettaient des feuilles de tabac pour les fumer. *Danbagu* était un mot aux consonances étrangères et bizarres ; les Chinois adaptèrent donc leur propre mot désignant la « fumée » *(yan)* pour inventer l'expression *chi yan*, « manger la fumée ». Un auteur chinois de la fin du XVIIe siècle soupçonnait que c'étaient les Japonais qui avaient forgé le terme de *yan* (prononcé *en* en japonais) pour décrire le fait de fumer. L'hypothèse est plausible, car le Japon est l'une des étapes de la troisième route du tabac vers la Chine. Néanmoins, le mot japonais *en* ayant été initialement emprunté au chinois, il est presque impossible de reconstituer sa circulation entre ces deux cultures, qui continuent toutes deux à l'utiliser[3].

Les intellectuels chinois s'interrogeaient sur l'origine exacte du tabac. Certains le croyaient natif des Philippines, car c'était de là qu'il était arrivé au Fujian. D'autres soupçonnaient que les habitants des Philippines « avaient obtenu leurs graines du Grand Océan occidental », un terme vague désignant les contrées lointaines d'où venaient les Européens. Les milliers d'habitants du Fujian qui faisaient du commerce avec les Espagnols à Manille savaient que ces derniers traversaient l'océan Pacifique depuis un lieu appelé Yameilijia (Amérique). Peut-être avaient-ils même appris que c'était de là qu'ils apportaient les graines de tabac. Mais ce n'étaient pas des gens qui tenaient des journaux intimes et publiaient des essais. S'agissant d'informations sur le tabac, le gouffre entre l'intelligentsia et le petit peuple était aussi large dans la Chine du XVIIe siècle qu'en Europe.

Depuis le Fujian, la pratique du tabac se diffusa vers l'intérieur et le long de la côte. La plante arriva à Shanghai dans les années 1630, selon Ye Mengzhu, un chroniqueur à l'œil acéré qui écrivait à la fin du siècle. « Le tabac vient à l'origine du Fujian », commence Ye, sans se demander d'où il y était arrivé en premier lieu. « Quand j'étais petit, j'entendais mes grands-pères dire qu'il y avait du tabac au Fujian et que si vous le fumiez, il vous enivrait, raison pour laquelle on l'appelait "vin sec". Il n'y en avait pas dans notre région. » Il explique ensuite que, vers la fin des années 1630, un homme nommé Peng en sema à Shanghai. « Je ne sais pas d'où il avait obtenu les graines, mais il les a semées ici, il a cueilli les feuilles, les a fait sécher à l'ombre et les a fait découper en lanières par des ouvriers. Puis il les a données à des marchands itinérants pour les vendre ailleurs. Les gens d'ici n'osaient pas y goûter. » L'interdiction de la culture du tabac promulguée à Pékin en 1639 s'appliquait également à Shanghai. Ye rapporte que, selon ce décret, « seuls les bandits en consomment pour se protéger du froid et de l'humidité, si bien que les gens n'avaient pas le droit de le cultiver et les marchands pas le droit de le vendre. Tous ceux qui enfreignent cette loi seraient punis par analogie avec la loi interdisant de faire du commerce avec des étrangers ». Cette prohibition ne resta pas lettre morte à Shanghai. Peng fut le premier à être dénoncé, ce qui dissuada tous les autres de cultiver cette plante – pas pour très longtemps, toutefois. Quelques années plus tard, tous les soldats fumaient du tabac, rapporte Ye, et, très rapidement, des colporteurs avaient recommencé à en vendre à travers tout le royaume. C'était une source de profit pour les cultivateurs, mais le coton restait tout de même la première culture commerciale de Shanghai. « On en cultive très peu par ici », observe Ye à la fin de sa note.

Les deux premiers itinéraires étaient Macao-Guangdong et Manille-Fujian, mais le tabac emprunta une troisième voie pour pénétrer en Chine – un trajet qui représentait en fait un prolongement des deux premiers, en plus compliqué. Partant de Macao, cette route se divisait en quatre étapes. La première allait de Macao au port de Nagasaki, à l'extrême sud du Japon. Des marchands portugais en partance de Macao y apportèrent du tabac, et les Japonais en furent enchantés. Richard Cocks, qui y dirigea un éphémère comptoir commercial anglais, fut ébahi par cette frénésie nouvelle. « Il est étrange, observe Cocks dans son journal, de voir à quel point ces Japonais, hommes, femmes et enfants, sont entichés de cette herbe à boire ; cela fait pourtant moins de dix ans que l'usage s'en est introduit. » Dans sa notice du 7 août 1615, il relève que le seigneur local avait interdit de fumer du tabac et ordonné qu'on arrache tous les plants, sans effet. Le tabac avait accompli sans effort son passage dans la culture japonaise. Aucune interdiction officielle ne pouvait plus l'arrêter.

Le commentaire de Cocks précisant que cela faisait « moins de dix ans que l'usage s'en est introduit » nous permet de dater l'arrivée du tabac au Japon autour de 1605. De là, il franchit une nouvelle étape vers la Corée. Le transfert fut immédiat à en juger par la remarque d'un Hollandais qui y fit naufrage en 1653. Alors qu'il s'étonnait de voir la population locale fumer, ses hôtes lui expliquèrent que cela faisait déjà un demi-siècle qu'ils fumaient le *nampankoy,* la « plante des namban » (*namban*, « barbare du Sud », était le nom que les Japonais donnaient aux Portugais). La troisième étape conduisit le tabac de Corée en Mandchourie. Les Mandchous devinrent rapidement des fumeurs acharnés, au point qu'au XIXe siècle, un missionnaire supposait que c'était un des « usages » que les Mandchous avaient imposés aux Chinois. Hongtaiji, le khan qui régna sur les Mandchous au cours des décennies précédant la conquête de la Chine, regrettait que cette habitude se soit répandue parmi ses hommes. En 1635, quand il découvrit que ses soldats vendaient leurs armes pour s'acheter du tabac, il leur interdit de fumer.

Hongtaiji ne fut pas le seul dirigeant du monde à s'inquiéter des conséquences économiques de cette pratique, et l'inefficacité des mesures qu'il prit n'eut rien d'exceptionnel non plus. Deux ans plus tôt, le sultan Mourad IV proscrivit la production, la vente et la consommation de tabac (ainsi que de café) dans tout l'Empire ottoman, et durcit des prescriptions antérieures en transformant ces délits en crimes capitaux, mais ces dispositions demeurèrent sans effet sur ses soldats. Un an plus tôt, Christian IV de Danemark avait interdit que l'on apporte du tabac en Norvège, persuadé qu'il était nocif pour ceux de ses sujets qui y vivaient ; onze ans plus tard, il annula cette prohibition, car elle était inapplicable. Hongtaiji en avait déjà fait autant deux ans auparavant. Mourad n'abrogea jamais son ordre, mais sa mort en 1640 signifie que cette interdiction n'était plus en vigueur dans l'Empire ottoman, avant même d'être officiellement levée en Norvège et en Mandchourie.

La dernière étape de cette troisième route conduisit le tabac de Mandchourie au nord de la Chine et plus particulièrement à Pékin. Il y était appelé l'« herbe du Sud », bien que son entrée par la frontière du Nord-Est ait incité certains Chinois à le croire originaire de Corée. En 1637, les deux variétés de tabac qui atteignaient les prix les plus élevés à Pékin étaient ceux du Fujian et de Mandchourie. C'est ici que Yang Shicong reprend le fil – et l'association avec les syrrhaptes, qui le conduit à supposer que le tabac est directement lié à la menace mandchoue sur la frontière. Cette troisième route se présente ainsi comme un enchaînement de relations imprévisibles : l'empire mondial des Portugais qui s'étendait, par Goa, du Brésil à l'Inde et jusqu'au Japon ; le réseau commercial régional japonais en direction de la Corée ; le circuit d'échanges à l'intérieur de la péninsule coréenne qui transportait des marchandises jusqu'en Mandchourie ; et, enfin, le commerce transfrontalier entre la Mandchourie et la Chine qui permit aux Mandchous, grâce au commerce remarquablement lucratif de cet article et d'autres, comme l'or et le ginseng, de financer leur conquête ultime de la Chine en 1644.

Nous avons observé que les Européens du XVIe siècle avaient cherché à donner une signification au tabac. Les auteurs chinois du XVIIe siècle s'efforcèrent également de mieux comprendre ce produit fondamentalement nouveau et étranger.

Prenons Yao Lü, un écrivain obscur dont *Le Livre de la Rosée* est aujourd'hui extrêmement rare. Dans la première moitié de son ouvrage, Yao note ses réflexions sur des questions anciennes ; dans la seconde, il médite sur des phénomènes récents, et c'est là que nous trouvons ses commentaires sur le *danbagu*. Supposant que son lecteur ignore tout de l'art de fumer, Yao lui donne l'explication suivante : « Vous utilisez du feu pour en faire brûler une pleine coupe, puis vous approchez la pipe de votre bouche. La fumée passe par le tuyau et descend dans votre gorge. » Il compare les effets de l'inhalation de fumée à ceux de l'ivresse, et rappelle l'autre nom du *danbagu*, « l'enivreur en lambeaux dorés ». Il indique que le tabac est originaire de Luçon et qu'il arrive par Yuegang, le port de Zhangzhou. De fait, il note que les fermiers de cette localité l'ont acclimaté avec un tel succès qu'« il y en a plus ici maintenant qu'à Luçon, alors ils l'expédient dans ce pays pour le vendre ». Mais les fumeurs avisés estimaient que le tabac local ne pouvait pas rivaliser avec celui de Luçon – de même que les Philippins considéraient que leur production était inférieure à la marchandise américaine et que les Anglais jugeaient leur tabac plus faible que celui de Virginie. À l'intérieur de la Chine, le tabac du Fujian passait pour le meilleur. « Les gens de la vallée du Yangzi et de l'intérieur du Hunan en plantent, relate un autre écrivain chinois, mais leur tabac n'a pas la nuance jaune ni la finesse de la feuille de celui qu'on cultive au Fujian. » Cela n'empêchait pas ce tabac de second choix de trouver, lui aussi, des débouchés.

L'idée qu'un produit aussi merveilleux puisse être d'origine étrangère ne plaisait pas à tous les intellectuels chinois. Certains préféraient penser que le tabac avait toujours existé dans leur pays. Ils parcoururent donc les volumineuses archives du passé – la mine de bon sens de leur culture – dans l'espoir de pouvoir établir qu'en définitive, le tabac était bel et bien chinois. Le peintre poète Wu Weiye, par exemple, se refusait à admettre qu'« on n'ait pas entendu parler de la plante à fumer dans les temps anciens ». Il finit par dénicher dans l'histoire officielle de la dynastie Tang une expression à propos d'un « feu sacré » et prétendit prouver ainsi que les Chinois fumaient dès le IXe siècle. En se mettant à fumer au XVIIe siècle, ils n'avaient fait que ressusciter un usage ancien. Ce n'était pas vrai, évidemment, mais c'est ainsi que Wu s'accommodait de l'origine étrangère du tabac – il niait la réalité de la transculturation en se persuadant que cette pratique était déjà parfaitement et intégralement chinoise.

Beaucoup de ceux qui cherchaient à découvrir une niche culturelle légitime au tabac en Chine affirmèrent précocement qu'il pouvait trouver place dans la médecine chinoise. Cette herbe était capable, après tout, d'exercer de puissants effets sur l'organisme, alors pourquoi ne pas la greffer sur le système de botanique médicale existant ? Yao Lü, par exemple, pensait que le tabac pouvait « faire obstacle aux vapeurs paludiques ». Il rapporta aussi que si on concassait ses feuilles pour en faire une pâte et qu'on s'en frottait le crâne, on pouvait se débarrasser des poux. Fang Yizhi reconnaissait les propriétés pharmaceutiques du tabac, mais craignait que sa capacité d'assèchement fût trop violente pour que son emploi fût dénué de risque. « On peut l'utiliser pour dissiper l'humidité, reconnaît-il, mais un long usage échauffe les poumons. Les autres remèdes sont pour l'essentiel sans effet. Ceux qui sont atteints d'empoisonnement au tabac se mettront à vomir soudainement un liquide jaunâtre et mourront. »

La meilleure caractérisation médicale précoce du tabac nous a été livrée par Zhang Jiebin, influent médecin et écrivain médical de Hangzhou du début du XVIIe siècle. Zhang se demandait comment classer cette nouvelle plante. Il décida, à tort, de la ranger dans sa pharmacopée aux côtés de végétaux qui poussent dans des marais, mais ce fut un ajout tardif. Zhang numérote les notices de son livre et celle qu'il consacre au tabac figure entre les notices « 77 » et « 78 », sous un intitulé que nous pourrions traduire par « 77+ ». Zhang commence par décrire le goût et les propriétés du tabac. Puis il passe en revue les maux qu'il est capable de traiter et dans quelles situations il convient de l'éviter. Il renvoie alors à sa notice sur la noix de bétel. Il note que les deux plantes entraînent un phénomène d'accoutumance, surtout parmi les gens du Sud, mais que la noix de bétel est plus douce et plus efficace contre les problèmes digestifs.

Zhang reconnaît avoir goûté au tabac, comme tout bon chercheur se doit de le faire. Mais il n'en devint pas grand amateur. Il trouvait son goût âcre et la sensation produite par quelques bouffées, qu'il décrit comme une sorte d'ébriété, peu plaisante. Ses effets, disait-il, mettent longtemps à se dissiper. À ceux qui souhaitaient se débarrasser de cette sensation, Zhang recommandait l'absorption d'eau ou de sucre raffiné. Il s'agissait des substances yin les plus puissantes, susceptibles de contrebalancer le yang quasi pur du tabac. À faibles doses, Zhang admet que le yang du tabac peut aider le corps à expulser le flegme, qu'il décongestionne, réchauffe les organes internes et accélère la circulation. Une trop forte dose de cette drogue, cependant, faisait plus de mal que de bien – il est vrai que sur ce point, le tabac ne se distinguait pas des autres plantes médicinales.

Le tabac finit par se défaire des explications pharmacologiques et botaniques fantaisistes qui lui étaient attachées et des sinistres prédictions de vomissements jaunâtres. Après que l'interdiction fut devenue lettre morte, surtout, tout le monde en Chine se mit à fumer. Dong Han, un essayiste de Shanghai qui écrivait à la fin du XVIIe siècle, s'interroge sur ce phénomène. Il commence par noter qu'en dehors de la province du Fujian, avant les années 1640, seulement 1 % à 2 % de la population fumait. Mais cette habitude s'était répandue ensuite dans tout le delta du Yangzi ; elle s'était imposée dans les villes puis, de là, dans les villages, d'abord parmi les hommes, puis parmi les femmes. De son propre temps, la bienséance exigeait que l'on offre de quoi fumer à ses invités. Dong n'a pas d'explication à proposer sur cette situation, pas plus que sur les raisons qui l'ont poussé à devenir lui-même fumeur. Il ne peut que hausser les épaules et dire : « Il est vraiment impossible de savoir pourquoi les gens changent leurs habitudes. »

D'autres auteurs se livrent à des observations similaires sur la diffusion rapide du tabac à toutes les classes, à tous les âges et aux deux sexes. Comme le dit un pharmacologiste : « Parmi ceux qui à travers tout le royaume aiment fumer, il n'y a aucune distinction entre élevé et humble, ni entre homme et femme. » Même les jeunes, surtout originaires du Fujian, contractèrent cette habitude. Les visiteurs européens qui se rendaient en Chine au XIXe siècle étaient surpris de voir des fillettes de huit ou neuf ans porter des pipes et du tabac dans leurs poches et leurs sacs. Si elles ne fumaient pas encore, elles copiaient déjà la panoplie des adultes.

Les femmes de la haute société, notamment, étaient des fumeuses enragées. Nous pouvons nous faire une image des pratiques immodérées des élégantes grâce à une curieuse observation d'un écrivain du XVIIIe siècle, qui évoque les coutumes de l'élite de Suzhou, centre commercial et culturel animé du delta du Yangzi. Apparemment, les grandes dames de Suzhou ne cessaient de fumer du lever jusqu'au coucher. En raison des nombreuses mondanités qui occupaient leur emploi du temps, cette manie pesait sur l'organisation de toute leur journée, et plus particulièrement de leurs matinées. Cet auteur explique qu'il n'était pas question pour ces élégantes de se lever avant d'avoir fumé plusieurs pipes de tabac. Comme cet usage retardait le moment de la coiffure et du maquillage, deux tâches laborieuses mais indispensables avant toute apparition en public, elles ordonnaient à leurs servantes de les coiffer alors qu'elles dormaient encore. Elles pouvaient ainsi prendre le temps de fumer avant de sortir du lit. On a peine à imaginer la scène.

Les Chinoises fumaient peut-être avec autant d'acharnement que les hommes, mais on était convaincu que l'organisme féminin était très différent de l'organisme masculin. Le tabac n'exerçait donc pas les mêmes effets sur les uns et sur les autres, en raison de leurs différences physiologiques. Relevant du principe yang, les hommes étaient plus à même de résister à la chaleur de la fumée. Le yang de leur corps contrebalançait celui du tabac. Les femmes, appartenant à la catégorie du yin, leur constitution humide risquait de souffrir de l'effet d'échauffement d'un yang aussi puissant. Il fallait donc qu'elles se protègent de l'excès naturel de yang lié au tabac. Le problème n'était pas strictement lié au sexe, car les médecins donnaient le même conseil aux hommes âgés, dont le yang naturel était faible. Pour réduire le yang de la fumée de tabac, il convenait d'utiliser des pipes à tuyau plus long. Comme les premières pipes d'Europe, la pipe chinoise était une imitation de celle des Amérindiens, mais le tuyau des pipes chinoises s'allongea de plus en plus, au point que les pipes de femmes devinrent presque impossibles à manipuler. Une poétesse du XVIIIe siècle, que l'on connaît uniquement sous le nom d'Épouse de Maître Li, plaisante sur l'incommodité de fumer une pipe de ce genre dans son cabinet de toilette :

La longue tige d'une pipe de tabac
Est trop grande pour être posée sur ma coiffeuse
Quand je la soulève, elle déchire le papier de la fenêtre –
J'accroche les rayons de la lune, je les attire à l'intérieur.

Une autre manière d'atténuer la chaleur du tabac était de refroidir la fumée en lui faisant traverser la plus *yin* des substances, l'eau – d'où l'attrait de la pipe à eau, ou houka. Contrairement aux usages du monde ottoman qui en fut l'inventeur, en Chine, la pipe à eau était réservée aux femmes. De fait, posséder une pipe à eau de belle facture était la marque d'une femme élégante. Au XIXe siècle, aucune femme chic n'aurait daigné se servir d'une pipe à tuyau ordinaire. Ces pipes-là convenaient aux hommes et aux classes inférieures. On retrouve le même phénomène de mode au début du XXe siècle, à l'arrivée des cigarettes industrielles qui menèrent une longue bataille contre les pipes. Un homme pouvait fumer la cigarette, mais c'était trop osé pour une femme. Et pourtant, dans les années 1920, une citadine raffinée aurait préféré mourir plutôt que d'être vue avec une pipe. C'était bon pour les vieilles villageoises.

Si les femmes adaptèrent l'usage du tabac à leur mode de vie, les hommes en firent autant. Les messieurs étaient particulièrement soucieux de satisfaire, en l'occurrence, aux exigences d'une existence élégante et mondaine. Comme ils ne pouvaient plus se passer du tabac, il fallait que cette habitude s'inscrive dans ce qui distinguait un gentilhomme d'un homme du commun. Le problème était que tout le monde fumait déjà, ce qui compliquait les choses. Mais on élabora peu à peu un code de conduite qui permettait de prêter à cette pratique un évident vernis de raffinement. Pour commencer, il convenait d'acheter les variétés de tabac les plus coûteuses, car le prix était censé faire la différence entre connaisseur et simple consommateur. Mais ce n'était pas une barrière suffisante entre l'élite et le commun des mortels ; il suffisait en effet d'avoir de l'argent, même si l'on manquait de goût, pour pouvoir ainsi accéder au cercle enchanté. Cette activité devait donc s'entourer de rituels propres à différencier le gentilhomme élégant du riche butor. Il fallait que les gentilshommes s'adonnent au plaisir du tabac autrement que les autres.

Une façon d'affirmer la singularité de leur goût pour le tabac était de présenter l'envie irrépressible de fumer comme la marque de l'authentique gentilhomme. Les élégants, déclarait un commentateur de l'élite, « ne peuvent s'en passer aussi brièvement que ce soit, et jusqu'à la fin de leur vie, ils ne s'en lassent jamais ». On ne tenait donc pas la dépendance, comme nous le faisons aujourd'hui, pour une défaillance physique, mais pour la marque d'un esprit passionné. Un gentilhomme ne fumait pas seulement parce qu'il aimait ça ; tout le monde aimait fumer. Il le faisait parce que sa nature sensible le transformait en *yanke*, en « invité du tabac » ou en « esclave du tabac ». L'homme raffiné voyait dans le désir de fumer une compulsion estimable, un besoin dont sa nature pure ne lui permettait pas de se passer. Cela paraît une justification bien noble d'une accoutumance à la nicotine, avant même l'apparition de ce concept ; mais pour l'élite chinoise, c'était plus que cela. C'était un marqueur social profondément ancré dans les normes culturelles spécifiques de la Chine de la fin de l'empire.

Une culture élitiste du tabac se forgea autour de ce sentiment de compulsion, et les poètes furent chargés d'en faire l'éloge. Les XVIIe et XVIIIe siècles nous ont laissé plusieurs centaines de poèmes consacrés au tabac. Le célèbre poète Shen Deqian a consacré tout un cycle de poèmes à ce sujet, où il présente le tabac comme le plus raffiné des plaisirs et le plus élégant des passe-temps, échappant à l'entendement des gens ordinaires. Si ceux-ci apparaissent dans ces poèmes, c'est uniquement sous les traits de domestiques, jamais de fumeurs. Il décrit ici sa pipe d'ivoire :

J'aspire la vapeur ardente de ma pipe,
De ma poitrine, j'exhale des nuages blancs,
Le serviteur emporte les cendres,
Apporte du vin pour amplifier l'ivresse,
J'approche la flamme pour connaître le goût,
La faisant brûler dans la défense d'éléphant.

L'image de la fumée inspire au poète un parallèle avec les nuages et le royaume céleste des immortels taoïstes, et même avec le cosmos, dont l'intégralité dépasse de beaucoup l'expérience humaine ordinaire. Un autre poète associe, lui aussi, la fumée du tabac et l'invocation des âmes, comme l'encens qu'on fait brûler devant une tablette ancestrale.

Le parfum invocateur de l'âme s'élève du tabac :
Dans tout le pays, à chaque instant, on cueille la plante.
Je ris quand je pense que jadis on n'avait que des feuilles ordinaires
En regardant un monde de fumée et de nuage jaillir de toi.

Ces poèmes figurent dans une anthologie de textes de poésie et de prose intégralement consacrée au thème du tabac. Ce recueil a été compilé au XVIIIe siècle par Chen Cong, un gentilhomme oisif qui vivait juste à l'ouest de Shanghai. Chen jouissait d'une réputation locale de poète, mais il est surtout connu pour son *Manuel du tabac*. Fumer était la grande passion de sa vie, et il ne sait l'expliquer que par l'hypothèse d'affinités avec une vie passée. Il se dit qu'autrefois, il devait être un moine bouddhiste et qu'ayant « brûlé de l'encens dans une vie antérieure », il éprouve le besoin irrépressible d'inhaler des fumées brûlantes dans sa vie présente. Il reproduit dans son livre l'œuvre d'éminents poètes, comme Shen Deqian, mais inclut également des poèmes qu'il a commandés à des amis expressément pour ce volume. Dans son texte, l'un de ceux-ci décrit une visite de Chen (« mon invité qui arrive »). Naturellement, la courtoisie exige qu'il offre à fumer à son visiteur :

> La boîte de tabac est présentée nonchalamment à mon invité qui arrive,
> Un gentilhomme qui connaît depuis dix ans tous les secrets de mon cœur.
> Des fleurs poétiques jaillissent de son pinceau depuis son enfance,
> Et voilà que *Le Manuel du tabac* surgit de nos nuages de fumée.

Si Chen Cong est le chroniqueur littéraire du tabac, Lu Yao est son arbitre du goût. Son *Manuel de l'art de fumer* de 1774 livre des informations sur les pratiques en la matière, tout en constituant un guide de l'usage élégant du tabac : « À l'heure actuelle, il n'existe pas un gentilhomme qui ne fume pas, déclare Lu. Ils peuvent se passer d'alcool et de nourriture, mais ne sauraient en aucun cas vivre sans tabac. » Comme tout le monde fumait, il était indispensable que le fumeur bien élevé apprenne à ne pas le faire comme n'importe quel rustre. C'était une expression de la personnalité de chacun et il convenait de révéler de la sorte sa qualité sociale. Dans son livre, Lu cherche ainsi à faire concorder usage du tabac et élégance. Il établit à cette fin plusieurs listes de comportements plus ou moins bienséants : il précise quand il est décent de fumer et quand cette activité est à proscrire, quand le fumeur doit retenir son envie de fumer et quand il peut y céder sans choquer. Il note que « même les femmes et les enfants ont tous une pipe à la main », mais ce n'est pas à eux que ses instructions s'adressent. Elles sont destinées à ses pairs.

Lu précise un certain nombre d'occasions où il est opportun d'allumer une pipe : au réveil, après un repas, quand on reçoit un invité. Il conseille également de fumer pour stimuler la création littéraire, comme le faisaient nombre de ses contemporains. « Quand tu humidifies l'encre et que tu lèches le pinceau pour composer de la poésie, mais que tu n'arrives pas à libérer tes pensées, fredonne dans une méditation tranquille et inhale un peu de bon tabac : cela t'aidera infailliblement. » Il existait cependant certaines occasions où il fallait absolument s'abstenir de fumer : en écoutant de la musique d'instruments à cordes, par exemple, en regardant des fleurs de prunier ou en accomplissant une cérémonie rituelle. Il rappelait à ses lecteurs que fumer était tout à fait inapproprié quand on se présentait devant l'empereur. Il ne fallait pas non plus s'y livrer en faisant l'amour à une « belle femme », expression par laquelle il désignait une autre femme que son épouse.

Le livre de Lu regorge également de conseils pratiques. Ne fumez pas à cheval. Vous pouvez fourrer votre étui à tabac et votre pipe dans votre ceinture pour pouvoir fumer quand vous serez arrivé à destination – oublier d'emporter votre tabac pourrait vous placer plus tard dans une situation embarrassante –, mais ne l'allumez pas avant d'être descendu de cheval. De même, il vaut mieux ne pas allumer sa pipe quand on marche sur des feuilles mortes, ou qu'on se tient près d'une pile de vieux papier. Lu livre aussi quelques suggestions permettant de sauver la face en société. Ne fumez pas quand vous toussez et que vous expectorez du flegme ou quand votre respiration est rauque. Si vous n'arrêtez pas d'essayer d'allumer votre pipe mais qu'elle ne prend pas, rangez-la. Autrement dit, ne laissez pas votre besoin de fumer donner une mauvaise image de vous. Un dernier conseil stratégique s'adresse à l'homme accablé d'obligations mondaines. Si vous avez sur les bras un invité que vous préféreriez voir partir, ne sortez pas votre tabac. Il risquerait de s'attarder.

Chen Cong, fumeur enthousiaste de tabac,
gravure tirée de son *Manuel du tabac*, 1805.

Au XIXe siècle, cet usage élégant, cette consommation raffinée prirent inopinément un visage bien différent et tout à fait inattendu : celui de la dépendance à l'opium. Le pavot dont on tire l'opium était, comme le tabac, d'origine étrangère, mais il avait été acclimaté depuis longtemps en Chine sous forme d'un remède onéreux destiné à soulager tout un éventail d'affections, allant de la constipation et des crampes abdominales aux maux de dents et à l'asthénie. Mais on ne le fumait pas ; il était administré sous forme de pilule ou de tonique. Un rapport fait état de la livraison au palais impérial d'un volume considérable d'opium, désigné sous le nom plaisant de « médicament d'hibiscus », sous les derniers règnes de la dynastie Ming. Cette substance était utilisée pour ses propriétés médicinales, et non comme drogue euphorisante. Il est vrai que la distinction entre ces deux usages n'était pas rigoureusement tracée, puisqu'il était généralement admis que toutes les substances ingérées affectaient le bien-être du corps.

Au tournant du XVIIe siècle, les Hollandais commencèrent à introduire en Asie du Sud-Est de l'opium originaire d'Inde. Il était vendu comme euphorisant, avec des applications spécifiquement militaires. On pensait en effet que l'absorption d'opium rendait les soldats intrépides. En 1605, la VOC réussit, en lui offrant de la poudre à canon et dix livres d'opium, à convaincre le roi de Ternate, une des petites îles aux Épices qui se vantait de son immense production de clous de girofle, de nouer des relations commerciales avec elle. Ces deux produits, poudre et opium, devaient lui permettre de faire la guerre à ses rivaux. On raconte qu'au cours de la décennie suivante, au moment où les musulmans des Philippines du Sud combattirent les Espagnols, un assassin chargé de tuer le commandant espagnol avait triomphé de sa peur en absorbant de l'opium avant d'accomplir sa mission.

L'opium ne se répandit vraiment que lorsqu'on lui associa une autre substance qui augmentait le plaisir de la consommation. Cette substance n'était autre que le tabac. En faisant macérer des feuilles de tabac dans une solution extraite de la sève du pavot à opium, on obtenait une forme de tabac beaucoup plus puissante. Ce produit trafiqué, appelé *madak*, n'était apparemment pas considéré comme une drogue à part entière, mais comme un tabac particulièrement fort. Cette pratique fut inaugurée par les Chinois qui faisaient du commerce avec les Hollandais à Taiwan, où ils maintirent brièvement une base jusqu'en 1662. De là, l'usage se répandit en Chine. Chen Cong supposait qu'il avait emprunté la même route que le tabac, arrivant à Yuegang depuis Manille. En réalité, il semblerait que les responsables de sa diffusion aient été les Hollandais bien plus que les Espagnols – une nouvelle maille de notre filet d'Indra du XVIIe siècle.

L'opium et le tabac présentaient deux points communs. Ils se fumaient et avaient été introduits en Chine par des étrangers, depuis des contrées lointaines. Lu Yao et Chen Cong estimèrent, l'un comme l'autre, que c'était une raison suffisante pour qu'ils fassent figurer l'opium dans leurs manuels sur le tabac. Pourtant, à cette époque précise, l'opium commençait à ne plus se présenter sous forme de *madak*. À la fin du XVIIIe siècle, on ne fumait plus l'opium mélangé au tabac, mais seul, par petites quantités que l'on faisait brûler dans le fourneau d'une pipe inclinée, tenue audessus d'une lampe à huile, et en inhalant la fumée par le tuyau. La façon moderne de se droguer à l'opium avait été inventée.

D'après ce que Chen Cong avait pu apprendre, l'opium n'était pas une simple variété de tabac plus puissante. Il insiste sur ce point après avoir longuement cité une description anonyme de l'ivresse provoquée par l'opium, présentée comme « le royaume du bonheur parfait » : « Comment décrire les beautés de l'opium ? Son odeur est parfumée, son goût légèrement sucré, et il procure des bienfaits à l'esprit découragé et aux pensées mélancoliques. Dès que je m'allonge et prends appui sur un accoudoir pour inhaler, mon esprit revit, mes idées s'éclaircissent et ma vision s'aiguise. Puis ma cage thoracique s'élargit et mon exaltation redouble. Au bout d'un certain temps, mes os et mes tendons sont pris de lassitude et mes yeux ne demandent qu'à se fermer. À cet instant, je tapote mon oreiller et m'allonge dans une paix parfaite, sans le moindre souci. » À quoi Chen répond, sceptique : « Ah, vraiment ? » Lu Yao se montre tout aussi méfiant à l'égard de cette forme puissante de « fumée ». Il ranime même le spectre du danger mortel, que la sagesse chinoise du tabac avait écarté un siècle auparavant.

De nombreux Chinois choisirent d'accéder au « royaume du bonheur parfait » que leur promettait l'opium au XIXe siècle, lors d'une nouvelle grande vague de mondialisation, lorsque les marchands anglais apportèrent de l'opium indien en Chine pour compenser le déficit de leur balance commerciale dû à leurs achats massifs de thé. (Ils commencèrent également à créer des plantations de thé en Inde pour réduire la distance, et donc les frais de transport.) Les marchands chinois étaient disposés à assurer la vente au détail de cette substance lucrative et à en promouvoir la distribution à travers tout le pays. L'opium s'imposa ainsi dans toutes les couches de la société, comme l'avait déjà fait le tabac, entraînant une transculturation forcée, bien plus inquiétante, qui hante encore la mémoire chinoise et dont on a fait le symbole tenace des mauvais traitements infligés à la Chine par l'Occident.

Le succès de la transculturation de l'opium en Chine est illustré par un poème, qui reprend tous les tropes taoïstes habituels de la poésie du tabac pour apprivoiser cette drogue. Ce texte figure dans un opuscule intitulé *Le Recueil de condoléances*. C'est une compilation de poèmes destinés à être envoyés à l'occasion du décès d'un ami et qui sont conçus pour se prêter à différentes circonstances. Dans la dernière partie, les poèmes portent l'indication de la cause de la mort du défunt. La strophe suivante, appropriée pour un décès par surdose d'opium, montre à quel point le goût de cette substance était enraciné dans la culture qui l'avait adoptée :

> Avalant la brume de l'aube et buvant les vapeurs de la mer, il était indifférent [à la critique] ;
> Par les capsules de l'opium et par l'encens, il se prouvait immortel avant son temps.
> Peut-être a-t-il scellé ses os blancs à la pâte d'opium,
> Mais il ne sera jamais dépourvu de lampe pour éclairer les Printemps Jaunes [les Enfers].
> Avec le concours de sa pipe à opium, il n'a pas ménagé ses efforts pour comprendre son destin,
> Parmi le feu et la fumée, il a prononcé ses ultimes pensées.
> Chevauchant une grue et enfourchant le vent, où est-il allé maintenant ?
> Il n'a fait que suivre la marée de fumée pour arriver au Ciel Occidental.

L'opium a depuis longtemps perdu son aura romantique.

Et voici que la longue ère de consommation mondiale du tabac semble toucher, elle aussi, à son terme. Il faut cependant se rappeler que ce rejet est très récent. En 1924, le tabac n'avait rien de répréhensible et nul ne songeait à y renoncer.

Cette année-là, Berthold Laufer, esprit universel allemand, publia un opuscule sur l'histoire du tabac en Asie, qu'il conclut par un éloge : « De tous les dons de la nature, le tabac a été le facteur de socialisation le plus puissant, le pacificateur le plus efficace et le plus grand bienfaiteur de l'humanité. Il a uni le monde entier dans une même parenté par un lien commun. De tous les luxes, il est le plus démocratique et le plus universel ; il a largement contribué à démocratiser le monde. Le mot lui-même s'est imposé dans toutes les langues de la planète et il est compris en tout lieu. » Bien que les fumeurs se comptent encore par centaines de millions à travers le monde, nous aurions du mal aujourd'hui à approuver ces propos. Le plaisir et la santé ne cheminent plus main dans la main.

Mais au XVIIe siècle, alors que la communauté mondiale des fumeurs grandissait, personne n'hésitait à exprimer les délices que procurait la découverte des plaisirs du tabac, et ses adeptes nous ont laissé de nombreux témoignages de ce qu'ils lui devaient. L'un des plus exubérants et des plus inattendus est un ballet consacré au tabac que les habitants de Turin, en Italie, montèrent en 1650. Le premier acte s'ouvre sur un groupe de citadins vêtus de costumes d'indigènes, dansant et chantant les louanges de Dieu qui a offert à l'humanité une herbe aussi merveilleuse. Le dramaturge trouva sans doute l'idée de cette scène dans des illustrations de coutumes locales, figurant dans des ouvrages sur les Amériques, très populaires en Europe. (Ces étalages publics d'usages exotiques étaient une véritable mode, et étaient d'autant plus appréciés que l'on disposait de vrais indigènes pour les interpréter. Johann Maurits, qui utilisa la fortune amassée dans les plantations brésiliennes pour construire le palais de La Haye abritant aujourd'hui le musée du Mauritshuis, inscrivit au programme des cérémonies d'inauguration une danse de onze Indiens brésiliens, qui se produisirent sur la place pavée située devant cette résidence.) Au second acte du ballet du tabac, un autre groupe de citadins entre en scène. Ils sont vêtus de costumes du monde entier et l'on peut supposer que cette pantomime comprenait un acteur en tenue chinoise. Un Chinois qui fumait était représenté sur le plat de Van Meerten, et il est probable que le ballet turinois en comprenait un, lui aussi. Le spectacle s'achève sur l'image des représentants de toutes les cultures du monde se dirigeant ensemble vers une École de l'art de fumer, où ils s'asseyent et demandent au premier groupe d'acteurs de les initier aux vertus du tabac.

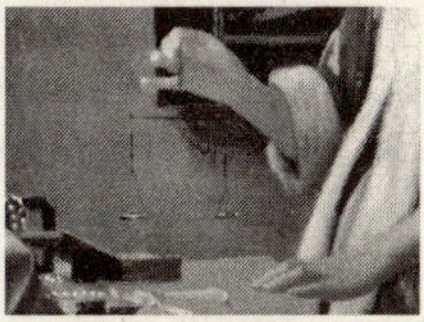

6

La pesée de l'argent

Huit ans se sont écoulés depuis que Johannes Vermeer a peint *L'Officier et la jeune fille riant* ainsi que *La Liseuse à la fenêtre*. Au cours de ces années, sa femme, Catharina Bolnes, s'est très souvent trouvée enceinte et si j'ai raison de penser qu'elle a servi de modèle à ces tableaux, elle semble attendre un nouvel enfant quand son mari l'appelle dans son atelier pour peindre *La Femme à la balance* (fig. 6). Catharina a l'air plus âgée. À l'approche des trente ans, sa posture et ses manières ont perdu de leur juvénilité et ses émotions sont plus contenues. Elle se laissait emporter jadis par les émois de la jeunesse ; désormais, elle est calme, et se concentre sans effort apparent sur la tâche qui l'occupe. Vermeer a assombri son atelier pour tempérer l'animation de ses précédentes représentations de ce local, en fermant les volets inférieurs et en laissant la tenture drapée sur le carreau du haut absorber une grande partie de la lumière qui vient de l'extérieur. Catharina tient une balance. La position de sa main coïncide exactement avec le point de fuite, mais c'est son visage d'une grande sérénité, presque figé en masque, exprimant une paisible concentration, qui retient notre attention. Notre regard peut bien se porter vers les colliers de perles luminescentes et sur la chaîne d'or étincelante jetés négligemment sur le bord de son coffret à bijoux, il revient irrésistiblement vers elle.

La seule suggestion de mouvement est une peinture du Jugement dernier dans le style flamand accrochée au mur, derrière Catharina. Sa tête et le haut de son buste sont encadrés par une vision apocalyptique du Christ bras dressés, exhortant les morts à se relever et à se soumettre à son jugement. Le trône céleste rayonne juste au-dessus de la tête de la femme, encadré par les mortels dont les yeux se tournent vers le firmament, implorant le salut. Contrastant avec l'animation et le mouvement violent de cette représentation, Catharina semble aussi calme et sereine que le fragment de mur blanchi à la chaux qui sert de fond à la toile lourdement encadrée. La peinture dans la peinture est destinée à guider le spectateur vers le thème du discernement moral. L'homme doté d'une conscience doit peser soigneusement sa conduite, exactement comme le Christ pèsera le bien et le mal au jour du Jugement. Peut-être Vermeer souhaitait-il même qu'en observant la posture pleine de douceur de Catharina, nous pensions à la Vierge Marie intercédant pour les pauvres pécheurs, afin qu'ils puissent, eux aussi, accéder au paradis.

L'allégorie du jugement est évidente. Mais oublions un instant l'iconographie pour nous intéresser à l'activité concrète de la femme représentée sur ce tableau. Elle tient une balance et s'apprête à peser quelque chose, mais quoi ? Cette toile était connue autrefois sous le nom de *Femme pesant des perles*, mais ce titre n'est pas pertinent. On voit bien un ou deux rangs de perles sur la table, mais ils ont été écartés nonchalamment ; aucune perle isolée n'attend la pesée. Les seuls objets qu'elle pourrait vouloir poser sur sa balance sont les pièces de monnaie que l'on distingue au bord de la table, à sa gauche : quatre petites pièces d'or, et une grosse en argent. Ce tableau représente donc une femme qui se prépare à peser de l'argent. Ses contemporains l'auront compris plus aisément que nous, car c'était un thème courant des peintres hollandais de l'époque. De fait, Vermeer a peut-être emprunté le sujet de cette peinture, sinon la conception elle-même, à une toile moins célèbre de son collègue de Delft, Pieter De Hooch.

En 1696, quand le tableau de Vermeer fut mis aux enchères lors de la dispersion de la collection de son gendre, il portait pour titre *Jeune Femme pesant de l'or*. Cette notice de catalogue nous rapproche du sujet véritable, *gelt* étant le vocable germanique désignant l'argent en général, les pièces de monnaie quel qu'en soit le métal. Plus personne ne pèse de pièces de nos jours, mais ce geste faisait partie intégrante des transactions économiques au XVIIe siècle. Les pièces d'argent et d'or de l'époque étaient d'un métal plus tendre qu'aujourd'hui, il s'usait peu à peu, ce qui réduisait le poids d'or et d'argent de chaque pièce. La maîtresse de maison prudente devait donc peser ses pièces pour en connaître la vraie valeur. Ce problème aurait été négligeable si l'on s'était servi d'une monnaie standard, mais ce n'était pas encore le cas. Les Provinces-Unies avaient bien une unité de compte réglementaire, le florin, mais dans les années 1660, quand Vermeer peignit ce tableau, il n'y avait pas de vrais florins en circulation, seulement des ducats d'argent (qui pesaient 24,37 grammes pièce). Le florin (19,144 grammes d'argent fin) avait été émis au milieu du XVIe siècle, avant d'être évincé par d'autres monnaies, espagnoles pour certaines, hollandaises pour d'autres. Heureusement pour l'économie commerciale en plein essor, la substitution d'un type de pièces à un autre ne portait pas tort à l'objectif essentiel de la monnaie, qui est d'étalonner la valeur relative des objets. La vraie constante de ces calculs était le prix du métal précieux contenu dans la pièce de monnaie, et non sa valeur nominale. Aucun État européen n'autorisait pourtant ses marchands à fixer les prix en poids d'argent non monnayé, comme le voulait la pratique chinoise de l'époque. Dans la République hollandaise, chaque article possédait un prix en florins, même dans les périodes où il n'y avait pas de florins en circulation, et il fallait les régler en pièces de monnaie. En 1681, les États de Hollande, le gouvernement provincial de la région de Delft, décida de ressusciter le florin (redéfinissant sa valeur à 9,61 grammes d'argent fin). Le ducat d'argent, de bien plus grandes dimensions, resta en usage dans le reste des Pays-Bas pendant dix ans encore, jusqu'à ce que l'ensemble de la République adopte enfin le florin.

La pièce d'argent posée sur la table de Catharina n'est pas représentée avec suffisamment de précision pour que nous puissions l'identifier. La date probable de la toile (1664) donne à penser qu'il s'agit d'un ducat, et non d'un florin. Nous pouvons confirmer cette hypothèse en nous appuyant sur la seule caractéristique bien visible, sa taille. Elle est bien plus grande que les pièces d'or que l'on voit à côté d'elle. Contrairement aux pièces d'argent, dont le poids et la dénomination étaient très variables, la plupart des pièces d'or en circulation dans les Provinces-Unies étaient d'un type unique, le ducat d'or (qui pesait 3,466 grammes). Un ducat d'or valait approximativement deux ducats d'argent. Le rapport entre l'argent et l'or étant d'à peu près douze pour un, il devait donc peser environ le sixième du poids d'un ducat d'argent.

Cela semble correspondre approximativement à la différence de taille entre les pièces d'argent et d'or disposées sur le coin de la table, prouvant indirectement que la pièce d'argent de Catharina est bien un ducat.

Ces quelques précisions sur la monnaie hollandaise ne nous détournent pas du thème du discernement moral qui baigne cette toile. Tout en pesant ses pièces, la femme mesure sa conduite personnelle à l'aune du jugement divin qui sera prononcé au jour de la résurrection. Il n'est pas inutile de rappeler que certains artistes recouraient à l'image d'une femme pesant des pièces pour condamner, au-delà du péché de mondanité, le goût obsessionnel de leur temps pour l'argent. Mais ce n'est pas le sens de cette peinture. Vermeer ne nous invite pas à condamner Catharina. Il la nimbe de lumière, faisant d'elle une figure pleine de confiance et de conscience. Elle manipule de l'argent, certes, mais la tenue des comptes de la fortune familiale est tout aussi honorable et aussi saine que la fécondité, l'accroissement naturel que symbolise sa grossesse. La représentation de Vermeer est positive, conformément à la nouvelle éthique d'accumulation de la Hollande du XVIIe siècle. L'économie capitaliste était en train de s'imposer et gagner de l'argent était une vertu, pourvu que son acquisition fût honnête. Telle était du moins la conviction de la classe moyenne hollandaise de l'époque. Le Christ du tableau lui-même semble bénir les activités comptables de Catharina.

La grosse pièce d'argent posée sur la table de Catharina sera notre nouvelle porte d'accès au monde du milieu du XVIIe siècle. À l'extrémité du couloir sur lequel donne cette porte, nous entrevoyons la marchandise globale la plus importante de l'époque, l'argent. Ce métal a joué un rôle considérable dans l'économie de cette période, influençant l'existence même de tous ceux qu'il toucha, dont Catharina.

Vermeer a vécu vers la fin de ce qu'on a appelé le siècle de l'argent, qui a commencé vers 1570. Jamais encore pareille quantité de ce métal précieux n'avait circulé dans les sacoches des voyageurs, sur les animaux de bât, les embarcations fluviales, et, surtout, dans les cales des jonques chinoises et des caraques européennes qui sillonnaient inlassablement les mers du globe. On disposait soudain d'un volume d'argent inouï, et soudain tout s'achetait, tout se vendait en fonction de son titre. Quand on disait qu'un article s'échangeait « contre son poids en argent », ce qui était, selon un auteur anglais du milieu du XVIIe siècle, le cas du tabac de Virginie au tournant du siècle, on cherchait délibérément à étonner le commun des mortels. Le coût en argent d'un article pouvait également être pris pour le comble de la folie, comme l'observe un personnage d'une pièce de Thomas Dekker en 1600, quand il se moque d'un fumeur acharné, un « imbécile qui fond tant de monnaie en fumée ».

Le pouvoir que l'argent exerçait sur le monde tenait du mystère pour ceux qui se penchaient sur la question. Il pouvait servir à des fins décoratives, mais ses utilisations concrètes étaient limitées. La plupart des gens étaient désireux d'en acquérir, mais ce n'était que pour pouvoir acheter autre chose. Sa valeur intrinsèque était purement arbitraire.

Pour les moralistes contemporains, de l'Europe jusqu'à la Chine, l'argent créait une illusion de richesse, mais il n'était pas la richesse elle-même. Ce n'était, pour reprendre les mots de Paolo Xu, le chrétien converti de la cour Ming, « que la mesure de la richesse ». Il était inutile à la production d'une vraie valeur. Le souverain soucieux du bien-être de son peuple devait veiller à ce qu'il ait suffisamment de nourriture, de vêtements et de terre. L'argent n'entrait pas en ligne de compte. Mais ce principe ne s'appliquait plus dans une économie entièrement placée sous le signe du commerce. Si tout pouvait se vendre et s'acheter contre de l'argent, on n'avait besoin que d'argent. Dans une économie partiellement commerciale, en revanche, c'est-à-dire dans celle où vivaient la plupart des gens du XVIIe siècle, l'argent ne servait à rien quand l'approvisionnement était insuffisant ou que la famine faisait grimper les prix, les mettant hors de portée des gens ordinaires, ce qui arrivait encore régulièrement. Mais une fois l'argent établi dans l'économie, la majorité fut bien obligée de s'en servir, que ce fût pour acheter sa nourriture ou payer ses impôts. On était également forcé de s'en procurer en vendant quelque chose ou son propre travail. L'argent devint incontournable.

La diffusion de l'argent dans les transactions quotidiennes en Europe et en Chine coïncida avec une expansion de leurs économies, ce qui entraîna une demande considérable de ce métal précieux. Les Chinois furent obligés d'importer de l'argent pour compenser l'insuffisance de leurs réserves, tandis que les Européens devaient en exporter pour acheter leur droit d'entrée sur le marché asiatique. Ces besoins stimulèrent la production de deux sources majeures – le Japon et l'Amérique du Sud –, et ce fut autour de cette structure d'offre et de demande que se constitua l'économie globale du XVIIe siècle. L'argent était le produit idéal, apparu juste au bon moment ; il relia les économies régionales au sein d'un réseau d'échanges interrégionaux qui a défini les modèles de nos propres difficultés globales.

D'où venait l'argent de la pièce de Catharina ? Au XVIIe siècle, le Japon était un des plus gros producteurs de ce métal, et les marchands hollandais négociaient une grande partie de ses lingots destinés à l'exportation, car ils étaient les seuls autorisés à faire du commerce au Japon. Pourtant, presque rien de cet argent n'arrivait jusqu'en Europe. Les Hollandais en tiraient exclusivement profit à l'intérieur même du marché intra-asiatique. L'argent de la pièce de Catharina n'était donc probablement pas japonais. Il y avait des mines d'argent bien plus proches, en Allemagne et en Autriche, mais elles ne fournissaient que 5 % de la production mondiale, l'essentiel se dirigeant vers l'Europe de l'Est, qui manquait de liquidités. L'argent de cette pièce n'était donc sans doute pas allemand. Il ne nous reste qu'une importante source mondiale d'argent, l'Amérique espagnole, soit la Nouvelle-Espagne (le Mexique actuel), soit le Pérou (qui englobait au XVIIe siècle la Bolivie d'aujourd'hui).

À seule fin de dessiner une piste claire, supposons qu'il venait de la partie bolivienne du Pérou, et plus précisément de la ville minière la plus productive de toutes dans la première moitié du XVIIe siècle. Supposons qu'il venait de Potosí.

Potosí est situé au-dessus de la limite des arbres, à quatre mille mètres d'altitude, une zone que les peuples des Andes déclaraient *puna*, « inhabitable ». Une grande montagne en forme de ruche, le Cerro Rico, ou « Montagne riche », domine le plateau désertique, battu par les vents. Ce lieu serait à jamais resté *puna* sans les épaisses veines d'argent d'excellente qualité qui traversent la montagne. Les Indiens avaient exploité cet argent avant la conquête espagnole, mais leurs besoins en métaux précieux étaient limités. On ne saurait en dire autant des Espagnols. Les premiers Espagnols que les Indiens conduisirent à Potosí en 1545 crurent que leurs rêves les plus fous étaient exaucés. Malgré les conditions plus que rudes qui règnent sur ce plateau, rien n'aurait pu les dissuader d'exploiter ce trésor. Ils commencèrent par recruter les Indiens pour travailler dans les mines d'argent, mais lorsque ceux-ci eurent découvert combien le travail était pénible et peu lucratif, les Espagnols instituèrent la *mita*, un système de travail obligatoire auquel étaient astreints les Indiens, qu'on allait chercher jusqu'à huit cents kilomètres de là pour travailler dans les mines.

Du jour au lendemain, ou presque, Potosí devint la plus grande ville des Amériques. Au cours des premières décennies, alors que le minerai était abondant et facile à extraire, la ville se développa jusqu'à atteindre cent vingt mille habitants en 1570. De toute l'Europe et de toute l'Amérique du Sud, des gens affluèrent sur ce site désolé pour y extraire l'argent ou fournir les biens et les services nécessaires à une ville. La productivité des mines ne pouvait évidemment pas se maintenir à un niveau aussi élevé, mais, en dépit de leur lent déclin tout au long du XVIIe siècle, la population continua à s'accroître, avoisinant les cent cinquante mille en 1639. Elle décrut ensuite progressivement, revenant sous la barre des cent mille habitants dans les années 1680.

Pendant toute la période d'expansion, les propriétaires des mines amassèrent des fortunes fabuleuses. L'expression *« as rich as Potosí »* (« riche comme Potosí ») fit son apparition dans la langue anglaise. Aucun de ceux qui vivaient à l'ombre de la Montagne riche ne fut à l'abri de ses effets, bien que la réussite ou l'échec dépendissent d'un éventail complexe de facteurs comprenant le statut ethnique, les attaches sociales, le capital et la pure chance. Les fortunes se faisant et se défaisant, la violence se chargea de faire le tri parmi ceux qui étaient pris en tenaille entre une richesse extrême et une extrême pauvreté : violence entre Espagnols et Indiens, entre natifs d'Espagne et natifs d'Amérique (ceux qu'on appelait les Créoles), et entre factions ethniques et plus particulièrement entre les Basques, lesquels avaient tendance à contrôler les affineries de métal, et tous les autres. Un incident mineur, un affront insignifiant, et toute la ville pouvait être à feu et à sang. En 1647, quand, le jour de ses noces, Mariana de Osorio, née en Amérique, refusa le Basque à qui ses parents andalous l'avaient fiancée mais auquel elle préférait un Créole qui lui avait fait la cour par l'intermédiaire du directeur créole de l'affinerie de son père, on vit éclater entre Basques et Créoles une quasi-guerre civile qui dura des années.

Potosí ne se borna pas à enrichir ceux qui contrôlaient les mines et à provoquer des rixes meurtrières entre les autres. Il assura avant tout la richesse de l'Espagne, mais finança également la consolidation de l'Empire espagnol en Amérique du Sud, alimenta son extension par-delà le Pacifique jusqu'aux Philippines et associa les économies jadis séparées des Amériques, de l'Europe et de l'Asie dans un condominium de fait. Ce processus se fit sans la moindre intention délibérée. L'argent prit une vie globale propre, les individus improvisant au gré des possibilités et des nécessités pour assurer sa circulation.

Avant que l'argent puisse être transporté, il devait être frappé en réaux à l'hôtel de la monnaie de Potosí [1]. La plus grande partie se dirigeait ensuite vers l'Europe par deux voies distinctes, la route officielle et la « petite porte ». La première, sous contrôle de la Couronne espagnole, prenait la direction de l'ouest, franchissant les montagnes jusqu'au port d'Arica sur la côte, l'argent étant transporté à dos de bêtes de somme au cours d'un voyage de deux mois et demi. À partir de la côte péruvienne, l'argent remontait vers le nord, vers Panamá, avant d'être chargé sur des navires espa-

gnols qui traversaient l'Atlantique jusqu'à Cadix, le port qui desservait Séville, centre du commerce mondial de l'argent. L'autre trajet, par la petite porte, était théoriquement illégal, mais si profitable qu'il canalisait jusqu'au tiers de la production d'argent de Potosí. Cette route se dirigeait vers le sud, en direction du Rio de la Plata, la Rivière d'argent, en Argentine, le Pays de l'argent. Le métal arrivait ainsi à Buenos Aires, d'où des marchands portugais lui faisaient franchir l'Atlantique jusqu'à Lisbonne. Là, il était échangé contre des marchandises très demandées au Pérou, et tout particulièrement des esclaves africains. Une grande partie de l'argent qui arrivait à Lisbonne et Séville se transportait rapidement à Londres et à Amsterdam, mais ne s'y attardait guère. Il n'était qu'en transit, en route vers sa destination finale, le lieu que les Européens baptiseraient plus tard « le tombeau des monnaies européennes » : la Chine.

Deux raisons expliquent que la Chine ait été la grande destination mondiale de l'argent européen. Pour commencer, l'argent possédait un plus grand pouvoir d'achat en or dans les économies asiatiques qu'en Europe. S'il fallait en Europe douze unités d'argent pour acquérir une unité d'or, on pouvait, en Chine, acheter la même quantité d'or pour six unités d'argent, voire moins. Autrement dit, l'argent en provenance d'Europe avait en Chine un pouvoir d'achat deux fois supérieur. Adriano de Las Cortes en fait l'observation quand il décrit, dans son récit de son année de captivité en Chine, vingt-six portiques de pierre qui occupent toute la largeur de la rue principale de Chaozhou. Supposant que son lecteur sera étonné par le luxe de ces constructions purement décoratives, il explique que leur coût en argent est bien moindre en Chine qu'en Espagne (« la plus grande d'entre elles n'avait pas coûté plus de deux ou trois mille pesos »), parce que le pouvoir d'achat de l'argent y est bien plus élevé qu'en Espagne. Si l'on associe cet avantage à des coûts de production généralement inférieurs en Chine, on comprendra qu'il était possible de faire de très gros profits en apportant de l'argent dans ce pays et en achetant des marchandises que l'on revendait ensuite en Europe.

La seconde raison pour laquelle ce métal précieux se dirigeait vers la Chine était que les marchands européens n'avaient pas grand-chose d'autre à vendre sur le marché chinois. À l'exception des armes à feu, les produits européens ne pouvaient rivaliser ni en qualité ni en prix avec leurs équivalents chinois. Les articles manufacturés venus d'Europe n'avaient guère d'autre attrait que leur nouveauté. L'argent était la seule marchandise à pouvoir concurrencer sérieusement le produit local, car il était rare en Chine. Le pays possédait des mines d'argent, mais le gouvernement en limitait strictement la production, craignant de ne pas pouvoir contrôler la circulation de l'argent depuis les mines jusqu'aux mains des particuliers [2]. Il refusait également de frapper des pièces d'argent, limitant le monnayage à des pièces de bronze, espérant empêcher ainsi les prix de grimper. Ces mesures ne pouvaient cependant lutter contre les besoins de l'économie. Le développement économique s'accompagna en effet d'une demande croissante d'argent. Au XVIe siècle déjà, tous les prix chinois, hormis ceux qui concernaient les échanges les plus modestes, étaient fixés en poids d'argent, et non en unité monétaire – les Chinois auraient donc immédiatement compris ce que faisait Catharina Bolnes dans *La Femme à la balance*. En Chine, la pesée de l'argent faisait partie des transactions économiques quotidiennes.

La soif d'argent des Chinois était telle que l'essentiel des réaux espagnols que les marchands hollandais apportaient aux Pays-Bas repartait tout bonnement vers l'Asie. La demande concernait l'argent pur, mais les réaux faisaient un peu fonction de monnaie internationale en Asie du Sud-Est, et les marchands chinois les acceptaient volontiers. Ces pièces inspiraient toute confiance, parce que les hôtels de la monnaie espagnols veillaient à ce que leur teneur en argent reste stable au titre de 0,931. C'était pourtant la fonte qui attendait les réaux qui arrivaient en Chine. Les gouvernements hollandais ne frappaient leur propre monnaie que dans les périodes où la guerre et l'embargo tarissaient le courant de réaux en direction de la Hollande. Le ducat d'argent posé sur la table de Catharina fut introduit en 1659 pour répondre précisément à une pénurie de ce genre.

Les Hollandais expédièrent d'importantes quantités d'argent vers l'Asie au cours du XVIIe siècle. En moyenne, la VOC y envoyait chaque année à peu près l'équivalent d'un million de florins (environ dix tonnes). Ce volume annuel tripla vers la fin des années 1690. La valeur cumulative atteignait des chiffres stupéfiants. En cinquante ans, entre 1610 et 1660, le siège de la VOC autorisa l'exportation de presque cinquante millions de florins – près de cinq cents tonnes d'argent. Cela représentait une montagne d'argent qui défie l'imagination. Si l'on y ajoute le volume équivalent que la VOC expédia du Japon vers la Chine au cours des trente années qui suivirent 1640, cette montagne d'argent s'accroît encore d'au moins 50 %.

Que pouvaient acheter les Hollandais avec tout cet argent ? Des marchandises que l'on ne trouvait pas en Europe et qui se vendaient bien sur le marché intérieur : dans les premières années, il s'agissait essentiellement d'épices, qui furent évincées progressivement par les textiles vers la fin du XVIIe siècle, et complétées par le thé puis le café au milieu du XVIIIe.

Si l'on observe les peintures hollandaises du XVIIe siècle, on constate que cet argent permettait aussi d'acheter de beaux objets comme des jattes en porcelaine. L'un des mystères de ce commerce est que la valeur facturée des marchandises qui revenaient officiellement dans les cales des navires de la VOC (qui, bien sûr, ne prend pas en compte les cargaisons « privées », comme le chargement de porcelaine du *Lion blanc*) ne représentait que le quart de la valeur de l'argent qui quittait la Hollande. Cette divergence ne préoccupait guère la Compagnie, car la VOC vendait ce qui revenait en Europe à des prix qui remboursaient largement son investissement de départ. Quant au reste de l'argent, une partie servait à payer les immenses dépenses d'administration de l'empire colonial hollandais en Asie du Sud-Est, et une autre, plus importante encore, à acheter des marchandises que la Compagnie vendait à profit dans d'autres régions d'Asie. La majeure partie de cet argent, en d'autres termes, représentait le capital que la VOC utilisait pour accéder au marché asiatique, stimulant ainsi le commerce intrarégional aussi bien que global. Qui aurait pu imaginer que l'argent de Potosí acquerrait un tel pouvoir – et se retrouverait sur la table de Catharina ?

L'argent circulait vers l'est, de Potosí vers l'Europe puis de l'Europe vers l'Asie, mais ce n'était pas la seule route qu'il empruntait pour se rendre en Chine, ni même la principale. Un volume d'argent deux fois plus important se dirigeait vers l'ouest, rejoignant d'abord la côte, avant de remonter vers Acapulco, d'où il traversait le Pacifique jusqu'à Manille, aux Philippines. À Manille, l'argent était négocié contre des marchandises chinoises, puis expédié en Chine. Un fleuve d'argent reliait ainsi l'économie coloniale des Amériques à l'économie du Sud de la Chine, le métal extrait sur un continent payant les marchandises qui étaient fabriquées sur un deuxième continent avant d'être consommées sur un troisième.

Ce fleuve assurait des profits à de nombreux Espagnols et à de nombreux Chinois, mais pas à tous. Des fonctionnaires royaux espagnols se plaignaient régulièrement que « toute cette richesse entre en possession des Chinois au lieu de revenir en Espagne, ce qui représente une perte pour les droits royaux ». Pour endiguer l'hémorragie, le roi Philippe IV imposa des restrictions sur le volume d'argent que l'on pouvait exporter de l'autre côté du Pacifique. Mais le profit sur les achats faits à Manille étant bien supérieur à celui que procuraient les marchandises apportées d'Espagne, la tentative du roi d'Espagne était vouée à l'échec. Si le renforcement des liens entre l'Espagne et l'autre rive de l'Atlantique répondait à un impératif politique, un impératif économique dictait de faire circuler l'argent à travers le Pacifique. Manille devint ainsi le point de jonction entre l'économie européenne et l'économie chinoise, le lieu de rencontre entre les deux hémisphères de la planète du XVIIe siècle.

Quand les Espagnols débarquèrent à Manille en 1570, ils y trouvèrent un port de commerce contrôlé par un rajah moro du nom de Soliman. Les Moros étaient une communauté de marchands maritimes musulmans venus du sud au cours du demi-siècle précédent, et qui avaient pris le contrôle des ports de commerce de toute l'Asie du Sud-Est insulaire. Cela en faisait les principaux concurrents des Espagnols. Le premier commandant espagnol à se rendre à Manille recourut à la ruse pour convaincre Soliman de lui accorder un territoire à Manille. Il usa du vieux stratagème, emprunté à *L'Énéide*, consistant à réclamer un lopin de terre pas plus grand qu'une peau de bœuf. Un écrivain chinois indigné raconte l'histoire

ROUTES COMMERCIALES AUTOUR DE LA MER DE CHINE MÉRIDIONALE

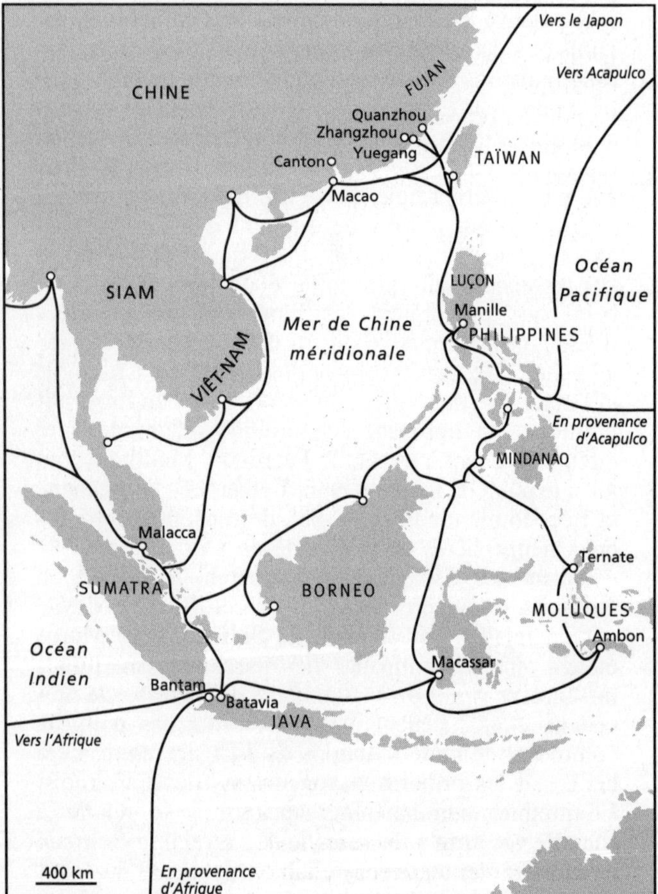

en ces termes quelques décennies plus tard : « Les Francs ont déchiré la peau de bœuf en lanières qu'ils ont mises bout à bout pour obtenir une longueur d'une douzaine de kilomètres qu'ils ont utilisée pour jalonner une étendue de terre, puis ils ont exigé du rajah qu'il respecte sa promesse. Il fut surpris, mais ne pouvait reprendre sa parole de gentilhomme et fut contraint d'accorder l'autorisation. » Peu après, les Espagnols assassinèrent Soliman et incendièrent Manille, obligeant le reste des Moros à quitter la ville. L'expression « perdre le pays pour une peau de bœuf » est entrée dans le vocabulaire chinois pour désigner le fait de se faire duper par des Européens ; elle était encore en usage au XIXe siècle.

Les premiers Espagnols de Manille y trouvèrent quelque trois cents marchands chinois qui y faisaient déjà commerce de soie, de fer et de porcelaine. Les relations s'engagèrent bien, chaque camp pressentant que l'autre pouvait être un partenaire commercial profitable. En fait, le moment était idéal. Pendant le demi-siècle précédent, la Chine avait fermé ses frontières au commerce maritime afin de décourager la piraterie qui sévissait sur la côte, essentiellement du fait des Japonais. Des marchands de la province du Fujian, au sud-est, se hasardaient à naviguer vers des terres étrangères, cabotant d'île en île de Taiwan jusqu'aux îles aux Épices en passant par les Philippines, mais ils risquaient la peine de mort s'ils se faisaient prendre. L'État chinois n'avait pas d'ambition impériale qui aurait pu l'inciter à marcher sur les traces de ses marchands, et n'avait aucune envie de soutenir leurs expéditions. En réalité, il recherchait exactement l'inverse : empêcher la constitution d'une richesse personnelle et l'apparition de la corruption que ne pouvait qu'entraîner le commerce extérieur.

Telle fut la situation jusqu'en 1567, date à laquelle un nouvel empereur monta sur le trône pékinois et, sensible à la pression de la demande étrangère, leva l'interdiction qui pesait sur le commerce maritime. Du jour au lendemain, les pirates se firent marchands, les articles de contrebande devinrent des produits d'exportation et les opérations clandestines se transformèrent en réseau commercial reliant les ports de l'Asie du Sud-Est, dont Manille, aux deux grandes villes marchandes du Fujian, Quanzhou et Zhangzhou. Le port de Zhangzhou, Yuegang, devint la principale porte reliant la Chine au monde extérieur grâce à la masse d'articles qui en sortait, et à l'argent qui y entrait.

Si empire il y avait, il était purement commercial. Il n'était pas question de conquête. En revanche, les Espagnols imaginaient leur avenir en Asie orientale sous un jour assez différent. Deux ans après le meurtre de Soliman, un Espagnol de Manille implora le roi d'Espagne de l'autoriser à conduire quatre-vingts hommes en Chine pour conquérir ce pays. Philippe II (qui a donné son nom aux Philippines alors qu'il n'était encore que prince héritier) eut le bon sens de ne pas se laisser convaincre. Une deuxième proposition, prévoyant l'envoi d'une force d'invasion de soixante hommes, lui fut soumise l'année suivante. Trois ans plus tard, Francisco Sande, alors gouverneur des Philippines, corrigea ces estimations et déclara qu'il faudrait à l'Espagne quatre à six mille soldats, soutenus par une armada japonaise, pour conquérir la Chine. Cette entreprise lui paraissait tout de même envisageable, car il ne faisait pas grand cas des Chinois. Il les considérait comme « un peuple misérable, impudent ainsi que très importun ». Le gouverneur Sande insistait : « Ils se livrent presque tous à la piraterie à la moindre occasion, si bien qu'aucun n'est fidèle à leur roi. De plus, on pourrait leur faire la guerre parce qu'ils interdisent aux gens d'entrer dans leur pays. En outre, je ne connais ni n'ai entendu parler d'une atrocité qu'ils ne commettent ; car ce sont des idolâtres, des sodomites, des voleurs et des pirates, tant sur terre que sur mer. »

Neuf ans plus tard, un autre projet de conquête de la Chine portait la force d'invasion nécessaire à dix ou douze mille Espagnols, cinq à six mille « Indiens » des Philippines et autant de Japonais qu'on en pourrait rassembler. Cette proposition conseillait également l'envoi d'une avant-garde de missionnaires jésuites chargés d'infiltrer le pays, de collecter des renseignements et d'établir des réseaux de collaborateurs. La Chine contenait « tout ce à quoi l'esprit humain peut aspirer ou imaginer en fait de richesses et de gloire éternelle, claironnaient les tenants de cette expédition, ainsi que tout ce qu'un cœur chrétien, soucieux de l'honneur de Dieu et rempli de sa foi, peut souhaiter concernant le salut et la guérison de myriades d'âmes ». Conquérir la Chine ne relevait pas d'un « lucre sordide », assuraient les requérants au roi Philippe, c'était « une entreprise honorable ». Les enjeux étaient de taille et il n'y avait pas de temps à perdre. « L'occasion s'évanouit pour ne jamais revenir, avertissaient-ils. Chaque jour, les Chinois se font plus prudents, et sont davantage sur leurs gardes. Ils accumulent des munitions de guerre, se fortifient et entraînent des hommes – toutes choses qu'ils ont apprises, et apprennent toujours, des Portugais et de notre peuple. » L'argument ultime en faveur de l'invasion est, à nos yeux, le plus singulier de tous : la Chine risquait de tomber aux mains des musulmans. Une fois que ceux-ci contrôleraient la Chine, expliquaient les pétitionnaires, l'Espagne serait définitivement exclue du marché chinois. Le souvenir de l'expulsion des musulmans d'Espagne en 1492 était tenace, et la rivalité entre les empires espagnol et ottoman restait suffisamment âpre pour que cet appel soit susceptible de l'emporter sur des réflexions plus posées. Ce ne fut pas le cas. Le roi Philippe ne se contenta pas de rejeter la proposition ; il interdit au gouverneur de lui transmettre de nouveaux projets aussi absurdes. L'Espagne ne pouvait pas conquérir la Chine comme elle avait conquis l'Amérique du Sud ou les Philippines. Il fallait exploiter les richesses chinoises par le commerce, et non par la conquête.

Et ce fut à partir de Manille qu'on se livra à ce commerce. Les Espagnols rebâtirent la cité portuaire pour en faire une ville lourdement fortifiée. La superficie comprise à l'intérieur de ses murs de pierre massifs était une enclave exclusivement réservée aux « Espagnols », terme désignant tous les Européens. Ils étaient autorisés à venir à Manille accompagnés de leurs domestiques, de leurs gardes et de leurs esclaves (et ce, malgré un décret pontifical de 1591 émancipant tous les esclaves des Philippines), mais les Chinois avec lesquels ils faisaient des affaires étaient contraints de rester à l'extérieur de l'enceinte. Dans un premier temps, ceux-ci faisaient des séjours saisonniers à Manille, arrivant avec les vents de printemps et regagnant Yuegang en automne. Devant l'essor du volume et de la complexité du commerce, les Chinois demandèrent l'autorisation de pouvoir passer toute l'année à Manille, une pratique qu'ils appelaient « bourrer l'hiver ». Le gouvernement chinois interdisait à ses marchands d'y rester douze mois sur douze, mais cette réglementation ne pouvait rivaliser avec l'intérêt commercial qui les poussait à « bourrer l'hiver ». Les Espagnols répondirent favorablement à cette requête, mais fixèrent à six mille le plafond du nombre de marchands autorisés à rester tout l'hiver. En 1581, ils décidèrent de surcroît de cantonner les Chinois dans un ghetto, imitant la pratique de limitation de résidence des Juifs dans les villes européennes[3]. Le ghetto chinois était une ville entourée d'une palissade de bois, dans laquelle tous les Chinois devaient passer la nuit. Les Espagnols l'appelaient l'Alcaiceria, le marché de la soie, du mot arabe désignant la soie (*cer*, du chinois *si*). Les Tagals locaux l'appelaient le Parián, ce qui signifie en tagal « un lieu *(an)* où se fait le marchandage *(pali)* ».

Les Espagnols interdirent aux Chinois de bâtir en pierre. Ce matériau était considéré comme trop noble pour des gens comme eux, raison pour laquelle le Parián surpeuplé était régulièrement ravagé par des incendies. Mais il était reconstruit systématiquement, selon un plan chaque fois un peu plus grandiose, si bien qu'en 1637 un visiteur espagnol du Parián pouvait déclarer son admiration pour « le bel ordre dans lequel ils vivent ». Le site fut déplacé à plusieurs reprises au gré des reconstructions, mais resta toujours proche de l'enceinte de Manille – « à portée de son artillerie », comme le rapporta avec satisfaction un prêtre dominicain au roi en 1666. Chargés en 1594 de convertir les Chinois au christianisme, les Dominicains construisirent à l'intérieur de l'enclave chinoise l'église des Trois Rois pour leur saint ministère. Ils furent autorisés à la bâtir en pierre, de sorte qu'à chaque incendie du Parián, l'église échappait « aux flammes de Sodome », comme le déclara un prêtre quand le Parián fut réduit en cendres en 1628. (Il affirmait aussi que l'incendie « était le châtiment du Ciel pour les péchés tellement horribles par lesquels ces Chinois païens provoquent la colère de Dieu ».) Les Chinois furent peu nombreux à se convertir, car cela les obligeait à se couper les cheveux à l'européenne et à porter un chapeau de castor. La plupart n'étaient pas prêts à aller aussi loin dans l'adoption de la culture espagnole. L'un de ceux qui franchirent le pas fut choisi pour être le chef du Parián. Mais après l'incendie de 1628, le gouverneur de Manille remplaça le chef chinois par un fonctionnaire espagnol, désigné sous le nom de Protecteur des Chinois.

La population du Parián s'accrut pour atteindre vingt mille habitants, selon des données officielles, mais le nombre réel de Chinois à Manille et aux alentours était peut-être plus proche de trente mille. Les Espagnols n'auraient pas pu établir leur colonie sans eux. Les marchands qui se chargeaient de transporter des articles d'exportation depuis la Chine étaient minoritaires, après tout ; c'était grâce aux autres Chinois qui se rendaient à Manille que les Espagnols pouvaient vivre comme ils le faisaient. Ils étaient marchands de céréales et maraîchers, tailleurs et chapeliers, boulangers et marchands de fournitures pour bateaux, confiseurs et apothicaires, charpentiers et orfèvres. Ils fournissaient le papier sur lequel les Espagnols écrivaient, pêchaient le poisson servi à leur table et transportaient les marchandises qu'ils achetaient. Sans eux, les Espagnols n'auraient jamais pu mener une existence d'officiers, de prêtres et de gentilshommes. On les appelait les sangleys, déformation espagnole d'un mot chinois, sans qu'on sache très bien lequel. L'étymologie la plus courante fait dériver sangley de *shengli*, « faire du profit », mais d'autres ont proposé *shanglü*, « marchands itinérants », ou *changlai*, « venir régulièrement » – et c'était bien ce que faisaient les Chinois, pour le plus grand profit de la communauté espagnole. « Le fait est, reconnaissait le gouverneur Antonio de Morga en 1609, que sans ces Sangleys, la ville ne peut progresser ni se maintenir, parce que ce sont les maîtres de tous les métiers, et de bons ouvriers qui travaillent pour des salaires modérés. »

Pour les Chinois pauvres du Fujian, Manille était la Montagne d'or (un nom qui fut donné, pour des raisons identiques, à des villes de la côte ouest de l'Amérique du Nord au XIXe siècle ; on peut aussi le traduire par Montagne de pièces de monnaie). Prendre la mer pour essayer d'en obtenir une part ne leur faisait pas peur. Leur audace impressionna un fonctionnaire de la côte chinoise, qui s'appelait Zhou Qiyuan et écrivait en 1617 : « Ces petits commerçants contemplent les immenses vagues sous le ciel sans fin comme s'ils se trouvaient commodément installés sur un monticule, ils observent la topographie de régions étranges comme s'ils se promenaient devant leur propre maison et traitent avec des chefs étrangers et des princes guerriers comme avec des petits fonctionnaires, remarque-t-il non sans respect. Ils sont à leur aise sur les vagues de l'océan et considèrent leurs bateaux comme si c'étaient des champs » – c'est-à-dire le lieu d'où devait, normalement, provenir la richesse. Zhou note que ces hommes sont prompts à réagir violemment à toute tentative pour contrarier leur négoce et sont parfaitement indifférents aux lois et aux tribunaux qui voudraient les restreindre et les sanctionner. Mais il est tellement impressionné par le courage qui les pousse à prendre la mer pour aller tenter leur chance ailleurs qu'il ne peut taire son admiration. « Ces bateliers et ces navigateurs sont les léopards des mers de l'océan tumultueux. »

Au printemps de 1603, un fonctionnaire de la maison impériale chargé de collecter les droits de douane maritime dans le Fujian, un eunuque cupide du nom de Gao Cai, voulut savoir la vérité à propos de la Montagne d'or de Manille. Il y envoya donc une délégation chargée d'enquêter. C'était une démarche peu courante, car la loi chinoise interdisait aux fonctionnaires de franchir une frontière ou d'envoyer une délégation hors du pays sans autorisation exprès. Gao pouvait se permettre d'ignorer ces règles. Il avait été nommé personnellement par l'empereur, lequel lui avait donné pour mission d'amasser autant d'argent que possible pour sa bourse privée. (Zhou Qiyuan et d'autres fonctionnaires régionaux finirent par obtenir le rappel de Gao pour corruption dix ans plus tard, mais il fallut des émeutes de rues pour parvenir à ce résultat.)

La visite de cette délégation étonna et inquiéta les colons espagnols. Certains craignaient que cette commission d'enquête ne fût qu'un prétexte et que le véritable objectif de la délégation chinoise fût de reconnaître le terrain en prévision d'une invasion militaire. D'autres se moquaient de cette idée, sachant que la Chine n'aspirait pas à posséder un empire colonial à la manière espagnole. Un administrateur espagnol qui défendait ce point de vue voyait dans ces accusations des manœuvres d'intrigants qui espéraient « voir la paix troublée, et avoir l'occasion de s'emparer de choses » appartenant aux Chinois établis dans le Parián. Le gouverneur accueillit officiellement la délégation, tout en demeurant sur ses gardes. Cette intervention ne lui disait rien qui vaille.

Quand, plus tard au cours du même printemps, un incendie se déclara dans l'hôpital réservé aux non-Européens et que des Chinois proposèrent d'entrer dans la ville pour combattre le feu, le gouverneur inquiet refusa leur offre et laissa l'incendie faire rage. La méfiance espagnole blessa les Chinois, qui se demandèrent également, soupçonneux, pour quelle raison le gouverneur avait laissé brûler l'hôpital. L'archevêque espagnol, récemment arrivé à Manille et qui n'avait pas encore pris la mesure de la crispation, aggrava encore les choses pendant l'été en prononçant un sermon pour le moins maladroit, accusant les Chinois de sodomie et de sorcellerie. La tension entre les deux camps dégénéra en violence à l'automne. Vingt mille Chinois, médiocrement armés et mal préparés, furent massacrés par des soldats espagnols et des guerriers indigènes fous furieux. Un fonctionnaire provincial du Fujian émit une protestation, à laquelle il fut répondu que les Espagnols conservaient le droit de réprimer les mouvements de rébellion et qu'il devrait « se demander ce qu'il ferait si des événements comparables se produisaient en Chine ». Le gouvernement Ming n'insista pas, estimant que l'incident s'était produit hors de sa juridiction et que les Chinois qui avaient trouvé la mort avaient, dans les faits, renoncé à leur statut de sujets de l'empereur en allant s'établir hors du royaume. Le commerce reprit dès la saison suivante, mais le souvenir de ces effusions de sang empoisonna les relations entre les deux camps jusqu'à la fin du siècle.

La mémoire du massacre de 1603 incita le gouvernement chinois à ne pas ouvrir trop largement la porte du commerce avec le monde extérieur, mais il ne fit rien pour empêcher un plus grand nombre de Chinois de partir. Selon un rapport que le ministre de la Guerre chinois remit à son empereur en 1630, cent mille habitants du Fujian prenaient la mer chaque printemps, poussés par la pauvreté – un argument qu'il avança pour plaider contre la fermeture de la province, car il craignait que ces centaines de milliers d'individus ne soient acculés à recourir à d'autres expédients, moins recommandables, pour gagner leur vie. En 1636, selon un agent de la Couronne espagnole, il y avait trente mille Chinois et Japonais établis à Manille et aux alentours.

Manille jouait un rôle essentiel pour tous ceux qui y faisaient du commerce. C'était le point de rencontre commercial entre les économies de l'Europe et de la Chine du XVIIe siècle et une fois que l'argent coula à flots, rien, pas même un massacre, n'aurait pu interrompre ces relations. Chaque camp mettait sur la table ce que l'autre était désireux d'acheter et pouvait payer, et se procurait auprès de l'autre ce qui pouvait lui être utile. Tous les printemps, un grand navire – appelé le galion de Manille aux Philippines, le bateau de Chine au Mexique – entreprenait la traversée du Pacifique depuis le Mexique, chargé d'argent. Et tous les printemps, trente à quarante jonques arrivaient de Chine, bourrées de « soies, de cotonnades, de porcelaine, de poudre à canon, de soufre, de fer, d'acier, de mercure, de cuivre, de farine, de noix, de châtaignes, de biscuits, de dattes, de toutes sortes d'étoffes, d'écritoires et d'autres curiosités [4] ». L'intérêt de ce commerce incita d'autres Chinois à se lancer dans cette entreprise. Comme le note Zhou Qiyuan, « les marchands montent sur les navires et partent par les routes maritimes occidentale et orientale pour faire du commerce ». La route occidentale serrait la côte du Fujian jusqu'au Viêt Nam, tandis que la route orientale se dirigeait vers Taiwan et de là, au sud, vers les Philippines. « La cargaison qu'ils transportent est précieuse et remarquable, les articles merveilleux passent toute description et il ne fait pas de doute que ce qu'ils gagnent en or et en argent s'élève à des centaines de milliers. »

Les risques n'étaient pas négligeables pour les Espagnols. Un galion de Manille devait passer deux ou trois mois sur le Pacifique avant d'atteindre les Philippines et le trajet de retour était encore plus long. Le départ d'Acapulco se faisait obligatoirement avant juillet, à cause des typhons que l'on risquait de rencontrer, plus tard, dans les passes perfides qui séparaient les îles des Philippines. Ce commerce était donc pour le moins aventureux. La disparition d'une jonque chinoise n'avait que des répercussions minimes sur les échanges, car les marchandises étaient réparties sur plusieurs dizaines d'embarcations, alors que si un galion espagnol sombrait au cours du voyage d'aller, c'était toute la saison commerciale qu'il fallait annuler, avec de lourdes pertes de part et d'autre. Le cas était assez fréquent pour que l'inquiétude soit fondée. Entre le début de ce commerce et 1815, quinze galions s'abîmèrent dans la mer en faisant route vers l'ouest depuis Acapulco et vingt-cinq firent naufrage au cours du voyage de retour, plus périlleux.

Un voyageur italien du XVIIe siècle, Francesco Careri, a relaté les horreurs de la traversée de « presque la moitié du globe fait de terre et d'eau » en direction de l'Asie. Les galions devaient lutter contre « les Terribles Tempêtes qui y surviennent, l'une sur le dos de l'autre ». Si celles-ci ne détruisaient pas le navire, il fallait faire face aux « maladies épouvantables qui frappent les gens, en 7 ou 8 mois, en mer parfois près de la Ligne [l'équateur], alors qu'il fait tantôt froid, tantôt tempéré, et tantôt chaud, ce qui est assez pour détruire un homme d'acier, et encore plus de chair et de sang, qui n'a eu en mer qu'une nourriture médiocre ». Cette alimentation de mauvaise qualité pouvait provoquer le scorbut – que les Espagnols appelaient « la maladie hollandaise » –, si elle ne venait pas à manquer entièrement, les marins risquant alors de mourir de faim. Les équipages de deux galions des années 1630 réglèrent le problème de la famine en jetant 105 personnes par-dessus bord pour assurer la survie des autres. Le cas le plus effrayant est celui du *San José*, que l'on retrouva en 1657 après plus d'une année en mer, dérivant vers le sud au large de la côte, sous Acapulco, chargé des cadavres de marins morts de faim et de soif, avec une cale remplie de soieries.

En échange de la montagne de marchandises précieuses que les galions de Manille rapportaient au Mexique, les Espagnols apportaient une montagne d'argent. Le volume d'argent exporté officiellement depuis Acapulco fut d'abord d'environ trois tonnes par an dans les années 1580 et 1590 ; il culmina à près de vingt tonnes par an dans les années 1620 avant de se stabiliser autour de neuf ou dix tonnes par an. Les archives officielles donnent à penser que les galions espagnols transportèrent un peu moins de sept cent cinquante tonnes d'argent vers Manille dans la première moitié du XVIIe siècle – un volume qu'il faut multiplier par deux si l'on y ajoute l'argent de contrebande. Tout cet argent ne partait pas pour le Fujian. Une partie était déroutée vers Macao et passait aux mains des Portugais – rappelez-vous que la *Guía*, qui s'échoua sur la côte sud de la Chine en 1625, transportait de l'argent de Manille à Macao. Mais le plus gros se dirigeait vers le Fujian et était absorbé par l'économie chinoise. Selon la meilleure estimation dont nous disposons, la Chine importa au cours de la première moitié du XVIIe siècle cinq mille tonnes d'argent, la moitié environ en provenance du Japon, le reste venant des mines d'Amérique espagnole. Une partie se dirigeait vers l'est depuis l'Europe en passant par l'océan Indien, mais l'essentiel était expédié directement vers l'ouest à travers le Pacifique.

Une importation d'argent aussi importante soulignait le singulier écart entre politique publique et commerce privé qui caractérisait la Chine. D'un côté, la cour des Ming faisait tout son possible pour limiter l'exploitation des mines d'argent locales, redoutant qu'elle n'entraîne corruption et instabilité sociale au sein des communautés de mineurs. De l'autre, les marchands importaient des masses considérables d'argent dans le Sud de la Chine. Dans les années 1630, quand l'écrivain Feng Menglong fut magistrat de comté dans le Nord du Fujian, il renforça le cordon militaire autour des sept mines d'argent locales, fermées par ordre impérial un siècle auparavant. Comment ne pas s'étonner que Feng ait cherché avec une extrême vigilance à empêcher les vagabonds d'aller creuser dans les vieilles mines d'argent, tandis qu'à l'autre extrémité de la province, des marchands faisaient entrer en Chine des tonnes d'argent américain ? Ce paradoxe illustre parfaitement la contradiction interne qui marquait la Chine dans la première moitié du XVIIe siècle. Le gouvernement cherchait à décourager l'accumulation privée de richesses parmi les groupes sociaux marginaux, de crainte que celles-ci n'alimentent les forces de la rébellion, tandis que des familles marchandes amassaient d'immenses fortunes en faisant du commerce avec l'étranger.

L'argent n'eut aucun mal à s'imposer dans l'économie chinoise, car on en avait besoin pour compléter les petites pièces de bronze qui servaient aux transactions modestes. C'était la forme de monnaie ordinaire ; celle aussi sous laquelle le régime Ming collectait les impôts. Le volume d'argent qui entrait en Chine était d'une telle importance que les Chinois étaient convaincus que ses réserves étaient illimitées. Ils supposaient aussi qu'en contrôlant cet approvisionnement, les étrangers étaient en mesure – une position évidemment enviable – d'acheter tout ce qu'ils voulaient sans qu'il leur en coûte grand-chose. Les Chinois qui s'étaient convertis au christianisme allèrent jusqu'à suggérer cette stratégie aux missionnaires franciscains. « Comme par nature l'homme aime le profit, si vous donnez de l'argent à tout le monde, il n'y aura pas un individu qui refusera de suivre (leur enseignement) ». Pedro de la Piñuela, le missionnaire franciscain qui fait figurer cette réplique dans un dialogue modèle, apporte d'abord la réponse que l'on peut attendre. « Ce n'est pas suivre un enseignement : c'est suivre l'argent. » Il aborde ensuite le problème pratique en faisant savoir que son ordre ne dispose pas de réserves d'argent infinies à distribuer. « Si les gens viennent pour l'argent, il advient que quand il n'y a plus d'argent, ils s'en vont. Comme il y a une limite à l'argent en provenance de l'Ouest et que la cupidité des hommes est sans borne, une fois épuisé l'argent que vous leur donnez, leur désir de trouver la Voie ne s'épuisera-t-il pas lui aussi, comme l'argent ? » Il s'épuisa effectivement, ou diminua du moins, comme nous le verrons.

Tant que l'offre dura, l'argent prêta une splendeur nouvelle au monde chinois. Il créa des possibilités d'accumulation de richesses et de disponibilités financières qui encouragèrent des dépenses ostentatoires et une émulation sociale. Ceux qui avaient les moyens d'adopter cette nouvelle culture de richesse bénéficièrent de cette manne et n'hésitèrent pas à dépenser d'immenses quantités d'argent pour acquérir des articles de luxe, des antiquités et de vastes demeures. Cette vague de dépenses vertigineuses provoqua cependant une vive réaction juste après le tournant du siècle. Dans les élites conservatrices, l'argent servit de paratonnerre aux frustrations et inspira des mises en garde sinistres sur la décadence des temps. Le magistrat Zhang Tao faisait partie de ceux que cette économie de l'argent offusquait. Il fut nommé en 1607 dans un comté continental, au sud du Yangzi, où habitait une des plus grandes familles marchandes de l'époque. Le conflit était inévitable. En 1609, Zhang fulminait par écrit contre l'argent facile, l'étalage extravagant de richesses et l'indigence morale qui l'accompagnaient. Les fondements éthiques qui assuraient jadis la cohésion de la société s'effondraient et les obligations mutuelles sur lesquelles reposait autrefois l'existence villageoise n'étaient plus respectées. Il mettait tout sur le compte de la soif d'argent, la passion dévorante qui consumait désormais le cœur des gens. On ne pouvait pas considérer l'argent comme un moyen innocent d'amasser de la richesse. Par sa nature même, l'argent, dépourvu d'usage bien défini et de valeur réelle, échangeable à l'infini contre d'autres biens, donnait aux riches toute latitude pour accumuler des fortunes personnelles, tout en privant les pauvres de moyens de survie. Le résultat déplorable était qu'« un homme sur cent est riche, et neuf sur dix sont appauvris ». La conséquence, résumait Zhang d'un ton menaçant, était que « le Seigneur de l'Argent règne dans les cieux et le Dieu des Liquidités sur la terre ».

Vilipender l'argent apportait peut-être une certaine satisfaction, mais au tournant du XVIIe siècle, il ne fallait plus s'imaginer pouvoir en limiter l'utilisation. L'argent était devenu un élément tellement incontournable de la vie quotidienne que personne ne lui consacrait la moindre pensée, sauf ceux qui n'en avaient pas suffisamment pour se procurer le minimum vital. Le cas échéant – et cela n'eut rien d'exceptionnel dans les dernières années du règne des Ming, lorsque des températures plus fraîches et des épidémies menacèrent la survie de la dynastie –, on s'empressait d'accuser l'argent de tous les maux de l'économie. L'exaspération qu'inspirait à Zhang Tao le pouvoir du dieu de l'argent peut se rattacher à sa première expérience de magistrat régional. Quand il prit ses fonctions en 1607, son comté subit une importante hausse des cours du riz, parce que les pluies de printemps avaient saccagé la récolte locale. En temps normal, le prix d'un « picotin » chinois (le *dou*, une unité de volume équivalente à 10,75 litres) de riz n'atteignait pas une demi-« mace » (ou *qian,* une unité d'argent pesant 3,75 grammes). Mais au cours du printemps, les prix furent presque multipliés par trois puisqu'ils montèrent à 1,3 *qian* (4,6 grammes). Zhang intervint alors, mettant en vente les réserves de grain des greniers du comté à un prix inférieur à celui du marché. Cette opération fit baisser les cours, et limita les effets de la crise suffisamment longtemps pour que le commerce reprenne à peu près aux tarifs habituels. Zhang attribuait ce problème à la dépendance locale à l'égard de l'argent. Selon lui, si l'économie locale s'était passée d'argent, le prix du riz n'aurait pas atteint des sommets pareils.

L'augmentation du volume d'argent qui circulait en Chine poussait-elle les prix à la hausse ? La logique économique voudrait en effet qu'un accroissement de la circulation monétaire exerce un effet inflationniste, mais les témoignages dont nous disposons ne nous permettent pas de conclure en ce sens. En revanche, on relève une inflation galopante pendant les crises de subsistances de plus en plus nombreuses du début des années 1640. Avant le XVIIe siècle, une crise locale pouvait provoquer le doublement voire le triplement du prix du riz, mais cela n'allait pas plus loin. Il y avait eu de brèves exceptions dans les années 1540 puis 1580, où les cours dépassèrent un plafond officieux de six grammes d'argent par décalitre. Dans les années 1620, ce plafond commença à se décaler. En 1639, à en croire un habitant de Shanghai, un picotin de riz se vendait 1,9 mace (6,6 grammes le décalitre). « Cependant, poursuit le même chroniqueur, ce n'était rien par rapport à ce qui s'est passé au printemps de 1642. » La valeur de la monnaie s'effondra, faisant alors monter le picotin de riz blanc à cinq mace

(17,5 grammes le décalitre). À Shanghai, les cours se stabilisèrent pendant quelques années à l'intérieur de la fourchette, déjà élevée, de sept à dix grammes d'argent le décalitre, avant d'atteindre quatorze grammes en 1647. Ces prix ne concernaient évidemment que ceux qui avaient de l'argent pour payer. Pour les autres, la seule monnaie d'échange était les enfants. Sur un marché du Sud-Ouest de Shanghai en 1642, le prix humain d'un picotin de riz – une quantité à peine suffisante pour nourrir une personne pendant une semaine – était de deux enfants. La Chine ne connaîtrait plus de crise de la valeur monétaire aussi grave avant le XXe siècle.

Le vrai problème de la Chine dans les années 1640 était moins son système monétaire que les effets du refroidissement climatique et d'épidémies virulentes, de la baisse de la production céréalière et des dépenses militaires considérables nécessaires pour retenir les Mandchous au nord. Ce qui n'empêcha pas les gens de l'époque d'attribuer un rôle à la monnaie. Certains grands esprits des années qui suivirent l'effondrement de la dynastie Ming en 1644 reprochèrent à l'argent (ce « métal perfide », comme l'appelait l'un d'eux) d'entraîner des comportements économiques négatifs et pernicieux, comme la thésaurisation, qui compromettait la stabilité au détriment des pauvres et encourageait la prodigalité extravagante des riches. Quant aux effets de l'argent sur l'administration financière de l'État, un analyste de l'époque affirmait que « dépendre de l'argent pour enrichir l'État équivaut à recourir au vin pour assouvir sa faim ». L'argent s'était arrogé un rôle qu'il n'aurait jamais dû jouer.

Récemment, les historiens spécialistes de l'économie ont avancé l'intervention d'un autre facteur – à la fin des années 1630 et au début des années 1640, les prix auraient été poussés à la hausse non par l'accroissement de longue durée des réserves d'argent, mais par une contraction à court terme, qui aurait provoqué une situation explosive. La poudrière n'était autre que Manille.

L'équilibre du commerce entre les Espagnols et les Chinois à Manille avait toujours été précaire. Des crises d'approvisionnement ou de disponibilités financières mineures pouvaient entraîner une crise de confiance plus grave, provoquant l'interruption de toutes les opérations. Ce phénomène s'amorça en 1638. Cet été-là, le galion qui quitta Manille en direction de l'est était le *Nuestra Señora de la Concepción,* le plus grand navire que les Espagnols aient jamais construit à cette date. Les moussons retardèrent son départ et quand le *Concepción* prit enfin la mer, son commandant décida curieusement d'emprunter la même voie qu'à l'aller, juste au-dessus de l'équateur, au lieu d'emprunter la route du nord habituelle, qui rejoignait le Japon et, de là, poursuivait vers l'est jusqu'à la côte californienne. La cargaison transportée par ce navire était déclarée pour une valeur de quatre millions de pesos. S'y ajoutait un important chargement non déclaré. Bien que le gouverneur espagnol des Philippines se fût récemment efforcé de limiter la contrebande à laquelle se livraient les galions pour éviter que les produits d'exportation n'échappent à la taxation, pour cette traversée précise, il avait personnellement intérêt à ce qu'une partie de la cargaison parte le plus discrètement possible.

Sebastián Hurtado de Corcuera avait été nommé gouverneur de Manille en 1635 après avoir servi huit ans au Pérou, d'abord comme commandant de garnison (il s'était distingué précédemment en tant que membre du conseil de guerre en Flandres dans la lutte contre les Hollandais), puis comme trésorier. Pour se rendre à Manille, il passa par Acapulco, et observa avec stupéfaction l'ampleur de la corruption qui entourait le commerce des galions. Écrivant à Philippe IV l'année suivante, il remarquait : « Je pense qu'il vaudrait mieux employer des anges que des hommes » pour administrer des lieux comme Acapulco. Tant que l'on ne nommerait pas les hommes « les plus désintéressés et zélés au service de Votre Majesté, ajoutait-il, le Trésor royal le paiera, car pour gagner mille pesos, un fonctionnaire doit en voler dix mille aux vassaux du roi et le trésor en pâtit ». Trois ans plus tard, espérant battre Acapulco à son propre jeu, Corcuera empêcha qu'un manifeste précis de la cargaison du *Concepción* soit établi. Sans ce document, imaginait-il, l'inspecteur d'Acapulco ne serait pas en mesure de prélever sa part habituelle du gâteau.

Corcuera alla trop loin dans sa volonté de protéger la cargaison du *Concepción*, car il écarta des officiers expérimentés pour confier le galion à son neveu préféré, Pedro, un jeune homme totalement novice dans l'art de la navigation et du commandement. L'autorité toute théorique de Pedro s'effondra dès que le navire eut quitté le port de Manille. Le 20 septembre 1638, le *Concepción* se faufilait entre les îles Mariannes, situées à peu près au quart du trajet entre les Philippines et Hawaï (nul Européen ne découvrirait ces îles jusqu'à ce que James Cook s'y aventure un siècle plus tard). Les officiers étaient tellement occupés à se quereller que le galion fit fausse route et heurta un écueil submergé, répandant sa cargaison sur les récifs de corail. Sur les quatre cents personnes qui se trouvaient à bord, quelques dizaines seulement réussirent à rejoindre le rivage, ce qui leur permit de raconter ce qui s'était passé. La cargaison que Corcuera avait entourée de tant de secret était définitivement perdue. Aujourd'hui encore, les ramasseurs d'épaves trouvent des tessons de porcelaine Ming le long du rivage où le navire fit naufrage.

La perte du *Concepción* aurait pu être plus facile à supporter si la catastrophe ne s'était pas répétée. Au printemps suivant, le galion en provenance d'Amérique, le *San Ambrosio*, chargé d'argent, sombra au large de la côte orientale de Luçon. Le galion en partance pour le Mexique cette année-là fit lui aussi naufrage au large du Japon cette fois. Ces trois désastres paralysèrent le commerce de Manille et déstabilisèrent tout le système. Le moment n'aurait pu être plus mal choisi, car la production d'argent de l'Amérique espagnole, qui finançait les échanges de part et d'autre du Pacifique, avait commencé à se contracter. Les mines d'argent de Potosí étaient déjà en déclin au milieu des années 1610 et en 1630, leur production n'était plus suffisante pour couvrir tous les achats des marchands espagnols à Manille. Désespérés à l'idée de voir leurs revenus baisser, les conseillers municipaux de Potosí envoyèrent un délégué à Madrid réclamer une aide financière à la cour espagnole. « Jusqu'à une date récente, [Potosí] a assumé tout le poids de la monarchie grâce à ses grandes richesses », déclarait leur représentant dans une lettre ouverte. Accordez aux producteurs d'argent de Potosí des réductions fiscales sous une forme ou une autre pour préserver leur activité, plaidaient les conseillers.

La baisse de production en Amérique du Sud coïncida avec de nouvelles restrictions sur le commerce européen avec le Japon, l'autre grand fournisseur d'argent de la Chine. Pendant plusieurs dizaines d'années, les Portugais établis à Macao avaient détenu la clé de ce négoce, mais dans les années 1620, quand une autorité centrale s'imposa au Japon, elle décida de limiter l'accès des étrangers au pays. Le nouveau régime des Tokugawa interdit en 1635 aux Japonais de se rendre à l'étranger et fit pression sur les Portugais pour qu'ils cessent de faire venir des Européens au Japon, et plus particulièrement des missionnaires, que les Tokugawa considéraient comme des facteurs de sédition. Les Tokugawa imposèrent au christianisme de sévères restrictions en 1637 : désormais, déclarèrent-ils, les missionnaires étrangers qui pénétraient dans le pays risquaient la mort. La même année, un jésuite proche du gouverneur Corcuera s'introduisit au Japon sous un déguisement, mais il fut rapidement démasqué, torturé et décapité pour avoir enfreint la loi. Quand un navire portugais se présenta en 1640 dans l'espoir de ranimer le commerce, la majorité des membres de l'équipage furent exécutés. On en épargna quelques-uns afin qu'ils puissent revenir à Macao et faire savoir qu'aucun Portugais n'était plus le bienvenu. Macao ne se releva jamais entièrement de ce revers et s'étiola, devenant un désert colonial. Dès lors, les seuls Européens autorisés à poursuivre leurs relations commerciales avec le Japon furent les Hollandais, à condition qu'ils restent cantonnés sur une toute petite île du port de Nagasaki, soumise à de sévères restrictions.

Pour aggraver encore les déboires de Manille, lorsqu'un nouvel empereur chinois accéda au trône en 1628, son gouvernement, las de la piraterie hollandaise, réimposa l'interdiction dont faisait l'objet le commerce maritime. Les activités de Manille stagnèrent pendant deux ans, avant de retrouver leur niveau antérieur. Quand cet interdit fut remis en vigueur en 1638, le trafic en direction de Manille chuta brutalement : de cinquante jonques en 1637 – un chiffre record –, il baissa à seize. La faction pékinoise favorable à une ouverture de la frontière s'imposa à la Cour l'année suivante et obtint l'annulation de la prohibition maritime. Mais lorsque trente jonques lourdement chargées arrivèrent en 1639, il n'y avait pas suffisamment d'argent pour acheter leurs cargaisons en raison du naufrage du *San Ambrosio*. Comble d'infortune, pendant trois ans d'affilée, le vice-roi de Nouvelle-Espagne avait cherché à endiguer la circulation d'argent en prenant des mesures autoritaires contre les importations chinoises arrivant à Acapulco. Échanger de l'argent contre des articles chinois de pacotille ponctionnait selon lui son économie et ne bénéficiait qu'aux marchands de Manille. Corcuera avait ainsi une autre raison de préférer que les marchandises du *Concepción* ne soient pas portées sur son manifeste. Il cherchait à contourner les nouvelles restrictions.

Tous ces éléments eurent pour conséquence que près de dix tonnes d'argent attendues à Manille n'y arrivèrent jamais. Le commerce était paralysé. L'équilibre fragile qui s'était instauré s'effondra dans le village de Calamba, au sud-est de Manille, dans la nuit du 19 novembre 1639, quand plusieurs centaines de fermiers chinois firent irruption dans la demeure de Luis Arias de Mora. Ces fermiers s'étaient portés volontaires pour se rendre dans la jungle et y aménager des rizières pour les Espagnols, en échange d'exemptions d'impôts. Or les conditions qu'on leur imposait étaient déplorables. Les ressources étaient inexistantes et la promesse d'exonération fiscale ne fut jamais honorée. Quand la maladie ravagea la communauté chinoise, les fermiers s'adressèrent à Mora. Ancien Protecteur des Chinois de Manille, Mora était désormais l'administrateur abhorré de cette colonie agricole. Il avait profité de sa position pour extorquer aux Chinois tout ce qu'il pouvait. Il n'ignorait rien de leur mécontentement, mais n'avait aucune raison de soupçonner le moindre incident cette nuit-là. Il dormait à poings fermés quand la foule arriva. Les fermiers le traînèrent hors de chez lui, dénoncèrent ses méthodes oppressives et le mirent à mort. Les insurgés marchèrent ensuite sur Manille pour réclamer la clémence et demander réparation des injustices dont ils avaient été victimes.

Cette éruption de violence mineure aurait pu être maîtrisée si la délégation chinoise qui descendit précipitamment du Parián pour jouer les intermédiaires avait obtenu l'entière coopération des Espagnols chargés de réprimer le soulèvement. Mais pendant les pourparlers, un sous-officier espagnol, ignorant sans doute qu'un cessez-le-feu était en vigueur, attaqua une aile des insurgés. Les Chinois ripostèrent, et le reste des forces espagnoles se jeta dans la bataille. La guerre que l'on avait cherché à éviter reprenait. Dès que la rumeur de l'insurrection se répandit, des Chinois venus de tout Luçon rejoignirent les rebelles. Les insurgés se rassemblèrent sur la rive opposée de la Pasig, en face de Manille, et préparèrent leur offensive. Les Chinois du Parián cherchèrent à rester neutres avant de se rallier aux insurgés le 2 décembre.

Le gouverneur réagit en ordonnant l'exécution de tous les Chinois qui se trouvaient à l'intérieur de Manille et de la ville portuaire voisine de Cavite. Le responsable de Cavite, Alonso Garcia Romero, préféra user d'un subterfuge. Il invita tous les Chinois de Cavite à fermer leurs maisons et à se réfugier dans l'enceinte des bâtiments royaux où ils seraient en sécurité. Il invita également les prêtres de tous les ordres religieux à venir confesser les Chinois chrétiens et baptiser les non-chrétiens. Il annonça alors aux Chinois qui s'étaient rassemblés docilement qu'ils allaient être conduits par groupes de dix à l'intérieur des murailles de Manille, qui leur offriraient un abri plus sûr. En fait, les malheureux devaient être décapités. Une trentaine de ces groupes de dix personnes avaient déjà été emmenés, quand quelqu'un vit un garde couper la bourse d'un des Chinois qui partaient. Ce comportement donnait à penser que toute cette affaire n'était qu'une ruse pour les dépouiller de leur argent (aucun n'avait encore compris qu'il s'agissait en fait de les dépouiller de la vie), et un tumulte s'éleva. Les Chinois prirent les gardes à partie. Ceux-ci s'enfuirent, mais fermèrent la seule issue et la barricadèrent de l'extérieur. Une escouade d'arquebusiers cerna le bâtiment ; ils entrèrent et abattirent tous les Chinois qui se trouvaient à l'intérieur. Persuadé que les Chinois fomentaient un soulèvement et avaient l'intention d'assassiner tous les Espagnols de Cavite, un chroniqueur espagnol déclara que le massacre de Cavite avait été « une grande miséricorde de Dieu ». Il estimait le nombre de morts à mille trois cents. Seuls vingt-trois Chinois échappèrent au carnage.

Les insurgés chinois assiégèrent Manille, mais la ville était solidement fortifiée et les Espagnols résistèrent sans difficulté. Au bout de trois semaines, ils passèrent à l'offensive, lançant une attaque de l'autre côté de la Pasig. Contraints de se replier, les Chinois finirent par être mis en déroute et par quitter les lieux. Traversant un village incendié, des soldats espagnols trouvèrent, dans les ruines d'une église, une statue du Christ légèrement roussie mais autrement intacte. Ils l'offrirent à Corcuera, qui, devant cette statue épargnée par les flammes, cria au miracle et la brandit devant ses troupes : Dieu était de leur côté. Quelques jours plus tard, un Chinois converti d'un village situé sur l'autre rive de la Pasig exhuma une statue de l'empereur Guan, le dieu de la guerre et le saint patron des marchands (fig. 8), qu'il avait enterrée. Il aurait dû brûler cette statue lors de sa conversion, mais avait préféré l'enfouir derrière sa maison, ignorant ce que l'avenir lui réservait. Une fois déterré, à en croire ce que les enquêteurs espagnols apprirent par la suite, l'empereur Guan promit d'assister ses partisans dans leur combat. C'était une promesse que ses adeptes ne purent concrétiser. Les Chinois étant militairement inférieurs à leurs adversaires et étant privés de la protection de leur souverain, le dieu du commerce ne put l'emporter sur celui de l'empire.

Les Espagnols finirent par acculer les insurgés chinois restants et demandèrent à un prêtre jésuite de négocier leur reddition. Affirmant n'avoir « fait aucun mal quand on ne leur en avait pas fait », les insurgés acceptèrent de mettre fin aux hostilités pourvu que les Espagnols les autorisent à rejoindre la côte et à regagner la Chine. Corcuera refusa. Il n'accepterait leur reddition qu'à la condition inverse : qu'ils ne quittent *pas* les Philippines. Le gouverneur savait pertinemment que la richesse et la puissance de Manille dépendaient de la présence des Chinois. Il fallait qu'ils retournent à Manille et remettent les précédents accords en vigueur pour que la colonie survive. Non contents de n'avoir aucun moyen de pression, les Chinois comprirent, eux aussi, qu'il valait mieux en revenir à la situation antérieure. Le 24 février 1640, huit mille combattants déposèrent les armes. On les reconduisit à Manille et l'on organisa une parade de victoire devant l'enceinte de la ville. La cavalerie espagnole marchait en tête, suivie des alliés indigènes, eux-mêmes suivis par les Chinois vaincus. En queue de cortège, on pouvait voir le gouverneur Corcuera à cheval et juste devant lui, dressée sur un poteau, la statue du Christ noircie par les flammes retrouvée dans l'église incendiée.

Ce n'est pas l'argent qui provoqua le massacre de milliers de Chinois aux Philippines. Mais ces événements ne se seraient pas produits si le flot de métal précieux qui traversait le Pacifique ne s'était pas interrompu. Cette rupture alimenta l'inquiétude des deux camps, et un incident mineur dégénéra en conflit de grande ampleur. La violence que la richesse peut engendrer est invisible dans *La Femme à la balance*. S'apprêtant à peser ses pièces, Catharina Bolnes n'est pas troublée par la frénésie d'acquisition et d'hostilité que l'argent entraînait dans le vaste monde.

Tous ceux qui pesaient de l'argent au XVIIe siècle ne manifestaient pas la même équanimité. Fulgencio Orozco avait déjà cinquante ans quand il arriva à Potosí en 1610, dans l'intention d'y faire fortune. Malgré sa noblesse, il était trop pauvre pour rembourser une dette de huit cents pesos qu'il avait contractée, de même que pour constituer une dot à sa fille, ce qui représentait encore deux mille pesos de plus. Le statut social d'Orozco lui permettait de fréquenter les familles de l'élite municipale, dont un membre put le recommander pour un poste de chef d'équipe dans une des affineries d'argent. C'était le genre d'emploi que l'on confiait plus souvent à un Créole de naissance américaine qu'à un gentilhomme natif d'Espagne, mais Orozco était aux abois et prêt à tout pour gagner de l'argent. Cependant, malgré ses efforts, son emploi lui rapporta à peine de quoi couvrir ses frais. Son impatience le poussa à quitter l'affinerie pour chercher à s'enrichir par des moyens plus rapides. Après avoir fait des pieds et des mains à Potosí pendant vingt mois sans amasser un sou de plus pour la dot de sa fille, Orozco perdit la tête et devint suicidaire. Il se retrouva à l'hôpital royal, maudissant le Christ qui l'abandonnait dans le besoin et fulminant contre le diable qui n'avait pas tenu ses engagements, malgré le contrat qu'Orozco s'imaginait avoir conclu avec lui pour s'enrichir.

Les divagations d'Orozco attirèrent une foule de spectateurs qui se persuadèrent qu'il était possédé et envoyèrent chercher un prêtre de l'ordre des Augustins, Antonio de la Calancha, pour exorciser le démon qui s'était emparé de lui. Orozco refusa son aide et fut tellement exaspéré par certains des badauds zélés qui imploraient le démon de sortir de son corps, qu'il attrapa le crucifix du prêtre et se mit à les frapper. La police arriva pour disperser la foule, ce qui ne fit qu'ajouter au tapage. Le frère Antonio accomplit un premier exorcisme sans effet manifeste, puis un second. Cela ne fit qu'aggraver la fureur d'Orozco. Il cherchait obstinément à faire comprendre au prêtre que le démon n'était pas en lui, mais à la tête de son lit. Il n'y avait rien à exorciser à l'intérieur de son corps.

Ne sachant plus à quel saint se vouer, le frère Antonio se tourna vers son patient et lui demanda : « Pourquoi un homme comme vous, un noble, tempête-t-il comme un hérétique ou un Juif ? »

« Vous voulez savoir pourquoi j'abhorre le Christ ? répliqua Orozco. C'est parce qu'Il donne ses richesses à des bons à rien et à des gens du commun, alors qu'Il m'accable de pauvreté, moi, un gentilhomme chargé de lourdes obligations. Depuis que je suis venu au Pérou gagner de l'argent pour la dot de ma fille, Il n'a cessé de me prendre tout ce que je gagnais, m'obligeant à voir de mes propres yeux d'autres gagner de l'argent là où j'en perdais. Y a-t-il quelqu'un dans cette ville qui ait travaillé aussi dur que moi sans rien gagner ? Et il me faut constater de surcroît qu'avec moins d'effort que moi, en moins de temps et plus facilement, beaucoup ont réussi à amasser des milliers ? »

Le désespoir d'Orozco n'était pas dû à sa seule pauvreté, mais à la prise de conscience que les efforts, les intentions honnêtes et le statut de gentilhomme n'étaient pas des gages de succès dans une économie commerciale. L'argent n'affluait pas entre les mains de ceux qui le méritaient, et la classe sociale n'offrait aucune protection. Pour Orozco, Potosí était devenu ce qu'il avait été pour les Indiens des Andes : *puna*, inhabitable. Calancha chercha à déplacer le débat en faisant observer avec compassion que, si les honnêtes gens pouvaient s'enrichir parce que Dieu le voulait, la plupart des habitants de Potosí s'enrichissaient par le vol, l'usure et la fraude. Dieu pouvait récompenser les vertueux par des richesses, mais les richesses n'allaient pas toujours uniquement à ceux que Dieu bénissait. Les Potosinos, en particulier, « zélés dans la recherche des richesses et quelque peu enclins à la débauche », faisaient rarement partie des bienheureux. Cet aveu pouvait paraître maladroit dans la bouche d'un prêtre qui prêchait une doctrine de récompense divine du bien et de châtiment du mal, mais cette théologie était toujours assortie de la conviction que les voies de Dieu étaient impénétrables, que l'homme ne pouvait être juge en la matière et que le positif comme le négatif seraient pesés et triés au Jugement dernier.

À cet instant, Calancha renonça au raisonnement théologique et proposa un marché à Orozco. Et si tous ceux qui s'étaient rassemblés autour de son lit d'hôpital – leur groupe s'était grossi de huit à dix prêtres de l'Inquisition qui avaient appris avec un vif intérêt qu'Orozco dévidait des hérésies – réunissaient les 2 800 pesos dont il avait besoin ? Accepterait-il de repousser le démon et de rechercher la clémence de Dieu ? Orozco se calma, mais demeura évasif. Il voulait voir la somme d'abord. Pour prouver leur bonne foi, quatre ou cinq prêtres partirent chercher l'argent dans des fonds contrôlés par l'Inquisition et le firent peser au Bureau d'essai pour obtenir le montant exact dont Orozco avait besoin. Ils allèrent jusqu'à vérifier combien il en coûterait pour faire expédier cet argent en Espagne avant de revenir au chevet d'Orozco.

La proposition fut acceptée. Quand les sacs d'argent furent déposés au pied de son lit ce soir-là, le forcené se repentit, loua Dieu et confessa ses péchés au prêtre. Épuisé, il perdit l'usage de la parole plus tard dans la soirée et expira à l'aube. Au prix de 2 800 pesos plus les frais de transport, la conversion n'était pas donnée, mais l'Église (qui, comme toutes les institutions de Potosí, amassait une part d'argent substantielle) s'estima satisfaite de la transaction. La magie de la charité avait opéré. Une dette avait été remboursée, une dot constituée et une âme sauvée. Or l'agent qui avait accompli ce prodige – l'agent aussi du désespoir et du trépas d'un homme – était l'argent des mines de Potosí, le métal même qui attendait que Catharina pèse sereinement sa valeur.

7

Voyages

En regardant *Les Joueurs de cartes* (fig. 7), on reconnaît sans peine une toile hollandaise du milieu du XVIIe siècle, mais on ne risque pas de la prendre pour un Vermeer. Les éléments familiers sont pourtant présents : des fenêtres à gauche, un dallage de marbre disposé en diagonale, une frise de carreaux de Delft à la jonction entre le mur et le sol, un pichet en céramique de Delft imitant la porcelaine chinoise bleu et blanc, un verre de vin levé, une carte de la province de Hollande au mur. Ajoutez l'officier en manteau militaire rouge coiffé d'un chapeau de castor qui conte fleurette à la jeune femme, et nous pourrions nous croire revenus dans *L'Officier et la jeune fille riant* de Vermeer. Mais non. Cette peinture contient tous les éléments d'un Vermeer, mais elle ne possède ni la précision du tracé ni le souci de la composition capables de transformer une scène de genre en un tableau plein de dynamisme.

L'artiste est Hendrik Van der Burch, un peintre de bonne réputation qui évoluait dans les mêmes cercles que Johannes Vermeer et avait peut-être autant de succès commercial que lui. Les deux hommes occupèrent la scène artistique de Delft à peu près au même moment. Né aux environs de Delft cinq ans avant Vermeer, Van der Burch arriva en ville à quinze ans. Il y étudia la peinture et entra à la guilde de Saint-Luc à vingt et un ans – exactement l'âge qu'avait Vermeer quand il en devint membre cinq ans plus tard. Aucun document n'atteste que les deux artistes se connaissaient, mais le contraire serait impensable, car la sœur ou la demi-sœur de Van der Burch épousa le célèbre Pieter De Hooch, dont Vermeer connaissait certainement les œuvres. Il est plus difficile de prouver l'existence d'un lien entre *Les Joueurs de cartes* et *L'Officier et la jeune fille riant*. Le militaire en train de faire sa cour était un sujet courant. Vermeer réalisa probablement sa toile le premier, un an ou deux avant Van der Burch. À cette date, celui-ci vivait cependant à Leyde ou à Amsterdam, de sorte qu'il ne vit peut-être jamais *L'Officier et la jeune fille riant*.

Malgré les similitudes de sujet et de style, aucun des intérieurs de Vermeer ne nous a préparés à la découverte de la figure qui occupe le centre du tableau de Van der Burch. Vermeer n'a pas peint d'enfants, il n'a pas peint de jeunes serviteurs, il n'a pas peint d'Africains. Van der Burch nous propose les trois sous les traits d'un Africain d'une dizaine d'années, vêtu d'un pourpoint raffiné et portant des boucles d'oreilles, qui obéit aux ordres de sa maîtresse. Ce n'est pas tout. Son regard se dirige droit vers l'artiste – et vers nous. L'homme et la femme sont absorbés dans leur partie de cartes, tandis que la fillette, sur le côté, est occupée par le chien de manchon. Le petit Africain est le seul à ne pas participer à ces jeux, et il nous regarde d'un air presque entendu. C'est une attitude étrange pour quelqu'un qui remplit un verre de vin. Il ferait mieux de vérifier ce qu'il fait. La position du verre est encore plus singulière. Un examen attentif nous révèle que le garçon le tient de la main gauche. Mais un coup d'œil superficiel pourrait faire croire au spectateur que c'est la femme qui le tient entre le pouce et l'index – la manière bien élevée de tenir un verre à pied au XVIIe siècle. Le seul indice qui infirme cette interprétation est la carte qu'elle a en main, mais on ne la distingue pas bien de prime abord.

La disposition du verre de vin juste au-dessus de la main de la femme me donne à penser qu'initialement, Van der Burch avait eu l'intention qu'elle le tende au page pour que celui-ci le remplisse. Les acteurs du principal échange du tableau auraient donc été la maîtresse blanche et son serviteur noir, une association prisée des toiles du XVIIe siècle représentant des femmes de la haute société. Mais Van der Burch a changé d'avis, préférant recentrer cette relation sur la femme et son prétendant. Le verre qu'elle reçoit du jeune garçon n'est plus au cœur du tableau ; la carte qu'elle tend à son soupirant le remplace. Mais il était trop tard pour qu'il supprime le page. C'est ainsi que le jeune Africain se tient là, occupé à verser du vin, alors que le verre est plein et que rien ne coule du pichet incliné. Rien d'étonnant à ce qu'il puisse quitter son travail des yeux pour nous regarder.

Et nous le regardons, nous aussi. L'œuvre de Vermeer ne nous aurait jamais appris qu'il y avait des Africains à Delft. Van der Burch nous le fait découvrir. Ils étaient arrivés en petit nombre en Europe depuis le XVe siècle, mais leurs effectifs étaient en forte hausse dans les Pays-Bas du XVIIe siècle. Ils étaient employés comme marins, ouvriers et domestiques dans les villes portuaires d'Anvers et d'Amsterdam, mais surtout comme esclaves. Les lois de ces villes autorisaient les esclaves à adresser aux autorités municipales une demande d'affranchissement dès lors qu'ils relevaient de leur juridiction. Ils furent peu nombreux, semble-t-il, à profiter de cette possibilité. Cette distinction juridique ne changeait d'ailleurs sans doute pas grand-chose à la vie concrète des Africains dans les Flandres ou aux Pays-Bas. À part le service domestique, les possibilités d'emploi étaient limitées, et même si la loi les disait théoriquement libres, ils étaient pour ainsi dire attachés au maître ou à la maîtresse qui les avait acquis.

En représentant un serviteur noir sur sa toile, Van der Burch ne faisait pas figure d'exception parmi les peintres hollandais. De nombreux artistes des Pays-Bas peignirent des Africains, généralement dans des cadres domestiques, ce qui nous apprend que ces esclaves ne vivaient pas à l'écart des familles blanches qui les possédaient. En réalité, ceux qui avaient de jeunes serviteurs noirs (c'étaient généralement des garçons) cherchaient au contraire à en faire étalage. C'était un peu comme lorsque le commanditaire d'une peinture demandait à l'artiste d'y intégrer un vase chinois qu'il aimait beaucoup. C'était une preuve de son aisance financière, de son bon goût bourgeois et de sa connaissance des signes qui comptaient dans le milieu social où il s'enrichissait. Si le sujet du tableau était une femme et l'esclave noir un garçon, sa présence dans le tableau mettait également en valeur la carnation, le teint, le sexe et la supériorité de sa maîtresse.

Le jeune garçon des *Joueurs de cartes* est la porte de cette toile qui s'ouvre sur un vaste monde de voyages, de déplacements, de servitude et de perturbations. Ce vaste monde s'insinuait dans la vie quotidienne des Pays-Bas, y introduisant de vrais êtres humains, venus de vraies contrées lointaines. S'agissant de ce garçon précis, nous ne savons rien de lui, au-delà de la réalité de sa présence dans ce tableau. S'il n'était pas né à Delft, il s'agissait probablement d'un des malheureux s'étant fait prendre dans les filets d'une activité de négoce et de capture qui déplaçait les gens aussi aisément que les objets. Pourtant, il avait déjà bien de la chance d'être en vie. Tant de ceux qui furent entraînés dans le tourbillon du mouvement planétaire n'en sortirent pas vivants. Bien souvent, même ceux qui y entraient par choix et non par force n'étaient pas épargnés. Le XVIIe siècle réclama un lourd tribut aux uns comme aux autres.

Pour calculer les coûts humains du mouvement impétueux qui dispersa des populations sur toute la surface du globe au XVIIe siècle, nous retracerons cinq voyages qui conduisirent des hommes dans des contrées et des situations fort éloignées de leur lieu de naissance : trois d'entre eux échouèrent ainsi au Natal, sur la côte sud-est de l'Afrique, soixante-douze hommes et garçons furent rejetés sur une île au large de Java, un Hollandais débarqua sur l'île coréenne de Cheju, un Italien sur le littoral du Fujian et deux marins hollandais qui rentraient chez eux jetèrent définitivement l'ancre à Madagascar. Au-dessus de leurs périples plane la figure du petit Noir de Van der Burch, ce jeune garçon qui arriva sain et sauf à Delft, mais ne revint jamais chez lui. Nous conclurons par un récit de voyage cher aux chrétiens du XVIIe siècle, celui des Rois mages, et nous nous demanderons pourquoi Vermeer accrocha chez lui une représentation de ce sujet.

La dernière fois qu'on les vit, les trois hommes regardaient leurs compagnons de bord franchir la large rivière africaine qui s'étendait devant eux, avant de disparaître dans le lointain, en direction, espéraient-ils, du Mozambique. Le gros homme allongé sur la litière que ses porteurs avaient surmontée d'un dais de fortune était portugais. Il avait pour serviteurs un Chinois et un Africain, dont les noms sont oubliés. Il est bien rare que les esclaves des empires voient leur identité consignée dans les archives publiques, à moins qu'ils n'aient commis un délit que les annales de la justice coloniale jugent bon de conserver. Nous connaissons en revanche le nom du Portugais étendu sur sa litière, car il s'agissait de leur maître : il s'appelait Sebastian Lobo da Silveira.

Lobo – ce qui veut dire « loup » – passait pour l'homme le plus obèse de Macao dans les années 1640. Il fut renvoyé au Portugal en février 1647 pour y être jugé. Il était arrivé à Macao neuf ans plus tôt pour y assumer les fonctions lucratives de capitaine général, exerçant ainsi son autorité sur l'ensemble du commerce maritime entre Macao et le Japon. À Lisbonne, Lobo avait payé grassement un privilège exclusif, dont il attendait un copieux retour sur investissement à Macao. Le Portugal avait en effet le monopole du commerce entre la Chine et le Japon, car les gouvernements de ces deux pays, généralement hostiles à toute relation commerciale directe, autorisaient les Portugais à jouer les intermédiaires. Un seul aller-retour entre la colonie portugaise de Macao et le port japonais de Nagasaki, avec un navire chargé de soieries chinoises dans un sens et d'argent japonais dans l'autre, et vous doubliez votre capital, à condition que les Hollandais ne s'emparent pas de votre bateau. Mais Lobo avait mal choisi son moment. Il eut la malchance d'acquérir sa charge en 1638, juste avant que le Japon ne se ferme aux marchands portugais, accusés d'avoir enfreint l'interdiction de laisser des missionnaires entrer dans le pays. Un capitaine portugais qui passa outre à cette disposition en 1639 fut expulsé. Un autre, qui en fit autant en 1640, fut exécuté avec le gros de son équipage. Dorénavant, seuls les Hollandais, dont on savait qu'ils n'avaient pas la moindre intention d'introduire subrepticement au

Japon des catholiques faisant du prosélytisme, furent autorisés à se livrer à des activités commerciales à Nagasaki. Il n'y eut plus de trajets depuis Macao, et plus de profits faciles pour le Loup.

Le commerce avec le Japon lui étant fermé, Lobo conçut d'autres projets. Il obligea de riches marchands macanais, qui avaient besoin d'un avis favorable de sa part, à lui prêter de fortes sommes qu'il comptait bien ne jamais rembourser. Pis encore, il prenait plaisir à afficher sa richesse et à faire fi des conventions sociales. Il se pavanait à Macao dans un ridicule « costume maure de soie bleu ciel richement brochée d'or, avec une toque rouge sur la tête ». Sa cupidité lui valut un conflit avec le sénat, un organe qui rassemblait les principaux marchands de la ville. Ce différend dégénéra en combats de rues, les deux camps adverses n'hésitant pas à faire intervenir l'artillerie. À la fin de l'été de 1642, quand l'administrateur de la Couronne chercha à reprendre la situation en main, Lobo le fit enlever et enfermer pendant huit mois dans un cachot privé, avant de le faire rosser à mort.

Les désordres qui agitèrent les rues de Macao, à l'extrémité sud de la Chine, n'étaient rien par rapport au chaos dans lequel s'enfonçaient au même moment les villes de la Chine du Nord, où des bandes rebelles se dressaient contre les armées du gouvernement et, aussi fréquemment sans doute, se combattaient entre elles, cherchant à prendre l'ascendant sur le régime Ming chancelant. En 1644, un de ces chefs rebelles, un garde des postes réduit au chômage par la suppression du financement central, lança un raid audacieux contre Pékin et s'empara de la capitale. Abandonné de ceux qui avaient juré de soutenir son règne, l'empereur Chongzhen, celui-là même qui avait cherché à faire venir des artilleurs portugais à Pékin malgré les objections de certains de ses courtisans, se pendit à un arbre, tout au nord de la Cité interdite. Mais la Chine ne se laisserait pas prendre aussi rapidement par l'un des siens. Moins de six semaines plus tard, une armée sino-mandchoue fondit sur Pékin depuis la Grande Muraille, chassant le chef rebelle de sa prise précaire. Les Mandchous firent ensuite un coup d'État en plaçant sur le trône un jeune prince de leur choix, qu'ils présentèrent comme le premier empereur de la dynastie Qing. La dynastie Ming avait officiellement pris fin.

La même année, un nouveau gouverneur arriva à Macao depuis la colonie portugaise de Goa. Des plaintes avaient été déposées contre Lobo à Lisbonne, et le nouveau gouverneur était chargé de l'inculper. Il allait lui falloir deux ans et demi pour pouvoir embarquer le Loup sur une caraque en partance pour l'Europe. Le navire quitta Macao en février 1647. Lobo était accompagné de son frère dévoué, de son esclave personnel et d'un esclave africain qu'on lui avait prêté pour la durée du voyage. Leur navire ne doubla jamais le cap de Bonne-Espérance. Il sombra un peu avant, au large de la région que nous appelons le Natal. Ceux qui réussirent à regagner la rive jugèrent que leur meilleure chance de survie consistait à partir à pied vers le nord, en direction du Mozambique, mais la constitution de Lobo ne se prêtait pas à une telle expédition. Le marchand souffrait en effet d'un tel excédent de poids et sa santé était tellement délabrée en raison de son mode de vie extravagant qu'il était incapable de faire plus de quelques pas d'affilée. Son frère fit fabriquer un hamac en fils de pêche et convainquit les mousses de le transporter dans cet équipage, moyennant un généreux salaire quotidien.

Moins de vingt-quatre heures plus tard, les porteurs déclarèrent forfait et décidèrent de laisser le Loup sur place, en compagnie de plusieurs religieuses incapables d'aller plus loin. Le frère de Lobo intervint et promit une riche récompense à seize marins pour qu'ils se chargent de ce fardeau, tout en les menaçant de les tenir pour responsables si l'ordre du roi – ramener Lobo à Lisbonne – n'était pas respecté. Ils se remirent donc en chemin, abandonnant les religieuses à leur sort. Au bout d'une semaine de trajet et devant la diminution des réserves de nourriture, les portefaix refusèrent de poursuivre à n'importe quel prix. Sur la rive méridionale d'une large rivière qu'il leur était impossible de faire franchir à l'obèse, les marins dressèrent un abri de toile et y laissèrent Lobo. Son domestique chinois et son esclave africain n'eurent d'autre choix que de rester avec lui et de partager son sort. Le frère de Lobo s'attarda quelques heures en leur compagnie avant d'aller rejoindre ses compagnons. Il réussit à regagner le Portugal. On n'entendit plus jamais parler des trois hommes qu'il avait laissés derrière lui.

Au XVIIe siècle, on avait déjà vu des Africains en Asie orientale, mais les Chinois étaient un spectacle plus rare hors de cette région du monde. La loi Ming interdisait en effet aux Chinois de quitter le royaume de l'empereur et ceux qui partaient sans autorisation étaient passibles de la peine de mort, s'ils revenaient un jour. Cela faisait cependant plus de deux siècles qu'un grand nombre d'entre eux voyageaient à travers toute l'Asie du Sud-Est pour y faire du commerce et y travailler, et qu'ils revenaient discrètement en Chine sans subir les foudres de la justice. La plupart des fonctionnaires fermaient les yeux, tant que les marins marchands qui allaient et venaient n'exportaient pas de matériel militaire comme de la poudre à canon. La servitude aux mains d'un maître étranger était une autre affaire.

Depuis que les Portugais avaient établi leur colonie sur la minuscule péninsule de Macao en 1557, des Chinois s'y étaient rendus pour trouver du travail. Beaucoup firent le voyage en toute liberté, mais d'autres y arrivèrent comme main-d'œuvre servile, soit parce qu'ils s'étaient vendus eux-mêmes pour rembourser des dettes, soit parce qu'ils avaient été enlevés. La servitude était légale dans la Chine des Ming, pourvu qu'elle fût contractée volontairement et par contrat écrit. En revanche, le trafic humain avec des étrangers était contraire au droit chinois, et les fonctionnaires provinciaux de Canton étaient très vigilants sur ce point. L'interdiction du commerce des hommes était jugée suffisamment importante pour qu'elle figure en deuxième position sur la liste des cinq réglementations fondamentales que les Portugais furent obligés d'approuver, au terme d'une série de négociations avec des fonctionnaires chinois en 1614. (Une autre de ces directives interdisait également aux Portugais d'avoir des serviteurs japonais, des « esclaves nains ».) Deux ans plus tard, ces règles furent inscrites sur une grande tablette de pierre érigée au centre de la ville, afin que personne ne pût prétendre avoir oublié les termes de l'accord. Les Chinois ne pouvaient être ni achetés ni vendus.

En dépit de ce qui était gravé dans la pierre, les fonctionnaires chinois ne tardèrent pas à comprendre qu'aucune barrière juridique ne saurait endiguer le flot de leurs compatriotes miséreux, qui partaient racler quelques rognures de la Montagne d'or de Macao. Les petites gens n'avaient aucun intérêt à respecter la quarantaine que l'État Ming aurait bien voulu imposer entre les Chinois et les étrangers ; les bénéfices d'un départ pour Macao l'emportaient largement sur le devoir moral que ces réglementations étaient censées faire respecter. « Chaque année, ils partent, maugréait un fonctionnaire, chaque année, nous ignorons combien ils sont. » Le souci du gouvernement chinois était moins idéologique que financier. Quand un Chinois quittait le pays, il disparaissait des registres fiscaux de son comté. Un Chinois de plus en servitude à Macao, c'était un contribuable de moins en Chine. Le recteur du collège des Jésuites de Macao prit fait et cause pour ces fonctionnaires chinois en se prononçant contre le trafic d'enfants chinois, mais ses mises en garde furent impuissantes à interrompre l'afflux de ceux dont le travail et les services assuraient le fonctionnement de la colonie.

Si le navire de Lobo avait rejoint Lisbonne, son domestique chinois aurait été l'un des rares Chinois d'Europe. Quelques-uns l'avaient devancé, certains comme acolytes chrétiens venus se former chez les Jésuites, d'autres comme objets de curiosité à présenter à de grands monarques et à des érudits éclairés. Mais comme le navire de Lobo n'arriva pas à bon port, son serviteur échoua quelque part entre le monde de son maître et le sien. La mort du Loup mettait fin à sa servitude – en même temps qu'à ses chances de survie. Il allait être l'un des nombreux individus que le tourbillon commercial du XVIIe siècle ramassa en un lieu, pour le déposer en un autre.

La navigation était une entreprise risquée. Les corporations marchandes d'Europe construisaient des navires de plus en plus grands, capables de transporter des cargaisons de plus en plus volumineuses et de mieux résister aux attaques en mer alors qu'ils parcouraient le globe toutes voiles dehors, en devant respecter des délais de plus en plus serrés. Mais plus le navire était grand, moins il pouvait manœuvrer habilement dans les bras de mer, rejoindre la rive sans dommages quand une tempête se levait, ou échapper à un agresseur plus petit mais plus agile que lui. Le XVIIe siècle devint ainsi le grand siècle des naufrages. C'était une simple question de chiffres. Au cours de la première décennie du siècle, cinquante-neuf navires hollandais et vingt navires anglais firent voile pour l'Asie. Avançons de dix ans jusqu'aux années 1620, et nous arrivons à cent quarante-huit bâtiments hollandais et cinquante-trois anglais. Ajoutez aux effectifs la pression de la concurrence. Les capitaines commencèrent à naviguer à des vitesses plus élevées et à prendre des risques de plus en plus grands pour essayer de distancer leurs concurrents. C'est ainsi qu'un nombre croissant d'équipages et de passagers se trouvaient rejetés sur des côtes de plus en plus éloignées, obligés d'affronter des situations qui dépassaient l'imagination et les obligeaient à se servir de leur intelligence pour avoir une chance de survivre. Les heurts entre les cultures se multipliaient, et les hommes devaient négocier habilement les différences manifestes de couleur de peau, de costume, de gestuelle et de langage qui tendent à marquer la frontière entre nous et les autres.

Il se trouve que l'année 1647 fut particulièrement funeste pour les navires hollandais qui doublaient le cap de Bonne-Espérance. Quatre mois plus tôt, le *Nieuw Haarlem* sombra près du cap, alors qu'il revenait de son quatrième aller-retour à Batavia, et ses passagers restèrent en rade presque un an avant d'être secourus. De retour à Amsterdam, les rescapés harcelèrent la VOC pour qu'elle les autorise à regagner la pointe sud de l'Afrique afin de la coloniser. La VOC n'était pas très tentée par l'occupation de territoires d'outre-mer, sinon pour les nécessités du commerce. Contrairement aux Espagnols et aux Portugais, qui voyaient dans leur puissance commerciale un droit absolu au contrôle militaire, les Hollandais voulaient simplement aller et venir pour commercer librement. Au bout de cinq années de pressions énergiques, certains rescapés purent retourner sur le lieu de leur naufrage de 1647 et s'y établir. Ce fut la première expédition coloniale hollandaise au cap, le premier fil de la trame de colonisation blanche et de servitude noire en Afrique du Sud, qu'il faudrait trois siècles pour tisser et plusieurs décennies mouvementées pour défaire à la fin du XXe siècle.

Les entreprises maritimes faisaient la fortune de quelques chanceux et nourrissaient les rêves des autres. Certains s'engageaient de leur plein gré dans de longs périples dont les perspectives d'enrichissement – et même de retour – n'étaient pas forcément excellentes, mais ils préféraient cela à rester chez eux. Ceux qui ne partaient pas pouvaient éprouver un certain plaisir par procuration en rêvant de prendre la mer pour s'enrichir, ou se consoler, avec une joie un peu perverse, en songeant que la mort et la destruction attendaient à chaque tournant ceux qui le faisaient pour de bon. Les longues traversées s'accompagnaient de tant de périls ! Maladie, déshydratation et famine ravageaient régulièrement les équipages. Les tempêtes pouvaient briser les coques et ne pas laisser une seule planche pour rappeler l'existence du bâtiment ou des hommes qui s'y trouvaient. Les navigateurs se laissaient souvent abuser par des côtes qu'ils connaissaient mal, tandis que des écueils qui ne figuraient sur aucune carte éventraient les bateaux, précipitant les passagers dans les flots et les cargaisons par le fond. Et, comme le découvrit Adriano de Las Cortes, rejoindre le rivage n'était pas une garantie de salut pour peu que la population locale ait appris à se méfier des marchands et de leurs fusils, ou à convoiter ce qu'ils transportaient.

Aussi n'est-il pas surprenant que les récits de catastrophes maritimes se soient emparés de l'imagination des lecteurs du XVIIe siècle. À partir du début du siècle, des écrivains en tout genre ne demandèrent qu'à livrer ce genre d'histoires. William Shakespeare lui-même céda à la demande vers la fin de sa carrière ; reconnaissons toutefois que, s'il ne se lança dans la composition de *La Tempête* que pour satisfaire le goût du public, il écrivit, de l'aveu général, une de ses pièces les plus ensorcelantes. De tous les comptes rendus de naufrages que les éditeurs s'empressèrent de publier dans les premières décennies du siècle, aucun ne se vendit aussi bien que *Le Naufrage de Bontekoe et autres aventures en mer de Chine*. L'auteur, Willem Bontekoe, y régale le lecteur de six années d'aventures à vous faire dresser les cheveux sur la tête. Tout commence en 1619, lorsqu'il prend le commandement du *Nieuw Hoorn* pour une traversée absolument désastreuse de l'océan Indien. Il prétend avoir écrit ce récit pour sa famille et ses amis de Hoorn (il avait deux frères qui étaient, eux aussi, capitaines de navires de la VOC), doutant que cette lecture soit d'un quelconque intérêt pour autrui et demandant aux lecteurs qui jugeraient ce livre médiocre de s'en prendre à l'éditeur qui avait absolument tenu à imprimer son manuscrit. Vingt ans s'étaient écoulés depuis les événements que relate Bontekoe, mais cela ne découragea pas un public avide d'histoires de ce genre. Son livre remporta un incroyable succès commercial.

Au cours de son voyage d'aller, le *Nieuw Hoorn* fut victime d'une catastrophe imprévue. Le navire se trouvait dans l'océan Indien quand un marin renversa une lanterne qui provoqua un incendie. L'équipage fit son possible pour maîtriser le feu, mais les flammes échappèrent rapidement à tout contrôle et se propagèrent au magasin de poudre, qui explosa, tuant plusieurs membres de l'équipage. Les noyés furent encore plus nombreux. Certains eurent la chance de rejoindre les deux canots de sauvetage avant que l'explosion ne déchire la coque, mais Bontekoe resta à bord jusqu'au bout. La violence de l'explosion le projeta hors du bateau. Blessé et hébété, il eut tout de même la présence d'esprit de se cramponner à un mât qui flottait près de lui. Les rescapés qui avaient pris place dans une des chaloupes finirent par le repêcher. Soixante-douze hommes et garçons dérivèrent ainsi vers l'est pendant deux semaines, perdus au milieu de l'océan. Les réserves alimentaires s'épuisant, les marins commencèrent à jeter des regards affamés sur les mousses. Heureusement pour tous ceux qui étaient à bord, les canots échouèrent sur une île au large de Sumatra avant qu'ils ne soient morts de faim.

Bontekoe n'était pour rien dans cette catastrophe, mais Jan Coen, gouverneur de la VOC récemment nommé à Batavia, un des responsables les plus efficaces de la compagnie, lui fit des reproches à son arrivée dans la colonie hollandaise. La VOC avait en effet défini un nouvel itinéraire pour la traversée de l'océan Indien, mais Bontekoe ne l'avait pas emprunté. Au lieu de contourner le cap et de remonter vers Madagascar avant de se diriger vers l'est, ce qui obligeait les navires à affronter des courants défavorables et des vents mugissants, il était désormais recommandé aux bâtiments de la VOC de prendre au sud du cap et de se placer ensuite sous les vents d'ouest. Ceux-ci leur feraient franchir rapidement la zone inférieure de l'océan Indien. Avant d'aller trop loin vers l'est et de s'écraser sur la côte rocheuse de l'Ouest de l'Australie, les navires devaient couper au nord, vers Batavia. Or Bontekoe avait doublé le cap et pris la route traditionnelle. Il justifia son choix dans son journal de bord en observant : « Nous avions assez d'eau et tout notre monde se portait bien. » Finalement pourtant, son voyage dura bien plus longtemps que nécessaire. Le nouveau trajet réduisait de trois ou quatre mois les onze mois de traversée d'Amsterdam à Batavia. Bontekoe aurait pu être en Indonésie trois mois avant que l'explosion se produise [1].

Les rescapés du *Nieuw Hoorn* débarquèrent sur une île dont ils ne tardèrent pas à remarquer qu'elle était tout sauf déserte. Peu après avoir rejoint la rive, ils découvrirent un feu de camp récemment dressé, avec un petit tas de feuilles de tabac à côté – preuve que les Malais de cette île avaient déjà été initiés à ses plaisirs. Les insulaires avaient aussi appris à ne pas se montrer aux nouveaux arrivants et à se dissimuler pour mieux évaluer leurs forces et leurs dispositions avant de prendre contact. Les Malais se présentèrent le lendemain matin pour parlementer. Trois marins hollandais qui s'étaient déjà rendus en Asie y avaient appris suffisamment de malais pour se faire comprendre. Les Malais voulurent immédiatement savoir si les hommes avaient des armes à feu. Les Hollandais avaient perdu toutes leurs arquebuses dans l'explosion du bateau, mais la prudence commandait de ne pas révéler qu'ils étaient désarmés. Ils répondirent donc qu'ils avaient quantité de fusils au fond de leurs canots. Leurs questions révélèrent aux marins que les Malais étaient fort bien informés sur le commerce hollandais ; ils se montrèrent même disposés à accepter des pièces hollandaises en échange de nourriture. Les insulaires connaissaient jusqu'au nom du gouverneur de Batavia, Jan Coen. Ils savaient aussi que les négociants hollandais transportaient des marchandises précieuses, et leur tendirent donc une embuscade dès le lendemain. L'attaque échoua, mais au prix de plusieurs vies hollandaises.

Bontekoe et ses hommes s'enfuirent jusqu'à la mer et remontèrent dans leurs chaloupes. Ils finirent par être repérés par des navires hollandais qui les transportèrent à Batavia. Là, ils trouvèrent du travail sur des navires de la VOC qui faisaient du cabotage dans toute l'Asie du Sud-Est. Trois ans plus tard, en juin 1622, Bontekoe prit part à l'attaque hollandaise manquée contre Macao, celle où un boulet du canon de Giacomo Rho toucha sa cible et mit feu aux barils de poudre des agresseurs. « Ce malheur nous arrêta », comme le formule délicatement Bontekoe. Incapables de s'emparer de la ville, les Hollandais se retirèrent et passèrent le reste de l'été en mer, à faire le blocus des Portugais et à harceler les marins chinois. Si la VOC ne pouvait pas s'emparer de Macao, elle pouvait obliger les Chinois à nouer des échanges commerciaux distincts sur un autre point de la côte – raison pour laquelle, trois ans plus tard, les survivants de la *Nossa Senhora da Guía* furent menacés par des miliciens quand leur navire s'échoua. Les Cheveux rouges avaient enseigné aux habitants de la côte une leçon capitale : il fallait craindre les Européens.

Cet été d'escarmouches se poursuivit pendant l'automne. C'est ainsi que quatre marins et deux mousses du navire de Bontekoe se trouvèrent abandonnés sur la côte. Les six hommes étaient à bord d'un bateau chargé de garder une jonque chinoise qui avait été capturée, quand une tempête se leva et les rejeta sur la rive. Ils survécurent au naufrage et réussirent à s'accrocher à leurs mousquets. Bien que leurs armes à feu trempées fussent hors d'état, ils les brandirent d'un air menaçant pour dissuader quiconque d'approcher. Au cours de leur seconde journée à terre, ils entrèrent dans une maison où ils purent rallumer la mèche de leurs arquebuses. Plus tard dans la journée, ils découvrirent sur une plage une demi-douzaine de cadavres de Chinois, abattus par d'autres Hollandais. Ils avaient d'excellentes raisons de craindre les représailles des habitants. Les marins hollandais ne tardèrent pas à être effectivement encerclés par une foule de Chinois, mais celle-ci resta à distance respectueuse, se contentant de les observer. Pour dissuader les Chinois d'approcher, les Hollandais tirèrent en l'air. Ils relatèrent non sans satisfaction que les Chinois n'avaient apparemment « jamais entendu d'armes à feu » – mais ils avaient certainement déjà vu des arquebuses. Ils racontèrent également que les Chinois les « dévisagèrent avec étonnement ». Ces Hollandais étaient peut-être les premiers authentiques Cheveux rouges que les Chinois voyaient.

Les habitants n'étaient armés que de couteaux et de piques, et n'avaient pas grande envie de se battre. Au lieu de provoquer les Cheveux rouges, ils jugèrent plus sûr de les amadouer et d'éviter que la situation ne dégénère. Ils leur montrèrent le temple de leur village et leur firent signe qu'on leur donnerait à manger. Les Hollandais restaient sur leurs gardes, craignant un piège. Ils avaient tort. Sans doute les Chinois avaient-ils pensé que des hommes affamés risquaient de se conduire avec moins de raison que des hommes repus. Une fois rassasiés, les Hollandais se retirèrent et descendirent sur la rive, espérant attirer l'attention d'un bateau hollandais de passage. Ils avaient eu de la chance de ne pas être obligés de se battre, parce qu'« ils n'avaient plus que quatre cartouches de poudre dans leurs bandoulières ». Ils passèrent une nuit d'angoisse sur la plage. Le lendemain matin, ils construisirent un radeau de fortune et s'enfuirent sur la mer, et vers le salut.

Ces six hommes et jeunes garçons eurent de la chance de réchapper à cette aventure. Pour les gens ordinaires comme eux, dont le sort était indissolublement lié à celui de leurs capitaines qui sillonnaient les mers, les chances de survie étaient minces. Le tribut payé par ceux qui servirent sous le commandement de Bontekoe au cours de l'hiver et du printemps suivants – sans parler du nombre, encore supérieur, de victimes chinoises – fut d'une constance décourageante. Hendrick Bruys de Brême mourut d'une flèche chinoise empoisonnée le 24 janvier 1623. Claes Cornelisz de Middelburg succomba le 17 mars. La nuit suivante, ils perdirent Jan Gerritz Brouwer de Harlem, promu au rang de second depuis moins de six semaines. La perte la plus effroyable fut sûrement celle du jeune homme dont nous ignorons le nom, qui mourut le 19 avril. Quatre jours auparavant, il était sorti de la cale d'une jonque qu'ils avaient prise et amarrée au bateau de Bontekoe pour se soulager par-dessus bord, au moment précis où ses camarades essayaient un affût qu'ils venaient d'installer derrière lui. Le boulet lui traversa la jambe. Le chirurgien de bord amputa le jeune homme quatre jours plus tard pour enrayer l'infection, mais il rendit l'âme en moins d'une heure.

Ceux qui échappaient à la mort connaissaient l'épuisement dû à la maladie et aux blessures. En ce mois de mai, à la fin de la période de service de Bontekoe, il avait encore quatre-vingt-dix hommes, mais la moitié à peine étaient aptes au travail. Cela composait toutefois un équipage suffisant pour le dernier exploit du capitaine au large de la côte de Chine : l'interception d'une jonque chinoise qui se dirigeait vers Manille avec deux cent cinquante passagers à bord ainsi que des marchandises destinées à la liaison annuelle avec Acapulco. Bontekoe s'empara du navire et de toute sa cargaison, qui, écrivit-il, valait « des milliers », et transporta les malheureux passagers et le non moins malheureux équipage jusqu'aux îles Pescadore, dans le détroit de Taiwan, où les Hollandais avaient besoin de main-d'œuvre pour fortifier un comptoir commercial. Des fonctionnaires chinois persuadèrent plus tard les Hollandais d'abandonner cette base et de se replier sur Taiwan. Mais les ouvriers ne furent pas rapatriés. Ils furent envoyés à Batavia pour y être vendus comme esclaves. Ces activités de piraterie expliquent que, comme l'observait un interprète japonais à Nagasaki, « dès que des bateaux chinois en partance pour Nagasaki apercevaient des bateaux des Cheveux rouges, ils se comportaient comme une souris quand elle voit un chat ». Au service de la doctrine de la VOC voulant que le droit immanent de toutes les nations à faire du commerce justifiât la confiscation de la cargaison de celles qui le contestaient, Bontekoe faisait partie des chats.

Tous les Hollandais qui échouaient sur la côte d'Asie ne retrouvaient pas leur bateau. Quatre ans après que Bontekoe se fut emparé de sa dernière jonque, un marin hollandais échoua au-delà de l'extrémité est de la côte chinoise, sur l'île coréenne de Cheju. On resta sans nouvelle de Jan Janszoon Weltevree pendant vingt-six ans. En 1653, *L'Épervier* de la VOC fit voile de Taiwan à Nagasaki avec un chargement de poivre et de sucre, ainsi que vingt mille peaux de cerf. Une violente tempête ballotta le bateau pendant cinq jours, le faisant dévier de son cap. Il fit naufrage sur l'île de Cheju. Sur les soixante-quatre hommes d'équipage, trente-six survécurent à ce drame. On n'entendit plus parler d'eux non plus, jusqu'à ce que huit des trente-six rescapés réussissent à reprendre la mer pour rejoindre l'avant-poste hollandais de Nagasaki, treize ans plus tard. Ils annoncèrent qu'un Hollandais du nom de Weltevree vivait en Corée depuis trente-neuf ans.

Weltevree avait fait voile vers l'Asie sur le *Hollandia*. Arrivé à Batavia en juillet 1624, il trouva du travail sur un plus petit bâtiment, l'*Ouwerkerck*.

Comme nous savons qu'aucun navire de construction hollandaise appartenant à la VOC et portant ce nom ne partit de Hollande durant cette période, nous pouvons supposer que l'*Ouwerkerck* fut construit à Batavia pour le commerce intra-asiatique. Il était parti de Taiwan pour Nagasaki en juillet 1627 quand une jonque chinoise qui revenait à Yuegang, sur la côte du Fujian, croisa devant lui : une autre souris, entre les pattes d'un autre chat. La jonque transportait cent cinquante passagers qui regagnaient le Fujian après la saison de commerce à Manille, sans doute chargés d'argent américain. Elle n'était pas armée et fut facilement capturée. Le capitaine hollandais conduisit la moitié des passagers chinois sur l'*Ouwerkerck* et transféra seize de ses propres marins sur la jonque pour en prendre le commandement. Il avait l'intention de ramener les bateaux à Taiwan, de vider la jonque de sa cargaison puis de transporter les infortunés passagers au sud, à Batavia, comme esclaves. Mais une tempête s'abattit avant que les bateaux n'accostent à Taiwan, et le chat perdit sa souris. Renonçant à retrouver sa proie, le capitaine de l'*Ouwerkerck* préféra faire voile vers le sud pour s'attaquer aux navires portugais qui se dirigeaient vers le Japon. S'il ne pouvait pas voler d'argent américain sur les jonques chinoises, peut-être pourrait-il voler des soieries chinoises aux Portugais. Un convoi de cinq bateaux portugais ne tarda pas à se présenter à portée du Hollandais. Le capitaine ignorait que les cinq bâtiments avaient été remis en état pour le combat et naviguaient camouflés pour piéger des navires hollandais et les inciter à les attaquer. L'offensive de l'*Ouwerkerck* se retourna contre lui. Le capitaine et son équipage de trente-trois membres furent pris, et le bateau remorqué jusqu'à Macao pour y être brûlé en public.

Quant à la jonque que l'*Ouwerkerck* avait capturée, le vent la poussa dans l'autre direction et elle fut rejetée sur la côte, à l'extrême sud de la Corée. Trois des Hollandais, dont Weltevree, débarquèrent sur l'île de Cheju pour essayer de trouver de l'eau. Pendant leur absence, les Chinois qui se trouvaient à bord reprirent le contrôle de leur navire et repartirent, abandonnant à leur sort ceux qui étaient descendus à terre. Le « pirate », comme l'appelle l'historien moderne qui a reconstitué l'histoire de Weltevree, « avait été refait par ses victimes ».

Weltevree fit sans doute preuve d'une grande habileté lors de sa première rencontre avec des Coréens, car non contents de ne pas le décapiter, lui épargnant ainsi le sort de certains compagnons de Las Cortes tombés aux mains des Chinois après leur naufrage, ils le recrutèrent pour ses compétences techniques. Ils étaient prêts à l'employer à la seule condition qu'il ne quitte pas le pays. Maintenant qu'il était en Corée, il devait accepter d'y rester définitivement. Ses deux compagnons de naufrage trouvèrent la mort en 1635 en combattant une invasion mandchoue, alors que Weltevree non seulement survécut, mais fit une belle carrière d'armurier royal. Les arquebuses dont étaient armés les Coréens qui appréhendèrent l'équipage de *L'Épervier* avaient peut-être été fabriquées sur ses instructions.

Weltevree fit plus que s'adapter à sa nouvelle situation en Corée : il connut la réussite. Il travailla dur, progressa, épousa une Coréenne et eut des enfants qui devaient succéder à leur père dans le métier d'armurier. Au moment où *L'Épervier* fit naufrage sur la côte, cela faisait vingt-six ans que Weltevree parlait et lisait probablement le coréen. N'ayant plus prononcé un mot de hollandais depuis tout ce temps, il eut du mal à s'exprimer en présence de ses compatriotes. Comme le nota plus tard un des rescapés de *L'Épervier*, ils furent surpris qu'« un homme de cinquante-huit ans, âge qu'il avait alors, ait pu oublier sa langue maternelle au point que nous eûmes d'abord fort à faire pour le comprendre ; mais il faut observer qu'il la recouvra en l'espace d'un mois ». Weltevree avait si bien franchi la barrière linguistique de la culture qu'il avait adoptée qu'il eut du mal à faire marche arrière lorsque le besoin se présenta. Peut-être avait-il appris d'autres langues asiatiques, car une de ses missions consistait à s'occuper des marins et pêcheurs étrangers – surtout des Japonais et des Chinois – qui faisaient naufrage sur la côte. Il partageait en fait la responsabilité des marins hollandais qui venaient d'être rejetés sur la rive avec un sergent chinois, et on peut imaginer que les deux hommes communiquaient dans une autre langue que le coréen.

Weltevree s'intégra si bien dans la société coréenne que les Coréens finirent par le considérer comme un des leurs. Le fonctionnaire coréen qui le présenta aux survivants de *L'Épervier* rit en les voyant enchantés de rencontrer un compatriote. « Vous faites erreur, leur dit le Coréen, car il est *Coresien.* » Weltevree paraissait peut-être hollandais aux yeux des Hollandais, mais pour les Coréens, il était devenu autre chose. Les Hollandais qui le trouvèrent une génération plus tard avaient peine à imaginer pareille transformation. Son arrivée en Corée n'avait pas été volontaire, mais au moment où *L'Épervier* échoua sur la côte, Weltevree n'avait plus aucune envie de repartir. Il avait atteint une position bien plus importante que celle dont il aurait pu jouir dans son pays, et vécut ainsi jusqu'à plus de soixante-dix ans, entouré de ses fils. Son existence de Coréen était bien plus satisfaisante que ne l'aurait été sa vie de Hollandais rapatrié.

Au cours de leur premier entretien avec le roi de Corée, les rescapés de *L'Épervier* apprirent qu'ils ne seraient pas autorisés à regagner le poste hollandais installé au Japon, ce qui les mit dans tous leurs états. En Europe, les conventions applicables aux naufragés prévoyaient le rapatriement, et ils avaient pensé qu'elles étaient respectées en Asie.

« Nous implorons humblement votre Majesté, déclarèrent les marins hollandais au roi par l'intermédiaire de Weltevree, puisque nous avons perdu notre navire dans la tempête, de bien vouloir nous envoyer au Japon, afin qu'avec l'assistance des Hollandais qui s'y trouvent, nous puissions un jour regagner notre pays, jouir de la compagnie de nos épouses, enfants et amis. »

« La coutume de la Corée ne souffre pas que des étrangers quittent le royaume, leur répondit le roi. Vous devez vous résoudre à finir vos jours dans mes possessions. Je vous fournirai tout le nécessaire. » Le roi ne voyait aucune raison de modifier la règle habituelle ; en effet, les étrangers qui quittaient la Corée pouvaient être en possession d'informations stratégiques qui risquaient d'être utilisées un jour contre le royaume.

Le roi endossa alors le rôle d'ethnologue et leur ordonna de lui chanter des chansons hollandaises et d'interpréter des danses hollandaises pour qu'il puisse s'initier de première main à la culture européenne. Après le spectacle, il leur remit à chacun un ensemble de vêtements « selon leur mode », comme l'expliqua un des survivants, et les intégra dans sa garde personnelle. Ils vivraient désormais en Coréens. Certains apprirent à se débrouiller dans la langue du pays, mais la plupart n'étaient pas satisfaits de cette nouvelle existence. Deux ans plus tard, le capitaine du bateau et un artilleur abordèrent un ambassadeur mandchou en visite en Corée et le prièrent de les reconduire en Chine, d'où, espéraient-ils, ils pourraient être rapatriés. Informés de cette démarche, les Coréens s'y opposèrent inflexiblement. Grâce à un pot-de-vin, ils persuadèrent l'ambassadeur mandchou de leur ramener les deux Hollandais qu'ils jetèrent en prison où ils finirent par trouver la mort. Onze ans après cet incident, huit de leurs compagnons, toujours incapables d'accepter ce qui était, à leurs yeux, une condamnation, s'enfuirent par la mer jusqu'au Japon. Ce furent eux qui racontèrent au monde extérieur l'histoire de Weltevree, que l'on croyait perdu en mer.

Il restait donc encore huit membres de l'équipage initial à vivre en « Coresiens ». Parmi eux figurait un marin du nom d'Alexander Bosquet. Cet homme avait eu plusieurs identités avant d'échouer en Corée. Écossais de naissance, il appartenait peut-être à la communauté d'Écossais exilés en France ; il était ensuite allé chercher du travail aux Pays-Bas, où il avait changé de nom et se faisait appeler Sandert Basket ; un peu plus tard, il avait embarqué comme artilleur sur un navire de la VOC en partance pour l'Asie. Il s'était ainsi retrouvé en Corée – où il dut probablement adopter un autre nom encore, coréen cette fois. Bosquet/Basket avait réussi à être tour à tour écossais, français, hollandais et coréen. Combien d'autres « Hollandais » de *L'Épervier* commencèrent leur vie sous une autre identité, ou l'achevèrent sous une identité encore différente ?

Weltevree n'avait jamais voulu débarquer sur le sol coréen. Et le jour où cela lui arriva, il n'avait aucune intention d'y rester, bien qu'il ait fini par se faire à cette idée. La Chine traitait, nous l'avons vu, ce genre d'affaire autrement. Adriano de Las Cortes et les rescapés de la *Guía* furent autorisés à regagner leur patrie après avoir été lavés du soupçon de piraterie. Mais il y avait d'autres Européens qui entraient en Chine dans le dessein d'y rester : les missionnaires.

Ceux qui souhaitaient établir leur résidence permanente en Chine pouvaient recourir à deux méthodes. La première était de s'adresser aux autorités régionales pour en obtenir l'autorisation, ce que les Jésuites firent avec succès à partir des années 1580. Il était entendu par les deux camps qu'en s'introduisant en Chine de leur plein gré, ils acceptaient d'y rester jusqu'à la fin de leurs jours. Du point de vue des Chinois, hormis le fait d'apporter son tribut, le seul motif qui pût inciter un étranger à aller et venir était l'espionnage. L'autre façon d'entrer en Chine était de s'y introduire clandestinement, ce que commencèrent à faire les missionnaires de l'ordre dominicain dans les années 1630. Ces deux accès à la Chine – la « porte de devant » via Macao (la route des Jésuites) et la « porte de derrière » le long de la côte du Fujian (celle des Dominicains) – sont en réalité les mêmes que celles qu'emprunta le tabac pour partir à la conquête de la Chine.

La stratégie de collaboration avec les autorités politiques chinoises chère aux Jésuites reposait sur l'espoir que le soutien officiel leur permettrait d'être ouvertement tolérés et acceptés par la population. Parmi les premiers jésuites, celui qui connut la plus belle réussite fut le missionnaire italien Matteo Ricci, qui arriva en Chine depuis Macao en 1583. Après avoir passé dix ans à improviser pour trouver une tenue et un comportement adéquats, Ricci adopta à l'égard des coutumes et des croyances chinoises une attitude conciliante qui lui ouvrit les portes de l'élite sociale – et lui permit, après 1604, de collaborer avec Paolo Xu sur des projets de traduction. Leur succès encouragea les Jésuites à reprendre sa formule de compromis. Lorsque Xu mourut, en 1633, une douzaine de missionnaires jésuites étaient en activité dans tout le royaume.

La stratégie des Dominicains était aux antipodes de la position accommodante des Jésuites. Ils craignaient que le compromis, politique aussi bien que théologique, ne nuise à l'intégrité de la doctrine chrétienne. Les Dominicains préféraient éviter les démarches officielles et se fondre dans les réseaux sociaux locaux, hors de portée du radar de l'État. Voilà pourquoi, quand un dominicain italien du nom d'Angelo Cocchi débarqua sur une île au large du Fujian le deuxième jour de l'année 1632, il n'avait rien d'un naufragé infortuné impatient d'être rapatrié. C'était un homme qui avait voulu que son voyage s'achève en ce lieu précis de Chine.

Angelo Cocchi eut de la chance d'arriver en Chine. En toute logique, il aurait dû mourir avant de toucher terre. Ses douze compagnons et lui avaient acheté leur passage sur un bateau qui quittait Taiwan deux jours auparavant. Cocchi avait passé les trois années précédentes sur l'île, à la tête d'une mission dominicaine fondée cinq ans plus tôt. (Les Espagnols n'allaient pas tarder à abandonner leur petit établissement et à laisser Taiwan aux Hollandais.) Juan de Alcarazo, gouverneur espagnol des Philippines, lui demanda d'engager des négociations commerciales avec le gouverneur chinois du Fujian, Xiong Wencan. Cocchi accepta avec empressement, car cette requête lui donnait la possibilité, longtemps attendue, de se rendre en Chine. L'ambition de convertir les Chinois lui était probablement venue dès 1610, lorsque ce petit Florentin de treize ans était entré dans l'ordre dominicain comme novice. Et ce projet prit peut-être forme au cours des dix années d'études qui suivirent, à Fiesole et à Salamanque, ou encore au moment où il quitta Cadix pour

Panamá en 1620, ou lorsqu'il embarqua à Acapulco pour se rendre à Manille en 1621. Il nourrissait certainement cette intention en 1627, quand on lui donna l'ordre d'apprendre le dialecte du Fujian à Cavite, le port de Manille où tous les Chinois, et peut-être son ancien professeur, seraient massacrés en 1639.

Le 30 décembre 1631, Angelo Cocchi embarqua sur une jonque chinoise qui reliait Taiwan au Fujian. Son escorte multiculturelle comprenait un autre dominicain d'Espagne, Tomas de la Sierra, deux gardes espagnols, sept Philippins, un Mexicain et un interprète chinois. Quel que fût ce qu'ils transportaient, présents, provisions, promesses d'argent, c'était une tentation trop forte pour les marins du bateau. L'équipage ne perdit pas de temps. Dès leur première nuit à bord, ils attaquèrent les étrangers, dans l'intention de les liquider et de leur voler leurs biens. Cinq Philippins, le Mexicain et un Espagnol furent tués. Les autres se retranchèrent dans une cabine où ils se barricadèrent. Chaque camp passa la journée du lendemain à attendre que l'autre intervienne. La nuit suivante, la veille du Nouvel An, le bateau fut abordé par un autre groupe de pirates, qui s'empara de tout ce qu'il transportait et massacra l'ensemble de l'équipage, avant d'abandonner l'embarcation qui partit à la dérive. Ignoraient-ils qu'un Italien, un Chinois, deux Espagnols et deux Philippins se terraient sous le pont ? Sans doute, car ils auraient inévitablement assimilé la présence d'étrangers à celle d'argent et se seraient battus pour s'en emparer.

À l'aube du 1er janvier 1632, Angelo Cocchi sortit prudemment de la cabine où il était resté retranché avec cinq compagnons de voyage, dont deux blessés, deux nuits et un jour durant. Ils découvrirent que leur jonque dérivait au large du Fujian et qu'il n'y avait plus personne à bord, hormis les cadavres des hommes massacrés qui gisaient encore sur le pont. Ils réussirent à débarquer sur une île, depuis laquelle des pêcheurs locaux leur firent rejoindre le continent, peut-être par pitié sincère, mais plus probablement parce qu'ils obtinrent la jonque pour prix de leur assistance. Ils furent transférés à la préfecture de Quanzhou, un des ports qui faisaient du commerce avec Manille, d'où on les envoya au gouverneur Xiong à Fuzhou, la capitale provinciale. Xiong reçut Cocchi poliment. Mais il n'avait pas l'intention de lui accorder le droit de résidence, ni même de discuter commerce avec lui. Il préféra informer Pékin de la situation et demander des instructions. Il ordonna également l'arrestation et l'exécution des pirates qui s'étaient emparés du bateau de Cocchi – une sentence qui fut appliquée malgré les appels à la clémence de ce dernier.

La cour de Pékin répondit quatre mois plus tard, transmettant un ordre que les rescapés de la *Guía* auraient été enchantés de recevoir aussi rapidement : ces gens devaient être expulsés. Les missionnaires européens étaient autorisés à entrer en Chine pourvu qu'ils respectent les quatre conditions qu'acceptaient les Jésuites, grâce à la recette mise au point par Matteo Ricci : arriver par des voies officielles, s'habiller en chinois, parler mandarin, et adopter les coutumes chinoises. Cocchi ne répondait à aucun de ces critères (son chinois était-il médiocre ou le dialecte qu'il avait appris à Cavite était-il inintelligible ?) et ordre fut donné de l'expulser. Or Cocchi ne voulait surtout pas retourner aux Philippines. Il voulait rester en Chine et consacrer le reste de ses jours à répandre le christianisme parmi les Chinois ; il voulait ne jamais rentrer à Manille, et moins encore à Florence.

Quand vint le jour d'embarquer sur le bateau qui devait le reconduire à Manille, un chrétien japonais désireux de regagner les Philippines prit la place de

Cocchi. La substitution fut organisée par Luke Liu. Liu était un chrétien chinois de Fuan, siège de comté des environs, où les Jésuites avaient déjà établi une mission et fait dix convertis. On ignore ce que faisait un chrétien japonais à Fuzhou et comment il trompa les autorités. Quoi qu'il en soit, la ruse réussit. Après avoir procédé à l'échange, Liu fit sortir discrètement Cocchi de la capitale et le fit passer à Fuan, où ils entreprirent ensemble de transformer son apparence et son discours pour qu'on puisse le prendre pour un Chinois.

Cocchi réussit à ne pas attirer l'attention des autorités provinciales. Elles n'auraient pas manqué de l'arrêter et de l'exiler si elles avaient été informées de sa présence. Mais cela ne l'empêcha pas de travailler de façon relativement visible, puisqu'il fit plusieurs convertis et construisit deux églises. Il était mû par une telle ambition d'établir une présence dominicaine au Fujian qu'en l'espace de moins d'un an, il organisa avec ses partisans l'introduction clandestine d'autres missionnaires depuis Manille, toujours via Taiwan. Cette fois, afin d'éviter toute mésaventure, on envoya de Chine un bateau, dont l'équipage comprenait quatre convertis chinois. Tout se passa sans anicroches. En juillet 1633, Cocchi accueillit à Fuan deux prêtres espagnols (dont l'un, Juan de Morales, avait précédemment dirigé une mission malheureuse au Cambodge). Rien de tout cela n'aurait été possible sans les associés chinois de Cocchi, et, pourtant, ceux-ci n'auraient jamais accepté de participer à l'aventure si Cocchi n'avait pas su gagner leur confiance et leur dévouement. Quatre mois et demi plus tard, à trente-six ans, Angelo Cocchi tomba subitement malade. Il rendit l'âme à l'endroit même où il avait si longtemps voulu que s'achevât sa vie, peut-être pas aussi rapidement toutefois.

Comme Weltevree, Cocchi avait choisi de ne plus rentrer chez lui. Les deux hommes survécurent à ce choix, pendant un temps du moins, et commencèrent une vie nouvelle dans des conditions différentes, l'un comme prêtre, l'autre comme employé de l'arsenal du roi. Mais ce n'était pas les seules circonstances qui pouvaient conduire des Européens, échoués dans des contrées lointaines, à décider de ne pas regagner leur pays.

Le navire sur lequel Weltevree était parti pour l'Asie, le *Hollandia*, regagna l'Europe en 1625 avec un chargement de poivre. Deux membres de l'équipage de cette traversée décidèrent de ne pas terminer ce voyage. Leur existence nous est connue parce qu'il se trouve que pour le trajet de retour, le capitaine du *Hollandia* de Weltevree n'était autre que Willem Bontekoe. Une fois de plus, Bontekoe joua de malchance, car des tempêtes malmenèrent le *Hollandia* pendant la traversée de l'océan Indien. Quand le bateau arriva à Madagascar, il dut s'engager tant bien que mal dans la baie de Sancta Lucia pour y être radoubé. Le mât devait également être changé.

Sancta Lucia était un mouillage que les marins hollandais utilisaient fréquemment dans cette situation, si bien que la vision d'Européens n'avait rien d'insolite pour la population malgache qui vivait autour de la baie. Bontekoe descendit à terre avec quelques-uns de ses hommes et, nous dit-il, « nous parlâmes aux habitants de l'île » – ce qui nous apprend qu'une des parties au moins savait la langue de l'autre. Les Malgaches acceptèrent de les laisser accoster pour réparer leur bateau, et proposèrent même de les aider à transporter le bois nécessaire à la fabrication d'un nouveau mât depuis l'intérieur de l'île jusque sur la côte. Ce travail en commun entraîna une certaine familiarité, si bien qu'au terme des trois semaines que l'équipage passa à Sancta Lucia, « les matelots se plaisaient fort dans cette île, ce qui les rendait mous au travail ». Comme l'explique Bontekoe sans ambages, « les femmes n'avaient cessé de rechercher assidûment des relations avec nos hommes ». Son seul souci était que ses marins fassent « avancer l'ouvrage », mais il n'ignorait pas que ces quelques instants de plaisir leur remontaient le moral. « Quand ils allaient aux femmes, note-t-il, ils revenaient doux comme des agneaux reprendre leur travail. » Les visiteurs purent se convaincre que ce n'était pas la première fois que des marins hollandais couchaient avec les femmes de ce lieu. Bien qu'il note que « la plupart des habitants de ce pays sont noirs », avec des cheveux « frisés comme de la laine de mouton », Bontekoe observe également : « Nous vîmes quantité d'enfants presque blancs, avec de longs cheveux clairs. » Inutile de se répandre en explications. L'équipage du *Hollandia* arriva une dizaine d'années après les pères hollandais des premiers enfants créoles malgaches.

Lorsque le bateau s'apprêta à reprendre la mer le 24 avril au matin, au terme de près d'un mois d'escale à Sancta Lucia, Bontekoe découvrit que deux des matelots qui devaient assurer la veille n'étaient pas là. Non contents d'avoir disparu, Hilke Jopkins et Gerrit Harmensz avaient emporté un des canots. Comme l'écrit Bontekoe, ils étaient allés « vivre avec ce peuple barbare ». La preuve d'unions antérieures avait peut-être encouragé Hilke Jopkins à tenter sa chance sur place au lieu de rentrer chez lui en Frise, et Gerrit Harmensz à ne pas rejoindre sa famille à Norden. Avaient-ils au demeurant un foyer ou une famille en Europe ? Ayant pris la mer pour l'Asie de longues années auparavant, un choix de dernier recours pour bien des hommes, ils n'avaient peut-être plus rien qui les attendait en Hollande. Pourquoi ne pas commencer une vie nouvelle en un lieu qui semblait recéler une chance de survie, voire de bonheur ?

Bontekoe envoya un groupe de soldats à la recherche des déserteurs avec mission de les ramener au bateau. Leur force de travail était précieuse. On aperçut de loin Jopkins et Harmensz, mais ils s'enfuirent avec la complicité des Malgaches. La recherche n'eut d'autre effet que de retarder d'une journée de plus le départ du *Hollandia*. Bontekoe finit par renoncer et abandonna ses hommes à l'existence qu'ils avaient choisie.

Il était moins facile de changer de culture que de bateau. Il fallait pour cela renoncer à la langue, aux coutumes alimentaires, aux croyances et aux convenances de son lieu de naissance au profit de celles d'un pays d'adoption. La situation était différente pour les riches, qui trouvaient un indéniable avantage à vivre dans leur pays. Jopkins et Harmensz étaient de pauvres hères, et les conditions de vie des miséreux étaient plus ou moins identiques en tout lieu. Les pauvres de Hollande ne consommaient peut-être pas les mêmes céréales que ceux d'Afrique, mais les féculents n'en constituaient pas moins la base de leur régime. Leurs vêtements pouvaient être faits d'étoffes différentes, mais elles étaient toujours rugueuses, et toujours tissées à la maison. Ils pouvaient prier cette divinité ici au lieu de ce dieu là-bas, mais ils savaient qu'en tout état de cause, l'au-delà échappait à leur volonté. Ils ne pouvaient que prier et espérer que tout irait pour le mieux.

Les acteurs clés de cet épisode de fuite n'étaient pas les Européens, bien que Bontekoe leur ait attribué le rôle principal dans ses souvenirs. C'étaient les femmes malgaches. Si elles n'avaient pas eu envie d'aider les Hollandais, Jopkins et Harmensz n'auraient pu imaginer survivre à Sancta Lucia. Ils auraient pu se passer de relations sexuelles, bien sûr, mais pas des ressources ni du savoir-faire prodigués par les femmes, ni de la position qu'elles pouvaient assurer au sein des réseaux de parentèle.

Les mêmes calculs se retrouvaient d'un bout à l'autre de la planète. Champlain encourageait ainsi ses hommes à prendre des épouses huronnes, même s'ils avaient une femme légitime en France. S'intégrer parmi ceux qui étaient le plus à même de vous soutenir et de faciliter vos activités commerciales était le meilleur moyen d'assurer votre survie. D'un côté, les missionnaires de Nouvelle-France dénonçaient l'immoralité de ces unions interraciales. De l'autre, les Hurons de sexe masculin se demandaient comment leurs femmes pouvaient supporter d'aussi vilains conjoints. Comme le déclara un Huron qui venait de rencontrer son premier Français : « Est-il pensable qu'une femme pose un regard favorable sur un tel homme ? » Mais ils n'avaient aucune raison de s'y opposer, car cette pratique bénéficiait aux commerçants des deux camps : ces unions leur accordaient un accès préférentiel aux marchandises. L'historienne canadienne Sylvia Van Kirk a qualifié ces Amérindiennes de *women in between*, de « femmes au milieu » : évoluant entre deux entités culturelles fondamentalement différentes, elles pouvaient se rattacher aux deux, jeter un pont entre elles et s'assurer ainsi influence et prestige. Mais une fois que l'équilibre entre Français et Amérindiens pencha en faveur des premiers, le passage qu'elles avaient ouvert se referma. Les Européennes étaient désormais assez nombreuses à arriver en Nouvelle-France pour écarter les femmes locales du marché du mariage, et réimposer le principe du racisme à la société canadienne.

Ces relations étaient possibles dans ce que l'historien américain Richard White appelle un *middle ground*, un « terrain d'entente », l'espace partagé à l'intérieur duquel deux cultures se rencontrent et doivent apprendre à dialoguer. Ce lieu d'intersection subsiste aussi longtemps qu'aucune des cultures n'a le pouvoir d'écraser l'autre. Et tant qu'il persiste, les deux cultures peuvent ajuster leurs divergences et négocier une coexistence raisonnable. Par la guerre, le commerce et le mariage, les Français et les Hurons préservèrent ce « terrain d'entente » pendant toute la première moitié du XVIIe siècle. Les Malgaches et les Hollandais utilisèrent la même stratégie à Sancta Lucia. Là encore, aucun camp n'était en mesure d'imposer sa volonté à l'autre, à moins de briser le lien profitable qui les unissait. Dans cette rencontre culturelle, les réprouvés et les captifs avaient de nombreux rôles à jouer. Ils enseignaient et apprenaient les langues, ils transmettaient et absorbaient des connaissances, donnant le sens qu'ils pouvaient aux nouvelles coutumes et aux idées neuves qu'ils découvraient avant d'en être les interprètes au profit de l'autre camp.

Pour qu'il y ait terrain d'entente, il fallait que chaque partie soit convaincue de la nécessité d'un compromis. En 1611, Shakespeare comprit intuitivement la fragilité de cette relation quand il écrivit *La Tempête*. Caliban fulmine rapidement contre Prospero, son maître européen naufragé, lui reprochant d'avoir transformé ce qui avait débuté sous l'apparence de la bonté – « Tu me caressais, tu faisais cas de moi » – en asservissement et en déculturation. « Vous m'avez appris à parler, rappelle amèrement Caliban à Prospero, et tout le profit que j'en ai tiré, c'est de savoir maudire. » Le personnage fictif de Shakespeare exprime parfaitement le désespoir que finit par inspirer aux vrais Amérindiens la perte de leur langue et de leur culture. Un Algonquin se plaignait ainsi à un missionnaire français qui convertissait les autres membres de sa tribu : « C'est vous qui leur retournez la cervelle et les faites mourir. » Les conséquences de ce contact étaient d'une rapidité irrépressible. « Tout se fait si vite, a écrit le poète montagnais contemporain Armand Collard. Vous n'avez pas le temps de réagir, alors vous vous soumettez. » Le terrain d'entente se referme et, avec lui, la possibilité de rencontrer des étrangers d'égal à égal.

Le petit garçon de Van der Burch n'avait pas choisi, lui non plus, d'être en Hollande. Force lui était de se soumettre et d'essayer de s'en sortir dans son nouvel environnement. À le voir singer les manières d'un domestique hollandais, on a l'impression qu'il ne s'en est pas trop mal tiré. Et pourtant, le regard direct qu'il porte sur nous contient un soupçon de quelque chose, la vague conscience peut-être de n'être pas à sa place.

Sur ses toiles, Vermeer n'a représenté personne qui soit né à plus de vingt-cinq kilomètres de Delft. Il n'envisagea qu'une fois de peindre des personnages qui n'étaient pas purement hollandais. Il avait alors une petite vingtaine d'années, et sacrifia aux thèmes classiques et bibliques auxquels tout étudiant en art de ce temps était censé se consacrer. Dans la génération précédente, Rembrandt à Amsterdam et Leonaert Bramer à Delft avaient transformé des scènes bibliques en sujets spectaculaires, inaugurant ainsi un style que le jeune Vermeer était en quelque sorte obligé d'emprunter en début de carrière. Au XVIIe siècle, le défi lancé à ceux qui représentaient des scènes issues d'un passé lointain consistait à combler l'écart naturel entre le monde que les spectateurs voyaient autour d'eux et celui qui avait pu exister à une époque et dans un lieu différents. Le peintre voulait que ses spectateurs aient le sentiment d'être sur place, en train d'assister à l'événement. Comment y parvenir le plus efficacement possible ? En faisant ressembler le passé biblique au présent hollandais, ou en soulignant leur différence ? La volonté de réalisme était-elle mieux servie en évitant un faux dépaysement et en représentant les personnages vêtus de tenues hollandaises contemporaines et entourés de détails architecturaux conformes à ceux des bâtiments hollandais ? Ou le peintre devait-il au contraire multiplier sur sa toile les détails orientaux empruntés à la culture du Proche-Orient contemporain ? Était-ce un moyen plus efficace d'obliger les spectateurs à renoncer provisoirement à leur incrédulité ?

Les peintres de la génération de Bramer et de Rembrandt surent développer brillamment un style hybride, qui orientalisait certains traits tout en conservant la puissante empreinte d'un environnement familier. L'instinct de Vermeer le portait dans la direction opposée : il ne visait pas un réalisme faussement historique, préférant transposer des moments d'histoire dans le présent. Quand il peint la figure de Jésus dans *Le Christ dans la maison de Marie et Marthe*, il le revêt de la draperie imprécise et conventionnelle dont les artistes de l'époque avaient tendance à l'affubler. En revanche, il habille Marie et Marthe à peu de chose près comme des Hollandaises. De même, la pièce succinctement esquissée dans laquelle elles sont assises ressemble étrangement à un foyer hollandais. Dès l'âge de vingt-deux ans, Vermeer répugnait aux touches orientales dans lesquelles se complaisaient ses aînés. Deux ans plus tard, il avait définitivement renoncé à ce genre de faux historicisme, et ne représentait plus que le monde réel du quotidien de Delft.

Si Vermeer renonça à peindre des scènes bibliques, il n'était pas hostile à l'idée d'en décorer son mur, comme le faisaient couramment les familles catholiques de la Hollande protestante pour mieux affirmer leur interprétation plus littérale de la foi chrétienne. Parmi les œuvres d'art qui figurent dans l'inventaire de ses possessions établi après sa mort, on relève une « peinture des Trois Rois », représentant le voyage des Rois mages jusqu'à Bethléem pour adorer l'Enfant Jésus. La toile faisait partie de ce qu'il léguait à sa belle-mère, Maria Thins, laquelle n'avait jamais renoncé à sa foi catholique. Elle était accrochée dans la grande salle de leur demeure. Cet emplacement privilégié lui conférait une importance qui suggère que ce tableau était destiné à être vu, peut-être à cause de sa signification confessionnelle (les attaques contre le culte des Mages lancées par Luther et Calvin pouvaient inspirer une loyauté particulière aux catholiques qui tenaient à honorer la place de l'Adoration au sein de leur culte) ou parce que c'était un objet d'une certaine valeur monétaire. Nous ne savons rien d'autre de ce tableau, ce qui nous permet de poser en hypothèse qu'il s'agissait de la toile encore existante aujourd'hui d'un artiste de Delft de l'époque, que Vermeer aurait pu voir : *Le Voyage des Rois mages à Bethléem* de Leonaert Bramer.

Bramer fut le doyen des peintres de Delft pendant toute l'existence de Vermeer. Né dans la ville en 1595, il consacra dix ans à apprendre son métier en France et en Italie avant de rentrer chez lui en 1628 et d'établir sa pratique d'artiste peintre. Ses croquis étaient également très appréciés, et les peintres sur porcelaine de la ville transféraient volontiers ses dessins sur leurs céramiques. Bramer était un ami de la famille Vermeer, peut-être par l'intermédiaire du père de Vermeer, qui était dans le commerce d'art et aurait pu vendre l'une ou l'autre de ses œuvres. Certains ont suggéré que Bramer aurait été le premier professeur de peinture de Vermeer. Le métier de Vermeer trahit une excellente formation technique, ce qui pourrait confirmer cette supposition. En tout état de cause, si Bramer, de trente-sept ans son aîné, ne fut pas son professeur à proprement parler, il fut à tout le moins le mentor du jeune homme. Il faisait en effet partie de la délégation de deux hommes qui allèrent voir Maria Thins au nom de Vermeer pour lui demander de renoncer à s'opposer au mariage de sa fille Catharina avec le peintre de vingt-deux ans.

Bramer réalisa *Le Voyage des Rois mages à Bethléem* à la fin des années 1630, alors que Vermeer était encore un enfant. Les personnages centraux de ce tableau sont les trois rois, ou les trois Mages, comme on les appelle – Gaspard et Melchior à pied et bien éclairés, Balthazar à dos de dromadaire et dans la pénombre –, qui suivent trois anges vers Bethléem. Il fait nuit, et les anges portent des torches pour éclairer le chemin. Les trois Mages sont accompagnés d'une escorte de serviteurs. Ils sont vêtus de somptueuses robes bordées de fourrure et portent des récipients en or contenant l'encens et la myrrhe que Matthieu mentionne dans l'Évangile. Le seul élément qui manque est le petit Jésus. Les trois Mages ne sont pas encore à Bethléem, mais ils n'en sont plus très loin.

Quand un écrivain ou un peintre raconte une histoire, religieuse surtout, il opère un choix dans un vaste répertoire de récits de ce genre. Dans le cas d'une peinture, il doit également sélectionner une partie de l'histoire à raconter. Une scène unique doit en effet communiquer l'intégralité d'un épisode. C'est ainsi qu'au moment où Bramer décide de peindre la naissance de Jésus, il doit prendre plusieurs décisions.

Il aurait pu représenter, par exemple, l'histoire qui figure dans l'Évangile de saint Luc, celle de l'apparition de l'ange Gabriel aux bergers, plutôt que ce que nous dit Matthieu des Rois mages, par exemple ; ou il aurait pu évoquer ces derniers dans une posture plus conventionnelle, au moment où ils offrent leurs présents à Jésus dans la crèche, au lieu de les situer, portant ces mêmes offrandes, sur le chemin de Bethléem. Devant les choix auxquels Bramer est contraint de procéder, il peut être opportun de reprendre la question que l'historien de la Renaissance Richard Trexler pose à maintes et maintes reprises dans son analyse du culte des Rois mages. À l'époque où l'on racontait cette histoire, quels étaient les éléments nouveaux ou en évolution auxquels « le récit des mages devait apporter un discours » ? Pour en revenir plus précisément à Bramer, qu'essayait-il de dire en décidant de représenter le voyage des Mages sous cette forme ? Ou, pour rester fidèle à la méthode que j'ai utilisée dans tout cet ouvrage, quelles sont les portes de cette toile, et sur quels couloirs ouvrent-elles ?

Pour moi, les portes sont ici les personnages. Quand il réalisait une scène biblique dans un style réaliste faussement oriental, un peintre hollandais se voyait dans l'obligation de représenter des gens qui n'étaient pas, en réalité, hollandais. Dans la mesure où Bramer n'a pas cherché à accéder au réalisme en transposant des récits bibliques à Delft, il était forcé d'accompagner ses personnages de détails caractéristiques du Proche-Orient, qui transporteraient ses spectateurs aux temps bibliques. Le trait le plus constant de son *Voyage* est le turban, un cliché que l'on rencontre fréquemment dans les décors de scènes bibliques. Les trois rois ont des turbans, bien que Melchior ait retiré le sien, qu'il tient nonchalamment dans sa main droite. De surcroît, le serviteur noir de Balthazar et au moins un des domestiques portent la même coiffure. Évoquant tout à la fois le Proche-Orient contemporain et le passé lointain, le turban associe le présent oriental et les temps bibliques en un pastiche qui n'a pas à se préoccuper de réalisme historique. Bramer se sert des vêtements pour obtenir le même effet, un mélange éclectique d'habits sacerdotaux qui n'ont rien de courant : des robes orientales bordées de fourrure, des draperies imprécises qui paraissent réelles, tout en imposant la distance chronologique et géographique qui reporte la scène aux temps bibliques [2].

Mais sous les robes, sous les turbans, il y a les hommes qui les portent. Et c'est peut-être là que nous pourrons commencer à déceler ce que Bramer voulait exprimer en présentant cette toile : des hommes d'origines diverses rassemblés à l'occasion d'un voyage, et se dirigeant vers un objectif qui n'est pas encore en vue. C'est Balthazar, le Noir d'Afrique, qui illustre le plus distinctement la diversité ethnique du convoi. Cela faisait longtemps que le raisonnement théologique admettait que Balthazar pouvait être noir, mais l'iconographie n'a rejoint la théologie que dans les années 1440, avec l'arrivée des premiers esclaves africains à Lisbonne. Il ne fallut pas longtemps aux Européens pour se mettre à peindre des Balthazars noirs (certains allant jusqu'à retoucher en ce sens les Balthazars blancs de peintures antérieures). Sur la toile de Bramer, le roi noir n'est pas très visible. Il se détourne de nous. Un serviteur noir se tient à côté de son dromadaire, mais il n'est pas parfaitement distinct non plus – sans doute n'y avait-il pas beaucoup d'Africains à Delft qui auraient pu servir de modèles à Bramer. Peut-être ce dernier dut-il reproduire ces personnages à partir des souvenirs d'Africains qu'il avait vus en Italie. Quant aux deux autres Mages, Bramer fait du Gaspard rougeaud un Hollandais pure souche (respectait-il la tradition qui permettait à un artiste de représenter son mécène sur la toile sous les traits de l'un des Mages ?), mais il a donné un aspect plus exotique à Melchior, chauve et barbu, lui prêtant des traits que l'on pourrait dire juifs ou arméniens. Les deux domestiques qui réagissent devant un cheval qui se cabre ont l'air tellement hollandais qu'ils pourraient provenir d'une toile de Rembrandt, mais les anges au teint pâle sont d'une appartenance ethnique indéterminée.

Sommes-nous censés, en tant que spectateurs, relever ces détails ? Si l'objectif suprême de l'artifice pictural est de nous faire croire que ce qui est représenté sur le tableau se passe réellement, la réponse est négative. Jamais un peintre réaliste ne laisserait volontairement un de ses outils traîner sur la scène, un personnage mal dessiné, par exemple, ou un détail anachronique qui ne pourrait en aucun cas appartenir au temps et au lieu du sujet représenté. Ces détails perturbent l'expérience visuelle et nous rappellent que nous sommes en présence d'un tableau. Mais toutes les œuvres d'art, même parfaitement exécutées, sont liées au lieu et au moment de leur réalisation. Aucune peinture ne saurait échapper à la tension entre ce qui se déroule à l'intérieur du cadre et ce qui se passe à l'extérieur – le lieu, après tout, où vivent l'artiste et ses spectateurs. Or un des éléments marquants du temps de Bramer était un brassage de populations sans précédent, ce qui explique l'odyssée multiculturelle de son tableau. La scène est peut-être biblique, mais, en réunissant ces personnages, l'artiste n'a pas renoncé à son expérience sociale ni à ses connaissances fondamentales. Rien ne nous oblige non plus à renoncer aux nôtres ; c'est pourquoi il peut être utile de prêter attention aux signes ethniques des personnages du tableau, et de soupçonner que la diversité humaine que nous observons reflète celle dont Bramer fit l'expérience de son propre temps.

L'objectif apparent d'une représentation des Mages est de célébrer la reconnaissance de la naissance du Christ et de renforcer l'adhésion du spectateur à la vérité de cette reconnaissance. C'est la première signification du tableau. Mais la seconde signification, vécue, d'une peinture des Rois mages appartient au lieu et au temps où le peintre l'a réalisée, et cette seconde signification ne cesse de se décaler au gré de nos propres déplacements dans l'espace et le temps, en quête de portes à ouvrir. C'est particulièrement vrai en présence d'un tableau vieux de quatre siècles. Un artiste contemporain ne représenterait pas cette histoire de cette manière-là, de sorte que les détails attirent notre regard, évoquant des secrets dont nous n'avons plus la clé.

Ce que nous voyons sur cette toile – des hommes d'origines culturelles différentes réunis pour voyager dans un paysage imprécis, vers la promesse d'un avenir qui n'est pas révélé – ne constitue pas, me semble-t-il, une mauvaise description du monde du XVIIe siècle. Peut-être n'était-ce pas l'objectif de Bramer, mais il vivait, lui aussi, dans un monde réel, à l'intérieur duquel les frontières entre les cultures prenaient une porosité nouvelle sous la pression d'un mouvement incessant. Les hommes voyageaient autour du monde, de la poignée de riches marchands qui négociaient des articles de grande valeur sur de longues distances à la multitude appauvrie de manouvriers des transports et de gens de service entraînés dans leur sillage.

Telles sont les connaissances que nous offre le recul temporel, lorsque nous méditons sur le tableau des Rois mages qui décorait la grande salle de la maison de Vermeer. Notre forte envie de le resituer dans un contexte historique plus vaste nous conduit bien au-delà des intentions de Vermeer. Peut-être a-t-il accroché ce tableau chez lui par pure dévotion : pour rendre visible quotidiennement, au moins pour sa belle-mère, une version catholique de la foi chrétienne. Si cette toile était vraiment de Bramer, peut-être l'avait-il exposée en l'honneur du mentor qui avait convaincu Maria Thins de l'autoriser à épouser sa fille. Mais pourquoi s'arrêter à la première porte, alors que nous avons les connaissances nécessaires pour traverser cette toile et ressortir de l'autre côté, dans cette ville de Delft où des messieurs élégamment vêtus, qui se livraient au commerce de métaux précieux, de produits manufacturés exotiques et d'épices qui valaient leur poids en argent, ramenaient avec eux une multitude dépenaillée d'Européens, de Maures, d'Africains, de Malais, peut-être même un Malgache ramassé à Sancta Lucia –, qui improvisaient tous tant bien que mal pour parvenir à survivre ?

Nous venons d'en rencontrer un, occupé à servir sa maîtresse qui reçoit un visiteur de haut rang dans une pièce à l'étage d'une maison de Delft : un jeune Noir, qui n'a jamais eu l'intention d'être là, qui ne retrouvera jamais le chemin le reconduisant vers son point de départ et dont les descendants finiront probablement par se fondre dans la société hollandaise comme s'il n'avait jamais été noir.

8

Dénouement : « Aucun homme n'est une île »

« Aucun homme n'est une île, complète en elle-même. » Ce vers est extrait des *Méditations en temps de crise* du poète et théologien anglais John Donne. Il écrivit ces méditations sur les fardeaux de la foi chrétienne en 1623, alors qu'il était atteint d'une maladie mortelle, en une heure où il affrontait l'une des nombreuses « crises » de son existence. Sa dix-septième méditation (*« Perchance hee for whom this Bell tolls »* – « D'aventure, celui pour qui sonne ce glas ») contient les fragments aujourd'hui les plus connus de ses écrits, parmi lesquels le vers qui affirme qu'« aucun homme n'est une île ». John Donne file ensuite la métaphore, pour l'intégrer dans une vision plus large. « Chaque homme est un fragment du continent, une part de l'ensemble ; si la mer emporte une motte de terre, l'Europe en est amoindrie, comme si les flots avaient emporté un promontoire. » Le poète en vient alors à la teneur morale de cette image, et déclare : « La mort de chaque homme me diminue, parce que j'appartiens au genre humain. » À la fin de sa méditation, il en revient au glas qui l'avait introduite :

« Aussi n'envoie jamais demander pour qui sonne le glas », conclut-il, car « c'est pour toi qu'il sonne ».

Quand Donne a écrit ce passage, il ne méditait pas sur l'état du monde, mais sur celui de son âme. Il redoutait sa propre mort, mais cette angoisse le mettait aux prises avec la responsabilité spirituelle du salut de toutes les âmes perdues, au-delà de la sienne. Pour un historien qui se penche sur cette année 1623, la métaphore de l'île et du continent – un choix intentionnellement évocateur pour les Anglais insulaires, qui, entre autres menaces, redoutaient les attaques du continent – ressort avec plus de force que la théologie qui la sous-tend. Donne a choisi le vocabulaire de la géographie, un des domaines scientifiques en rapide évolution au XVIIe siècle. À l'époque où il écrivait, l'objectif de cette discipline universitaire – compiler un système global de connaissances sur les océans et les continents qui éveillaient l'attention de l'Europe et dresser une carte de plus en plus complète du monde – lui offrait un modèle pour réfléchir aux liens spirituels que chaque membre de la communauté humaine entretient avec tous les autres, des liens qui s'élargissent vers l'extérieur pour former un réseau universel. De même que son univers spirituel se remplissait, des éléments de plus en plus nombreux du monde concret venaient s'inscrire sur la carte. La métaphore de l'île et du continent sera venue naturellement à Donne en cet instant où les Européens se déplaçaient à la surface de la planète en effectifs de plus en plus importants, rapportant de nouvelles connaissances en Europe – ou en Asie, au demeurant, où les cartographes de Chine et du Japon commencèrent également au XVIIe siècle à dessiner de nouvelles et étonnantes représentations du monde.

En 1623, l'imagination de Donne s'emparait aussi d'autres images pertinentes. La première, qu'il emploie dans la même méditation, est celle de la traduction. Il explique que la mort n'est pas une perte, mais une traduction de l'âme sous une autre forme. « Quand un homme meurt, un chapitre n'est pas arraché au livre, écrit-il, mais traduit en un langage meilleur ; et chaque chapitre doit être ainsi traduit. » La mort intervient sous bien des formes, et Dieu « emploie plusieurs traducteurs » ; de surcroît, « la main de Dieu est dans chaque traduction ».

L'intérêt de Donne était de nature théologique, mais c'était un poète qui pensait en images issues de son époque et propres à retenir son attention. Celle du traducteur en faisait partie. Dans le laps de temps que couvrit la vie de Donne, les Anglais et les Hollandais mirent sur pied des compagnies des Indes orientales, l'EIC et la VOC, pour lancer des expéditions commerciales aux quatre coins du monde. Partout où se rendaient leurs navires et leurs hommes, comme le dit Bontekoe en arrivant à Madagascar en 1625, ils devaient « parler aux habitants ». La fortune, la survie même, dépendaient de la présence à bord de quelqu'un qui pût s'entretenir avec les peuplades locales. Donne déclare que Dieu emploie plusieurs traducteurs ; de même, ces corporations marchandes devaient en engager un certain nombre pour servir d'intermédiaires entre les nécessités d'une partie et les demandes de l'autre et, souvent, pour jongler simultanément entre plusieurs langues. Le nombre de traducteurs ne peut qu'avoir augmenté avec l'expansion des réseaux commerciaux et l'approfondissement des expériences commerciales en des lieux disparates. Dans les années 1650, sur une décennie, plus de quarante mille individus partaient pour l'Asie sur des navires de la VOC. Et ils étaient des milliers de plus à embarquer sur d'autres bateaux. Nombre d'entre eux apprenaient ne fût-ce qu'une forme de sabir local là où leurs traversées les faisaient échouer. Beaucoup devenaient traducteurs.

Il pouvait arriver que les péripéties du voyage obligent un marin, comme ce fut le cas de Jan Weltevree, à maîtriser une langue étrangère sans qu'il ait véritablement le choix. D'autres étudiaient délibérément une langue différente de la leur pour pouvoir s'intégrer plus aisément dans un milieu nouveau. Quand le missionnaire italien Angelo Cocchi se rendit de Taiwan au Fujian à la fin de 1631, il se fit accompagner d'un traducteur chinois. Cocchi avait étudié le chinois à Manille, mais prévoyait ce qu'il pourrait lui en coûter s'il n'arrivait pas à transmettre son message, une fois arrivé en Chine : au mieux, l'expulsion. En effet, traduire ne se limite pas à connaître les mots exacts désignant les choses dans une autre langue ; il faut pouvoir transposer des idées d'une langue à l'autre, et savoir donner forme aux attentes engendrées par les mots.

Et le traducteur chinois de Cocchi ? Où avait-il appris l'espagnol ? Était-ce un résident du Parián établi de longue date qui s'était initié à cette langue en vivant dans la colonie espagnole de Manille ? S'était-il converti au christianisme et avait-il appris l'espagnol au cours de ses contacts avec des missionnaires ? Avait-il véritablement étudié cette langue, ou en avait-il acquis des rudiments par la pratique quotidienne ? Quoi qu'il en soit, il finit par exercer les fonctions de traducteur de chinois non pour un Espagnol, mais pour un Italien qui avait lui-même appris l'espagnol au séminaire de Salamanque. En 1631, aucune compagnie commerciale, aucune mission ne pouvait se passer de « plusieurs traducteurs », dont un certain nombre étaient experts dans l'art de jongler entre de multiples langues.

Une autre métaphore de la dix-septième méditation de Donne ne manquera pas de frapper le lecteur d'aujourd'hui. Donne était obsédé par sa propre peccabilité, dont il cherchait à faire un aiguillon pour accéder à la foi. Afin d'opérer cette transmutation, il donne à ses lecteurs, en même temps qu'à lui-même, le conseil d'inverser les valeurs qu'on attribue habituellement à des états tels que le contentement et l'affliction. « L'affliction est un trésor », nous dit Donne, et plus on en éprouve, mieux c'est. Mais pour être d'une quelconque utilité, elle doit être canalisée à bon escient. Il compare alors ce trésor non sollicité à un métal précieux comme l'argent. « Si un homme transporte un trésor en lingot, ou sous forme d'un morceau d'or, et qu'il n'en fait frapper aucune partie en monnaie courante, son trésor ne lui sera d'aucun secours en voyage. Les tribulations sont, par leur nature même, un trésor, mais elles ne sont pas une monnaie courante dans leur usage, si ce n'est que grâce à elles, nous nous rapprochons peu à peu de chez nous, du paradis. » La seule chose qui nous persuade de convertir le lingot d'argent de notre affliction en monnaie de la compréhension religieuse, nous dit Donne, c'est le son du glas, la perspective de la mort.

Comment ne pas être intrigué en voyant Donne faire de la relation entre lingot et monnaie une métaphore du lien entre tribulations et rédemption ? L'argent changeait constamment de forme en se déplaçant à travers les zones monétaires du monde. Dans certaines, comme la Chine, on le voulait sous forme de lingot. Dans d'autres, la loi imposait qu'il circule sous forme de ce que Donne appelle de la « monnaie courante ». Dans l'Amérique espagnole, par exemple, il devait se présenter sous l'aspect des pièces en usage dans le royaume, les réaux. Dans la République hollandaise, comme nous l'avons vu, les « monnaies courantes » de plusieurs royaumes pouvaient circuler, du réal au florin, en fonction de l'offre. Dans la zone commerciale de la mer de Chine méridionale, l'argent pouvait s'échanger sous forme d'un mélange de lingots et de réaux espagnols. Quand, le 8 avril 1623, Willem Bontekoe demanda à deux Chinois de la côte du Fujian de livrer des porcs sur son bateau, il leur remit 25 réaux qu'ils acceptèrent de bon gré. Ils n'auraient pas non plus refusé des lingots, car tout ce qui les intéressait, c'était le métal précieux, l'argent, mais Bontekoe n'en possédait pas sous une autre forme. Comme la plupart des États européens, les Provinces-Unies interdisaient l'utilisation d'argent non frappé, afin de contrôler la masse monétaire en circulation. Si on voulait utiliser son argent comme moyen de paiement en Europe, il fallait qu'il se présente sous forme de pièces. Au-delà de ces détails historiques, demeure le fait tout simple qu'en 1623, quand Donne chercha une image pour exprimer l'accumulation d'afflictions capable d'inspirer la piété au pécheur, ce fut cette substance, l'argent, que l'on pouvait accumuler à l'infini, qui se présenta à son esprit exalté.

L'argent et la traduction. Des îles isolées et des continents reliés entre eux. Donne n'imaginait pas, en rédigeant son texte, qu'il mettait en place des portes donnant sur son siècle, mais elles sont bien là : ouvertures fortuites sur des couloirs qui nous reconduisent vers son monde. À l'instar de Vermeer, me semble-t-il, Donne était tellement absorbé par la nécessité de donner un sens à sa propre existence qu'il n'avait aucune raison de se demander ce que les hommes des siècles à venir pourraient bien chercher dans son œuvre. Ils se colletaient l'un comme l'autre avec le présent, et c'était un fardeau plus que suffisant. Aucun d'eux ne préparait de dossier pour l'histoire qui s'écrirait plus tard. Nous ne sommes pas différents d'eux, bien sûr. Nous sommes tout aussi absorbés dans le présent, et nous soucions aussi peu des portes que nous laissons derrière nous pour ceux qui nous suivront et pourraient chercher à mieux comprendre leur monde – un monde que nous sommes incapables d'imaginer – en se penchant sur ses origines.

En 1623, si Donne s'exaltait en découvrant qu'aucun homme n'était une île, c'est parce que, pour la première fois de l'histoire humaine, on pouvait prendre conscience que c'était une réalité presque universelle. La planète n'était plus une succession de lieux tellement isolés les uns des autres qu'il pouvait se passer quelque chose en un point sans que cela exerce le moindre effet sur ce qui arrivait ailleurs. L'idée d'une humanité commune se faisait jour et, avec elle, la possibilité d'une histoire partagée [1]. La théologie qui étayait le sentiment qu'éprouvait Donne de l'existence d'un lien étroit entre toutes choses est chrétienne, certes, mais cette idée d'interconnexion n'est pas l'apanage du christianisme. D'autres logiques, religieuses ou profanes, peuvent soutenir la même conclusion et inspirer tout aussi efficacement une prise de conscience de notre situation et de notre responsabilité globales. Il en va du filet d'Indra comme du continent de Donne : chaque motte, chaque perle – chaque perte et chaque mort, chaque naissance et chaque existence nouvelle – affecte tous les autres éléments avec lesquels elle partage son existence. C'est une vision du monde qui, pour la plupart des hommes, n'est devenue concevable qu'au XVIIe siècle.

Les métaphores apparues dans les traditions du monde entier sont aujourd'hui plus nécessaires que jamais si nous voulons persuader les autres, et nous convaincre nous-mêmes, de nous attaquer aux tâches qui nous attendent. C'est un des motifs qui ont présidé à la rédaction de ce livre : la conscience qu'en tant qu'espèce, nous devons trouver le moyen de raconter le passé d'une manière qui nous fasse reconnaître et admettre la nature globale de notre expérience. C'est un idéal utopiste – un idéal dont nous sommes encore très éloignés, que nous n'atteindrons peut-être jamais et qui, pourtant, pénètre notre existence quotidienne. Si nous arrivons à percevoir que l'histoire d'un lieu, quel qu'il soit, nous relie à tous les lieux et, en dernier recours, à l'histoire du monde entier, alors il n'existe aucun élément du passé – aucun holocauste, aucun exploit – qui n'appartienne à notre héritage collectif. C'est une réflexion qui s'impose déjà dans le domaine de l'écologie. En réalité, le réchauffement global de notre époque reproduit, en un sens, l'effet perturbateur du refroidissement global de celle de Vermeer, un moment où les hommes se sont rendu compte que des changements s'amorçaient et, qui plus est, qu'ils affectaient le monde entier. Vers la fin de sa vie, Jan Weltevree, l'armurier hollandais naufragé, évoqua devant un ami coréen les souvenirs de son enfance en Hollande. Il lui raconta que quand il était petit, les jours de brume, quand l'humidité froide leur infligeait des douleurs articulaires, les personnes âgées disaient : « Aujourd'hui, il neige en Chine. » Alors même que le changement climatique mettait le monde sens dessus dessous, les gens sentaient que désormais, ce qui se passait à l'autre bout du monde n'arrivait pas seulement là-bas, mais également ici.

Les histoires que j'ai racontées au fil de ces pages avaient pour thème les effets du commerce sur le monde et sur des gens ordinaires. Mais entre le monde et les gens ordinaires, il y a l'État, qui a été puissamment affecté par l'histoire du commerce et qui a, à son tour, exercé de puissants effets. Au cours du

XVIIᵉ siècle, le commerce et les déplacements ont renforcé l'État. En Europe du moins, les royaumes privés des monarques, qui exigeaient jadis la loyauté de leurs vassaux, se transformèrent en entités publiques placées au service des intérêts de sociétés commerciales et peuplées de citoyens qui accumulaient une fortune personnelle. La création de la République hollandaise n'est qu'un exemple de cette mutation. Dans les pays qui conservèrent un régime monarchique eux-mêmes, comme la Grande-Bretagne, il n'était pas rare qu'une guerre civile vienne transformer le souverain absolu en monarque constitutionnel respectueux des intérêts commerciaux. Les États ne purent résister à l'envie de puiser dans l'immense puissance économique nouvelle du commerce d'entreprise, ce qui les rendit ainsi eux-mêmes plus forts – et plus querelleurs.

La paix de Westphalie de 1648, dont on fait traditionnellement la date de naissance du système de l'État moderne, comprenait plusieurs traités qui mirent fin à l'hostilité durable entre les nouveaux États puissants qui se dressaient les uns contre les autres de part et d'autre de la fracture entre catholicisme et protestantisme, et notamment à la guerre de quatre-vingts ans qui opposa l'Espagne et les Pays-Bas (notons qu'un de ces traités interdisait aux Hollandais de poser le pied dans le port de Manille). Ce nouveau système établit des règles de souveraineté nationale qui passent pour le fondement de l'ordre mondial actuel : les États sont les principaux acteurs du système mondial, la souveraineté de chaque État est inviolable et aucun État n'a le droit d'intervenir dans les affaires d'un autre. Les États n'étaient plus les domaines des monarques, mais des entités publiques qui concentraient et déployaient des ressources à des fins nationales. C'est aux transformations globales du XVIIᵉ siècle que nous devons cet ordre nouveau.

Les États qui ont accédé à la puissance globale après la paix de Westphalie étaient bien placés pour tirer profit du commerce planétaire, et aucun ne l'était plus que la République hollandaise, avec son solide arsenal de corporations monopolistiques. Et pourtant, à la fin du siècle, les Anglais avaient entrepris d'évincer les Hollandais de leur rang de première puissance commerciale du monde. Cette éclipse était due à de multiples raisons, parmi lesquelles l'invasion française des Pays-Bas en 1672. Jaloux du commerce auquel la Hollande se livrait outre-mer, les Français envoyèrent aux Pays-Bas une armée de terre bien plus importante que celle dont pouvaient disposer les Hollandais. La défense ultime de ceux-ci fut d'ouvrir les digues, mais ce fut une victoire à la Pyrrhus dont la République hollandaise ne se remit jamais entièrement. Cette défaite contribua à ouvrir la porte à l'expansion impériale britannique, permettant à la Grande-Bretagne de prendre la place des Pays-Bas comme puissance commerciale mondiale dominante au XVIIIe siècle.

L'essor de l'Empire britannique tenait à plusieurs facteurs, dont le moindre n'était pas l'ouverture du commerce de l'opium, qui permit à la Compagnie anglaise des Indes orientales de tisser un lien entre le contrôle territorial de l'Inde et les marchés de la Chine, où elle achetait du thé et des textiles. La réussite de la Compagnie s'explique elle-même par l'absence d'autorité politique sur le sous-continent vers l'époque de la mort du dernier grand bâtisseur de l'Empire mogol, Aurangzeb, en 1707. En l'absence d'un individu doté d'une persévérance et d'une personnalité aussi fortes pour assurer la cohésion de l'Empire mogol, l'EIC s'empara d'une position hégémonique en Inde et, de là, put dominer le commerce avec la Chine. Conquête impériale et monopole commercial marchèrent main dans la main tout au long du XVIIIe siècle pour assurer aux Britanniques une position sans rivale dans le commerce mondial. La VOC résista jusqu'à la fin du siècle, mais les Hollandais ne réussirent jamais à retrouver la domination économique mondiale qui avait été la leur au XVIIe siècle. La victoire britannique contre la France à la bataille de Waterloo en 1815 couronna l'ascendant de la Grande-Bretagne en Europe – et exila Napoléon sur l'île de Sainte-Hélène bien après que les marins en eurent fait une escale de la traversée de l'Atlantique sud.

L'histoire de l'État suivit une évolution différente en Asie, mais on y relève une amplification comparable de ses activités. Le régime des Tokugawa au Japon aussi bien que la dynastie Qing en Chine renforcèrent leurs administrations bureaucratiques, exerçant un contrôle plus strict que les dynasties précédentes. En fait, l'administration Qing impressionna si bien les Européens qu'ils considérèrent la Chine comme un modèle d'administration étatique – ce qui explique que le terme que les Portugais empruntèrent au sanscrit pour désigner les fonctionnaires chinois soit passé dans le langage courant universel pour dénommer de puissants administrateurs de l'État – les « mandarins ». Le Japon réagit au développement du commerce global en fermant ses frontières à tous les étrangers, exception faite de quelques marchands hollandais et chinois expressément désignés, et en adoptant plus généralement un modèle économique autarcique. La Chine des Qing autorisa des activités commerciales maritimes limitées par l'intermédiaire de Canton (en amont de Macao), mais les souverains mandchous s'intéressaient davantage à l'expansion continentale qu'à la puissance maritime.

Les empires britannique et chinois se tinrent réciproquement en respect, en occupant des positions commerciales de monopole limité jusqu'au XIXe siècle, époque à laquelle les marchands de l'EIC mirent l'économie politique chinoise en péril en apportant à Canton de pleines cargaisons d'opium indien, ce qui entraîna une importante ponction sur l'argent de Chine et fit pencher la balance des paiements en faveur de la Grande-Bretagne. Cette évolution fut suivie d'un déplacement de la puissance militaire. Il faudrait à la Chine le plus gros des deux derniers siècles pour se remettre de l'effondrement de ses propres prétentions impériales et commencer à se réaffirmer comme une puissance mondiale.

Achevons cet ouvrage en revenant un instant sur trois des personnages que nous avons rencontrés en chemin, pour nous interroger sur leur sort : le gouverneur de Manille Sebastián Corcuera, Wen Zhenheng, l'auteur du *Traité du superflu* et le peintre qui nous a servi de guide au fil de ces pages, Johannes Vermeer.

Corcuera estimait que sa victoire sur les Chinois à Manille, en 1640, aurait dû renforcer considérablement non seulement sa position de gouverneur, mais aussi les finances royales dont il était responsable. Ce ne fut pas le cas. Il se trouve en effet que quatre ans avant le soulèvement, Corcuera s'était vivement opposé à tout l'establishment ecclésiastique des Philippines, et notamment à l'archevêque de Manille, que le gouverneur bannissait régulièrement et par lequel il était tout aussi régulièrement excommunié. Ce conflit tournait autour du commerce de l'argent. Malgré l'important volume d'argent que le commerce privé apportait dans la colonie, le gouverneur dirigeait une administration extrêmement onéreuse qui disposait de fonds totalement insuffisants. Du point de vue de Corcuera, le problème tenait aux immenses privilèges financiers dont jouissait l'Église catholique aux Philippines. Limiter ces privilèges, se disait-il, permettrait de limiter le déficit. Le roi Philippe le mit en garde contre toute mesure en ce sens – lui rappelant peut-être que son prédécesseur avait été assassiné par les prêtres pour avoir fourré son nez dans les revenus auxquels l'Église estimait avoir droit.

Le clergé n'avait pas l'intention de céder aux exigences financières de Corcuera sous prétexte qu'il avait réprimé l'insurrection chinoise. Au contraire, il contre-attaqua en lui imputant la responsabilité première de ce soulèvement. Si les fermiers de Calamba s'étaient soulevés, c'était uniquement parce que Corcuera avait cherché à augmenter les revenus royaux, firent-ils savoir en Espagne. S'il n'avait pas prétendu leur extorquer aussi impitoyablement des fonds, les fermiers ne se seraient pas trouvés dans une situation aussi dramatique et les autres Chinois n'auraient pas éprouvé tous les griefs qui les avaient poussés à la révolte ouverte. Les adversaires ecclésiastiques du gouverneur ne se bornèrent pas à affirmer qu'il exerçait ses fonctions avec un zèle excessif. Ils prétendirent que tous ces agissements ne servaient que les intérêts personnels de Corcuera et que sa défense de la responsabilité fiscale n'était qu'une tactique subtile pour dissimuler ses propres escroqueries, plus importantes que toutes les autres.

Le coût de la répression obligea Corcuera à chercher à faire rentrer de l'argent dans les caisses avec plus d'énergie encore. Une de ses méthodes consistait à doubler le prix de l'autorisation de faire du négoce que devaient se procurer les marchands chinois. L'objectif était de punir ceux-ci du soutien qu'ils avaient accordé à l'insurrection, mais la tactique eut l'effet inverse, car les Chinois répercutèrent cette hausse sur leurs clients. Les prix augmentèrent dans tout Manille. « Des chaussures qui valaient deux réaux en valent quatre à présent », soit un demi-peso (pièce de huit), se plaignait l'agent fiscal du roi à Manille en 1644. « Il faut désormais débourser quatre ou cinq pesos pour se faire faire un vêtement, alors qu'il n'en coûtait que deux auparavant. C'est la même chose pour tout le reste, déplorait-il. Tout cela trouve son origine dans l'année 1639, avec l'augmentation de la charge de la licence générale. » Corcuera s'était ainsi mis dans la position malencontreuse de faire payer sa victoire aux Espagnols, et non aux Chinois.

Incapable de briser l'hostilité à son endroit, Corcuera demanda à être relevé de ses fonctions. Il devait néanmoins attendre l'arrivée de son remplaçant, chargé de vérifier les livres de comptes de son prédécesseur avant que celui-ci ne fût autorisé à partir. De plus, l'Église ayant déposé cinquante-neuf plaintes contre lui, Madrid décida en 1641 de l'incarcérer en attendant que l'affaire ait été tirée au clair. Son remplaçant n'arriva qu'en 1644, et Corcuera resta donc assigné à résidence pendant trois ans, dans des conditions toutefois très confortables, en attente du jugement. Après avoir passé un an à étudier son cas, le nouveau gouverneur le jugea coupable de certains faits (la perte de la petite enclave espagnole de Taiwan au profit des Hollandais fut portée à son débit) et le disculpa d'autres accusations. Il préféra renvoyer le jugement définitif de l'affaire à Madrid. Corcuera avait des partisans sur place, qui publièrent une nouvelle série de contre-accusations contre l'Église, compliquant encore l'affaire. Son cas n'était pas près d'être réglé.

L'une des cinquante-neuf plaintes déposées contre Corcuera concernait le détournement d'objets de métal précieux appartenant au roi, qu'il aurait réexpédiés en Espagne pour se constituer une fortune personnelle. La liste comprenait une assiette et une aiguière assortie en or massif que le roi d'Espagne voulait offrir en présent à l'empereur du Japon, dans l'espoir de nouer des relations commerciales avec ce pays. L'assiette et l'aiguière d'or avaient mystérieusement disparu, et Corcuera fut accusé d'avoir expédié cet ensemble à son propre compte sur le *Concepcíon*, le navire en partance qui avait sombré au large des îles Mariannes en 1638. Il nia énergiquement et personne ne put établir la vérité, car il avait empêché que l'on dresse un manifeste complet de la cargaison. Finalement, les autorités de Madrid reconnurent leur impuissance et refusèrent de se prononcer pour ou contre Corcuera. Toutes les accusations furent rejetées, et Corcuera reprit du service pour l'Empire espagnol. Il fut nommé magistrat à Cordoue, et acheva sa carrière, et sa vie, au poste prestigieux de gouverneur des Canaries.

Le plat et l'aiguière d'or attendirent trois cent cinquante ans pour refaire surface et confondre Corcuera. Dans les années 1980, quand des archéologues marins inspectèrent le banc de corail où le *Concepcíon* avait sombré, ils découvrirent, sur le fond de l'océan, le bord d'une assiette d'or – preuve irréfutable que Corcuera était bien coupable des délits dont on l'accusait.

Wen Zhenheng, le grand connaisseur du superflu, aurait pu s'élever à d'aussi hautes fonctions que Corcuera s'il avait passé avec succès les examens d'État. Il réussit en 1621 les examens de qualification au niveau du comté, mais fut incapable, semble-t-il, de s'astreindre à employer les formules appréciées des examinateurs et qu'il lui fallait imiter pour pouvoir briguer une nomination officielle. Les années 1620 n'étaient du reste pas une période propice pour qui voulait faire carrière dans l'administration. Les eunuques notoirement corrompus qui entouraient le trône étranglaient l'administration et la saignaient à blanc. Tous ceux qui briguaient un poste gouvernemental devaient s'en accommoder ou s'attendre à être destitués, voire pis. Après avoir échoué une nouvelle fois aux examens préfectoraux en 1624, Wen renonça à participer à cette foire d'empoigne et décida de se consacrer à ce qu'il aimait vraiment : faire de la musique, mettre en scène des opéras et aménager des jardins à Suzhou, centre de culture et de consommation de qualité de la fin de l'ère Ming. L'immense fortune de sa famille lui permit de mener la vie d'esthète dont il s'était fait l'avocat dans son *Traité du superflu*.

Wen avait un frère plein de talent, Zhenmeng, qui réussit les examens supérieurs en 1622 et mena une carrière d'administrateur qui valut de grands honneurs à la famille Wen, mais se solda par une catastrophe politique personnelle quand il s'opposa à la faction des eunuques. Il mourut en 1636, laissant la responsabilité de chef de famille à Zhenheng. Après l'année de deuil de rigueur, Wen Zhenheng estima devoir suivre l'exemple de son frère. Il obtint un poste modeste à Pékin, et se trouva rapidement pris, du mauvais côté, dans les intrigues politiques de la Cour, ce qui lui valut un bref séjour en prison. Deux ans plus tard, il fut appelé à servir dans une des armées qui défendaient la frontière nord de l'empire Ming contre les Mandchous. Cela se passait en 1642, l'année noire de la dynastie, durant laquelle les forces mandchoues massées sur la frontière lançaient des opérations éclairs en territoire chinois, tandis que la peste arrivait de Mongolie et dévastait une grande partie du Nord de la Chine. Ce fut un épisode infectieux d'une rare virulence ; dans certaines régions, l'épidémie emporta des villages entiers.

Wen réussit à éviter cette affectation et trouva un prétexte pour se retirer à Suzhou, dans le Sud. Il était en train de s'aménager un nouveau jardin quand les conquérants mandchous atteignirent Suzhou en 1645. Il mourut pendant la prise de la ville. Quelle place un homme de soixante-six ans et de sa nature aurait-il pu occuper dans le nouvel ordre des choses ?

La biographie de Wen Zhenheng n'est qu'un exemple parmi celles de tous les érudits chinois du XVIIe siècle condamnés à assister à l'effondrement de leur monde. Yang Shicong, le vice-ministre qui avait relevé l'apparition de marchands de tabac à tous les coins de rue de Pékin, connut une destinée comparable. Yang ne quitta pas la capitale au moment où Wen le fit, en 1642. Il resta jusqu'à ce qu'une armée rebelle s'empare de la ville, au printemps de 1644. Ce fut à cette occasion que le dernier empereur chercha à tuer ses filles pour leur éviter de tomber entre les mains des rebelles et fut retrouvé plus tard pendu à un arbre derrière le palais. La fille et les deux concubines de Yang suivirent l'exemple impérial et se suicidèrent, mais les serviteurs de Yang empêchèrent leur maître d'en faire autant et lui firent quitter clandestinement la capitale prise par l'ennemi afin qu'il puisse rejoindre la résistance. Il rentra chez lui, mais l'invasion mandchoue l'obligea à fuir plus au sud. Les armées ne le rattrapèrent pas, contrairement à Wen, mais il finit par tomber entre les mains d'agents des Mandchous qui cherchèrent à le convaincre de renoncer à sa loyauté à l'égard des Ming et de servir le nouveau régime. Il rejeta leur offre et mourut peu de temps après, exilé volontaire dans le Sud.

Pour des hommes comme Yang Shicong et Wen Zhenheng, le XVIIe siècle rapprocha peut-être les différentes parties du monde, mais ses effets sur le lieu et le temps où ils vivaient étaient plus qu'ils n'en pouvaient supporter.

Les épreuves ne furent pas épargnées non plus à Johannes Vermeer au cours des dernières années de sa vie. La famille n'avait jamais été prospère, mais elle parvenait à joindre les deux bouts grâce aux toiles de Vermeer et à son commerce d'art, ainsi qu'aux revenus des propriétés et des investissements de Maria Thins. En 1672, quand la France envahit les Pays-Bas, le marché d'art qui assurait la solvabilité de Vermeer s'effondra. Ce genre de commerce prospérait quand l'économie était florissante, et l'abondance de liquidités dans l'économie hollandaise favorisait la production de ces articles merveilleusement superflus. Les propriétaires prenaient plaisir à orner leurs murs de tableaux, et pendant toutes les années médianes du XVIIe siècle, les achats d'œuvres d'art atteignirent un niveau sans précédent – c'est d'ailleurs une des raisons pour lesquelles les musées d'art du monde entier abritent autant de peintures hollandaises du XVIIe siècle. La disparition des excédents monétaires de l'économie de Delft dans les années 1670 fut une catastrophe pour des artistes comme Vermeer, dont la survie dépendait des ventes. Devant le tarissement des achats et des commissions, il fut obligé de s'endetter pour faire vivre sa famille. Le dernier emprunt consigné, conclu avec un marchand d'Amsterdam (qui achetait peut-être des peintures à terme, en accordant ce prêt), était d'un montant de mille florins d'argent, une somme considérable, impossible à rembourser. Ces difficultés eurent pour effet de rendre sa muse moins brillante. Sur les trois toiles des dernières années qui nous sont parvenues et qui représentent toutes des femmes jouant timidement d'un instrument de musique, une seule peut rivaliser avec l'éclat de ses œuvres précédentes.

Vermeer mourut subitement le 15 décembre 1675. Il avait quarante-trois ans. Un an et demi plus tard, dans une requête adressée aux autorités municipales de Delft pour leur demander de l'aide, Catharina témoignait que sa mort était due à la faillite financière provoquée par la « guerre ruineuse et prolongée ». Son mari s'était trouvé dans l'impossibilité « de vendre son art et avait aussi sur les bras, à son grand détriment, les tableaux d'autres maîtres dont il faisait commerce ; pour cette raison et à cause des grandes dépenses occasionnées par les enfants et pour lesquelles il ne disposait plus de moyens personnels, il fut si affligé et s'affaiblit tellement qu'il en perdit la santé et mourut en l'espace d'un jour et demi ». La soudaineté de sa mort donne à penser qu'il fut emporté par une infection fatale. Mais il ressort aussi des explications alambiquées de Catharina que la dépression avait probablement diminué sa résistance. Le cas échéant, ce qui a tué Vermeer était peut-être ce qui lui avait permis initialement de faire carrière : la place de Delft au sein des réseaux économiques qui se déployaient autour du monde. À l'époque où ces réseaux étaient prospères, les chefs-d'œuvre soigneusement exécutés de Vermeer lui permettaient de gagner de quoi faire vivre sa famille et de prendre le temps qu'il voulait pour achever une toile. Mais lorsque ces réseaux s'effondrèrent et que le seul moyen de se procurer de l'argent fut d'en emprunter, le désespoir et la mort mirent un terme tout à la fois à sa vie et à son œuvre.

Vermeer fut enterré le lendemain dans la Vieille Église, quelque part, non loin de l'endroit que j'ai visité. Par bonheur, Maria Thins avait acheté une tombe quinze ans plus tôt, quand la famille était en fonds. Elle n'avait pas l'intention de se retrouver au seuil de la mort sans disposer d'un lieu pour son dernier repos. Mais elle n'avait pas prévu que son gendre l'y précéderait. Johannes n'était d'ailleurs pas le premier. Sa femme et lui y avaient déjà inhumé trois enfants. Quand les fossoyeurs soulevèrent la dalle de pierre pour enterrer l'artiste, ils découvrirent que le corps de l'enfant qu'ils avaient enseveli deux ans plus tôt était encore intact. Ils soulevèrent délicatement le petit corps, descendirent le cercueil de Vermeer dans le tombeau et posèrent l'enfant sur son père. Cette fois, ce fut pour Vermeer que le glas sonna. La grande ère de la peinture de Delft était arrivée à son terme, mais les portes que le négoce, les voyages et la guerre avaient ouvertes, dans cette ville et tout autour de la planète, ne se refermeraient plus.

Remerciements

La rédaction d'un tel ouvrage n'allait pas de soi pour un spécialiste de l'histoire chinoise, mais l'histoire du monde doit s'écrire depuis un promontoire de connaissances et la Chine constitue un lieu aussi propice que d'autres, meilleur peut-être même, pour suivre les transformations du monde au XVIIe siècle. L'idée de me lancer dans cette entreprise m'est venue à l'époque où j'enseignais l'histoire mondiale à l'université Stanford et à celle de Toronto. Les grandes lignes de cet ouvrage commençant à prendre forme, j'ai été invité à en présenter certaines au Center for Chinese Studies de l'université de Californie, à Berkeley, au Center for Early Modern History de l'université du Minnesota, au Department of History de l'université du Manitoba (la Henry A. Jackson Memorial Lecture), au Center for Historial Studies de l'université du Maryland et au China Studies Group de l'université de Colombie-Britannique.

Le financement partiel de ce projet a été généreusement assuré par le programme « Globalization and Autonomy » dirigé par William Coleman à la McMaster University de l'Ontario. Le groupe « Globalization and Autonomy » m'a également apporté un contexte interdisciplinaire dans lequel j'ai pu développer mes idées. J'ai bénéficié par ailleurs pendant plusieurs années du soutien du Social Sciences and Humanities Research Council du Canada et j'ai achevé le manuscrit grâce à une bourse de la John Simon Guggenheim Memorial Foundation.

Parmi ceux qui m'ont aidé, souvent à leur insu, à donner forme aux idées et à la logique de ce livre, j'aimerais remercier Gregory Blue, Jim Chaplin, Tim Cheek, Craig Clunas, Paul Eprile, Shin Imai, Ken Mills, Ken Pomeranz, Richard Unger, Danny Vickers et Bin Wong. Je remercie Greg Bankoff, Liam Brockey, Patricia Bruckmann, Jim Cahill, Timothy Francis, Geoffrey Parker, Jane Stevenson, Maggie Tchir et Hsing-yuan Tsao d'avoir répondu à mes interrogations sur des sujets éloignés de mon propre champ de compétences. Susan Galassi m'a accueilli lorsque je me suis rendu à la Frick Collection de New York pour voir de près *L'Officier et la jeune fille riant*, tandis qu'Ilse Boks du Gemeente Musea de Delft m'a aimablement fourni la photographie du plat de Van Meerten, sujet du chapitre 5. Eric Lenberger a dessiné les cartes.

Sans les encouragements constants de mon agent littéraire, Beverly Slopen, et de mes éditeurs de Bloomsbury Press, Peter Ginna, Katherine Henderson et Elizabeth Peters, je ne suis pas sûr que cet ouvrage aurait vu le jour. Merci enfin à Fay Sims, qui me rappelle constamment que c'est pour des lecteurs comme elle que je devrais écrire.

Notes

Chapitre 1. La vue de Delft

1. La dynastie Ming, fondée en 1368, fut renversée en 1644, lorsque une armée rebelle s'empara de Pékin et poussa le dernier empereur au suicide, avant d'être elle-même expulsée par une armée d'invasion mandchoue venue du Nord-Est. La dynastie Qing, une dynastie mandchoue, resta en place jusqu'en 1911.

2. Les Européens aimaient les grosses perles, ce qui est le cas de celle-ci, rondes de surcroît, ce que celle-ci n'est pas. Les Chinois accordaient de la valeur à la taille – une perle de premier choix devait mesurer au moins 3,75 cm de diamètre –, mais préféraient une perle « légèrement aplatie sur un côté, lui donnant une forme de pot renversé », pour citer une formule utilisée par tous les auteurs chinois sur les perles. Une perle de cette qualité était appelée une « perle à pendants », et n'était utilisée que pour des boucles d'oreilles.

Chapitre 2. Le chapeau de Vermeer

1. La carte représente la moitié littorale des nouvelles Provinces-Unies, l'ouest se trouvant au sommet de la carte. Dressée à l'origine par la famille de cartographes de Delft Berckenrode, elle a été publiée juste après 1629 par le principal cartographe commercial d'Amsterdam, Willem Blaeu. Vermeer

l'a peut-être incluse dans son œuvre par allusion à une tradition picturale hollandaise ancienne (ou pour la railler), qui se servait d'images du monde, telles que les cartes, pour dénigrer les préoccupations temporelles des personnages d'un tableau, et plus particulièrement des femmes.

2. Au Canada, les Montagnais sont appelés aujourd'hui la Première nation Idlu. Le nom, aussi romanisé en Innu, signifie « le Peuple ».

3. Le nom *Algonquin*, qui signifie « parents » ou « alliés », était utilisé pour désigner les tribus de langue algonquine, largement dispersées dans les régions actuelles du Québec et de l'Ontario. Les alliés spécifiques de Champlain étaient les Onontchataronons, appelés aujourd'hui Petite Nation Algonquins.

4. Les Hurons qui se battirent avec Champlain étaient les Arendarhonons, le Peuple au Rocher, une des quatre tribus de la Confédération. Le nom *Huron* semble avoir été forgé par les Français comme abréviation d'*Arendarhonon*, par un jeu de mots avec une hure de sanglier. Les Hurons se donnaient le nom de Wendats, les Insulaires, allusion à leur mythe cosmogonique qui les présentait nageant sur le dos d'une île tortue dans l'océan cosmique. Leurs descendants actuels sont appelés Wendats au Québec et Wyandots dans l'Oklahoma.

5. La Confédération iroquoise s'élargit à six nations plus tard au cours du siècle : les Six Nations vivent aujourd'hui au sud-ouest de l'Ontario. Les Iroquois se donnaient le nom de Rotinnonhsionni, les Bâtisseurs de Maisons (ce dont les Français firent les *Hodenosaunee*). Les Algonquins les appelaient les Naadawe, les Serpents. Les Mohawks s'appelaient les Kanyenkehaka, ce qui signifie Peuple du site de silex. « Mohawk » est une insulte algonquine qui veut dire Mangeurs de choses animées, c'est-à-dire par insinuation Mangeurs d'humains. Les Français les appelaient les Anniehronnons.

6. Ce nom n'a pas été donné par Champlain, mais par ceux qui se moquèrent de la tentative de René-Robert Cavelier de La Salle en 1669 pour trouver une voie d'eau vers la Chine. Quand les explorateurs regagnèrent le Québec bredouilles, on les surnomma « les Chinois » et le fief de La Salle, ici à Sault St. Louis, fut rebaptisé Lachine. Ce nom de lieu est toujours en usage.

7. La carte mondiale de Jean Guérard de 1634, *Carte universelle hydrographique*, comprend cette mention à côté de la baie d'Hudson : « Grand Ocean descouuert l'an, 1612, par henry hudson Anglois, l'on croit qu'il y a passage de la au Japan. »

8. Le lac que Champlain fit figurer sur sa carte, bien qu'il soit mal situé, est le lac Nipigon, Nipigon étant une autre version d'*Ouinigipous*. Ce nom serait encore une fois adapté pour désigner la première installation d'importance au Manitoba, Winnipeg.

9. Les Français les appelaient aussi Gens de Mer, ou encore Peuples Maritimes. Le désir de les associer avec de l'eau océanique était inébranlable.

Chapitre 3. Une jatte de fruits

1. Un sac de poivre pesait environ 12 kilos. Au prix de détail pratiqué sur la place d'Amsterdam – 0,8 florin la vieille livre (0,494 gramme) –, ce chargement de poivre valait 354 000 florins.

2. En 1603, Gao Cai envoya une délégation semi-officielle dans la colonie espagnole de Manille aux Philippines pour vérifier la véracité de récits qui lui étaient parvenus à propos d'une « montagne d'or ». Cela suffit à inspirer aux Espagnols la crainte d'une invasion et provoqua un massacre des résidents chinois de la ville – un événement qui se reproduirait six ans plus tard, sujet du chapitre 6.

3. Les Hollandais aimaient donner des noms de lions à leurs bateaux, surtout dans les premiers temps de la VOC. Un *Lion rouge* fit voile vers le Japon en 1609, pour en citer un exemple au hasard. Ils utilisaient aussi des noms de lieux. Le *Delft* fut lancé en 1607 et fit trois allers-retours à Goa et à Java ; un nouveau *Delft* fut construit en 1640. Le *Chine* fut perdu en 1608 alors qu'il était à l'ancre, pendant une tempête au large de Ternate, dans les îles aux Épices. En 1676, la chambre d'Amsterdam lança un autre *Chine* deux fois et demie plus grand que son homonyme antérieur. Au contraire, les Portugais baptisaient leurs caraques de noms de saintes, recherchant leur protection. Les Chinois utilisaient des noms d'oiseaux, espérant que leurs navires auraient le pouvoir de filer sur l'eau.

4. Quand un bâtiment hollandais – appelé lui aussi le *Lion blanc*, par hasard – pilla des navires français dans le Saint-Laurent en 1606, le roi de France porta plainte auprès du gouvernement hollandais, déclarant que les Hollandais n'étaient pas autorisés à faire du commerce dans les territoires placés sous sa juridiction. Les Hollandais acceptèrent d'indemniser de ses pertes le propriétaire des bateaux, mais profitèrent aussi de l'enquête pour proclamer que les Français n'avaient pas le droit de les empêcher de faire du commerce où ils voulaient.

Chapitre 4. Leçons de géographie

1. « Maure » est un terme européen qui désignait à l'origine les marchands musulmans de Morea, sur la côte du Péloponnèse. Il s'élargit plus tard à tous les musulmans du pourtour méditerranéen, et finalement à tous les musulmans, d'où qu'ils soient. Masmanut pourrait fort bien être une version de Mohammed. On appelait aussi « Maures » les Africains noirs.

2. Ce n'était pas la première fois que le gouvernement Ming recherchait l'assistance militaire des Portugais de Macao. L'empereur précédent avait lancé la même invitation après son accession au trône. Sept artilleurs portugais partirent vers le Nord en 1622 avec un interprète et seize compagnons. La politique de la Cour leur fut hostile, de sorte que lorsqu'un canon explosa pendant une démonstration en 1623, tuant l'artilleur portugais et blessant trois Chinois, ils furent tous renvoyés.

3. Rodrigues eut de la chance de regagner Macao. Douze des artilleurs portugais moururent au cours de l'hiver précédent dans la province de Shandong, quand des soldats chinois se mutinèrent parce qu'ils n'avaient pas touché leur solde. Lorsque les mutins prirent d'assaut la ville que les Portugais défendaient, Rodrigues réussit à s'échapper en sautant de la muraille de la ville dans un tas de neige. Grâce au rafraîchissement global, il ne se cassa qu'un bras dans sa chute.

Chapitre 5. L'art de fumer

1. Après avoir quitté les Amériques pour la France, le mot *petum* y revint avec les Français, qui, ayant besoin d'un nom pour désigner une tribu indigène n'appartenant pas à la confédération Huron et qui se livrait le plus activement au trafic de tabac, les appelèrent les Pétuns.

2. Dekker décrit ici un cigare : des feuilles de tabac roulées en cylindre, insérées dans une enveloppe *(pudding)* puis fumées. Fumer cette chose-là participait de l'humour de Dekker, le mot de *pudding* désignant un pénis en argot élisabethain. Trinidado était le nom du tabac originaire de Trinidad.

3. Les Japonais abandonnèrent *en* au profit de *tabako* au XIXe siècle, quand ils passèrent de la pipe à la cigarette, mais le mot persiste sur les signes d'interdiction de fumer : *kin'en*, « il est interdit de fumer ».

Chapitre 6. La pesée de l'argent

1. Huit réaux valaient un peso, qui représentait 26,447 grammes d'argent pur. Jusqu'en 1728, le peso était affiné à une pureté de 0,931, la pièce ayant donc un poids réel de 28,75 grammes. Les Anglais traduisirent *pesos* par *pieces* (pieces-of-eight, « pièces-de-huit » désignant des pesos de huit réaux).

2. Le gouvernement imposa un monopole d'État sur les gisements de perles, car il craignait, là encore, que l'enrichissement de particuliers ne menace la dynastie. Dans le cas des perles, seuls les Tanka, le peuple des bateaux, du Sud de la Chine, étaient autorisés à ramasser des perles avec l'autorisation du gouvernement. Mais les meilleurs pêcheurs de perles du Sud de la Chine étaient des garçons d'une dizaine d'années, qui s'exerçaient à se laisser descendre au fond discrètement, à ouvrir une coquille, à avaler la perle avant de filer à la nage.

3. Le terme de « ghetto » a été employé pour la première fois quand les Juifs de Venise furent déportés en 1516 sur un petit îlot de ce nom, dans la région de Cannaregio. Le ghetto, un mot vénitien signifiant « fonderie », était un quartier de souffleurs de verre avant son déménagement sur l'île de

Murano, pour réduire les risques d'incendie. Les portes du ghetto étaient fermées la nuit ; le fait qu'elles soient verrouillées ou non dépendait du climat politique. Les portes furent démontées en 1797, mais reconstruites en 1815 pendant l'occupation autrichienne. Les Juifs n'obtinrent la liberté de résidence à Venise qu'en 1866.

4. Le mot de « jonque » a fait son apparition dans les langues européennes dans les années 1610 pour transcrire *jong*, mot malais désignant leurs grands bateaux à fond plat. Les Européens réduisirent rapidement l'usage du terme aux bateaux de marchandises que les marchands chinois utilisaient en Asie du Sud-Est, et qui intégraient des éléments de la conception malaise.

Chapitre 7. Voyages

1. Le *Mauritius*, sur lequel le frère puîné de Bontekoe, Jacob, navigua vers l'est trois ans plus tard, emprunta peut-être la même route lors de son trajet d'aller, car les pertes en hommes furent dramatiquement élevées. Le *Mauritius* et son sistership, le *Wapen van Rotterdam,* perdirent 275 hommes au cours de cette traversée. Ils abandonnèrent le *Wapen* sur la côte ouest de Java, par manque de membres d'équipage. On renvoya plus tard Jacob récupérer le bateau, ce qu'il fit, et il en devint capitaine (*Le Naufrage de Bontekoe*, p. 114).

2. Certains de ces vêtements étaient peut-être purement imaginaires, mais sans doute pas tous. Selon l'inventaire posthume de ses possessions, Vermeer avait deux « manteaux turcs », une « robe turque » et une paire de « pantalons turcs », ainsi que deux « manteaux indiens ». Bramer possédait-il sa propre collection de costumes orientaux pour déguiser ses modèles ?

Chapitre 8. Dénouement : « Aucun homme n'est une île »

1. Le désir de découvrir une histoire commune à toute l'humanité incita aussi les érudits européens à dresser des chro-

nologies universelles, généralement en élargissant l'histoire biblique à un cadre mondial. Ce genre de recherches conduisit notoirement James Ussher en 1650 à déterminer que l'histoire du monde avait commencé par sa création divine en 4004 avant J.-C., une date purement fictive qui, apparemment, rencontre encore la faveur de certains milieux intégristes.

Annexes

Publications chinoises et japonaises

Abrégé des archives et documents sur la question de Macao à la période Ming-Qing *(Ming-Qing shiqi Aomen wenti dang'an wenxian huibian)*
Avantages et inconvénients des diverses régions du royaume *(Tianxia junguo libing shu)*
Compendium d'images et d'écrits *(Tushu bian)*
Écrits complets de la Salle de Jade *(Yutang wenji)*
Enquêtes sur les océans de l'Est et de l'Ouest *(Dongxi yangkao)*
Études sur les débuts de l'histoire de l'ouverture du port de Macao *(Aomen kaipu chuqi shi yanjiu)*
Histoire classique de la dynastie Ming *(Ming shi)*
Histoire populaire de l'art de fumer en Chine *(Zhongguo xiyan shihua)*
Index complet de Guangdong *(Guangdong tongzhi)*
Index complet de Guizhou *(Guizhou tongzhi)*
Index de la préfecture de Songjiang *(Songjiang fuzhi)*
Index de la sous-préfecture de Jining *(Jining zhouzhi)*
Index provisoire du comté de Shouning *(Shouning daizhi)*
Journal de l'atelier du goûteur d'eau *(Weishui xuan riji)*
La trame de la terre *(Di wei)*
Le recueil de condoléances *(Zhuai ji)*

Les épées de Canton *(Yuejian pian)*
Livre de Rosée *(Lu Shu)*
Manuel de l'art de fumer *(Yanpu)*
Manuel du tabac *(Yancao pu)*
Notes de la Salle de bienveillance *(Renshu tang biji)*
Notes sur de rares sources historiques de la période Ming-Qing *(Ming Qing xijian shiji xulu)*
Notes variées du jardin de Zai *(Zaiyuan zazhi)*
Nouvelle histoire classique de la dynastie Tang *(Xin Tang shu)*
Nouvelles réflexions sur mon récit de longs voyages *(Guangzhi yi)*
Œuvres complètes de maître Jingyue *(Jingyue quanshu)*
Pharmacopée de plantes sauvages comestibles *(Shiwu bencao huizuan)*
Poursuite de mon récit de longs voyages *(Guangzhi yi)*
Questions et réponses de la première rencontre *(Chuhui Wenda)*
Récit illustré des étrangers de l'Est *(Dongyi tushuo)*
Récits du crépuscule de Nagasaki *(Nagasaki yawagusa)*
Récits inédits du règne de Chongzhen *(Chongzhen chang-bian)*
Récits variés du bureau du comté de Wanping *(Wanshu zaji)*
Résumés de cas de l'atelier de Mengshui *(Mengshui zhai cundu)*
Supplément au traité agricole, édition annotée *(Bu nongshu jiaozhu)*
Traité du superflu, annoté *(Zhangwu lun jiaozhu)*
Un bref compte-rendu de Macao *(Aomen jilüe)*
Véritables récits du règne de Tianqi de la dynastie Ming *(Ming Xizong shilu)*
Vers une histoire de la langue nationale : hommage au professeur Doi Tadao *(Kokugoshi e no michi : Doi sensei shoju kinen robunshu)*
Vue d'ensemble de l'époque *(Yueshi bian)*
Vues de la capitale impériale *(Dijing jingwu lüe)*

Lectures recommandées et sources

Cette bibliographie indique les sources dont je me suis inspiré pour écrire *Le Chapeau de Vermeer*. Il s'agit aussi bien de sources originales du XVIIe siècle que d'études ultérieures de spécialistes du XXe siècle. Le titre des sources en langues asiatiques figure d'abord en traduction, suivi entre parenthèses du titre original en chinois ou en japonais. Pour ceux qui souhaitent approfondir certains sujets évoqués dans ce livre sans être obligés de se plonger dans les références détaillées qui suivent, je recommande les huit ouvrages suivants :

Anthony Bailey, *Vermeer : A View of Delft* (New York, Henry Holt, 2001), une biographie sérieuse et extrêmement attachante de Johannes Vermeer. L'ouvrage plus universitaire de John Michael Montias, *Vermeer and His Milieu : A Web of Social History* (Princeton, NJ, Princeton University Press, 1989) [*Vermeer : une biographie, le peintre et son milieu* (trad. D. Arasse, Paris, A. Biro, 1990)] étudie dans le détail tous les témoignages concernant Vermeer que l'auteur, spécialiste d'histoire économique, a pu découvrir dans les archives de Delft. Ce livre est une mine pour l'historien.

On trouvera de délicieux et brefs articles sur l'histoire des principales marchandises ainsi que des marchés mondiaux au cours du dernier demi-millénaire dans Kenneth Pomeranz et Steven Topik, *The World That Trade Created : Society, Culture, and the World Economy, 1400 to the Present* (Armonk, NY, M. E. Sharpe, 1990).

Sur la Chine des Ming, *The Confusions of Pleasure : Commerce and Culture in Ming Society* du présent auteur (Berkeley, University of California Press, 1998) offre un vaste cadre relatif à l'histoire sociale et culturelle. Craig Clunas s'appuie sur le guide de Wen Zhenheng à l'usage des connaisseurs, le *Traité du superflu,* pour analyser la culture Ming dans *Superfluous Things : Material Culture and Social Status in Early Modern China* (Cambridge, MA,

Polity, 1991). Le récit le plus séduisant sur la vie d'un missionnaire jésuite dans la Chine des Ming reste celui de Jonathan Spence, *The Memory Palace of Matteo Ricci* (Harmondsworth, Penguin, 1985) [*Le Palais de mémoire de Matteo Ricci*, trad. M. Leroy-Battistelli, Paris, Payot, 1986].

L'ouvrage de Marc et Muriel Vigié, *L'Herbe à Nicot : amateurs de tabac, fermiers généraux et contrebandiers sous l'Ancien Régime* (Paris, Fayard, 1989) constitue une pittoresque histoire culturelle du tabac au XVIIe siècle. Pour une étude du sujet en anglais, je recommande V. G. Kiernan, *Tobacco : A History* (Londres, Hutchinson Radius, 1991).

L'épigraphe est tirée de Gary Tomlinson, *Music in Renaissance Magic : Toward a Historiography of Others* (Chicago, University of Chicago Press, 1999), p. 20.

CHAPITRE 1. LA VUE DE DELFT

J'ai commencé à me familiariser avec Vermeer grâce à Ludwig Goldscheider, *Vermeer* (Londres, Phaidon, 1958, 1967). Sur la vie et l'œuvre de Vermeer, en plus de *Vermeer : une biographie, le peintre et son milieu* de John Montias, et du *Vermeer* d'Anthony Bailey, j'ai tiré profit de la lecture de Gille Aillaud, Albert Blankert et John Montias (éd.), *Vermeer* (Paris, Hazan, 1986), d'Arthur Weelock, *Vermeer and the Art of Painting* (New Haven, CT, Yale University Press, 1995), et du volume dont il a dirigé la publication, *Johannes Vermeer* (Washington, D.C., National Gallery of Art, 1995), d'Ivan Gaskel, *Vermeer's Wager : Speculations on Art History, Theory and Art Museums* (Londres, Reaktion Books, 2000), de Wayne Franits, *The Cambridge Companion to Vermeer* (Cambridge, Cambridge University Press, 2001), et de Bryan Jay Wolf, *Vermeer and the Invention of Seeing* (Chicago, University of Chicago Press, 2001) ; également le site web http://www.essentialvermeer.com.

Sur les Pays-Bas au temps de Vermeer, voir Jonathan Israel, *The Dutch Republic : Its Rise, Greatness and Fall, 1477-1806* (Oxford, Oxford University Press, 1995) ; voir p. 621 pour les données démographiques. Sur l'histoire de l'art et de la culture hollandais au XVIIe siècle, voir E. de Jongh, *Questions of Meaning : Theme and Motif in Dutch Seventeenth-Century Painting*, trad. Michael Hoyle (Leyde, Primavera, 2000) ; et David Kunzle, *From Criminal to Courtier : The Soldier in Netherlandish Art 1550-1672* (Leyde, Brill, 2002). Sur l'histoire de Delft, voir Ellinor Bergrelt, Michiel Jonker et Agnes Wiechmann (éd.), *Schatten in Delft : burgers verzamelen 1600-1750* [*Estimation à Delft : les collections des citoyens, 1600-1750*] (Zwelle, Waanders, 2002) ; et John Montias, *Artists and Artisans in Delft : A Socio-Economic Study of the Seventeenth Century* (Princeton, NJ, Princeton University Press, 1982).

Sur le jardin de Yuyuan à Shanghai, voir l'*Index de la préfecture de Songjiang* [*Songjiang fuzhi*] (1630), 46.59b.

« Les peintures sont des énigmes » est tiré de James Elkins, *Why Are Our Pictures Puzzles ? On the Modern Origins of Pictorial Complexity* (New York, Routledge, 1999).

La *Vue de Delft* est présentée dans Epco Runia et Peter van der Ploeg, *In the Mauritshuis : Vermeer* (Zwolle, Waaders, 2005), p. 42-59 ; leur exposé sur les types de bateaux, p. 48-49, est particulièrement instructif. Pour une vue d'ensemble de l'Oost-Indisch Huis sur une carte du XVIIe siècle, voir H. L. Loutzager *et al.*, *De Kaart Figuratief van Delft* [*Une carte illustrée de Delft*] (Rijswijk, Elmar, 1997), p. 177, 197.

Sur les relations de Delft avec le vaste monde, voir Kees Van der Wiel, « Delft in the Golden Age : Wealth and Poverty in the Age of Johannes Vermeer » in *Dutch Society in the Age of Vermeer*, Donald Haks et Marie Christine Van der Sman (éd.) (La Haye, Haags Historisch Museum, 1996), p. 52-54.

Sur la Petite Ère glaciaire, le déplacement de la pêche au hareng, les scènes hivernales de Pieter Bruegel et le gel qui a détruit les orangers en Chine, voir H. H. Lamb, *Climate, History and the Modern World* (Londres, Methuen, 1982), p. 218-223, 227-230. Les données sur les canaux gelés aux Pays-Bas, rassemblées par Jan de Vries, figurent dans H. H. Lamb, *Climatic History and the Future* (Princeton, NJ, Princeton University Press, 1985), p. 476, n. 1.

Sur la peste, voir William McNeill, *Plagues and Peoples* (New York, Doubleday, 1976) [*Le Temps de la peste : essai sur les épidémies dans l'histoire*, trad. C. Yelnick, Paris, Hachette, 1978]. Des épisodes de peste à Amsterdam (après 1578) sont évoqués dans N. W. Posthumus, *Inquiry into the History of Prices in Holland* (Leyde, Brill, 1946), vol. 1, p. 641. Pour Venise, voir Carlo Cipolla, *Fighting the Plague in Seventeenth-Century Italy* (Madison, University of Wisconsin Press, 1981), p. 100 [*Contre un ennemi invisible : épidémies et structures sanitaires en Italie de la Renaissance au* XVII*e siècle*, trad. M.-J. Tramuta, Paris, Balland, 1992].

Les estimations du nombre de Hollandais qui quittèrent les Pays-Bas sont tirées de Jaapp Bruijn, Femme Gaastra et I. Schöffer, *Dutch-Asiatic Shipping in the 17th and 18th Centuries* (La Haye, Martinus Nijhoff, 1987), vol. 1, p. 143-144. La présence de cousins de Vermeer en Extrême-Orient est mentionnée dans Montias, *Vermeer, une biographie*, p. 312.

La citation de Francis Bacon figure dans Joseph Needham, *Science and Civilisation in China*, vol. 1 (Cambridge, Cambridge University Press, 1954), p. 19. Sur les effets des armes à feu sur les mutations du XVIIe siècle, voir Jack Goody, *Capitalism and Modernity : The Great Debate* (Cambridge, Polity, 2004), p. 77-78.

Sur la transculturation, voir Fernando Ortiz, *Cuban Counterpoint : Tobacco and Sugar* (1940 ; repr. Durham, NC, Duke University Press, 1995), p. 98, 103.

L'influence européenne sur l'art Ming tardif a été suggérée par James Cahill, *The Compelling Image : Nature and Style in Seventeenth-Century Chinese Painting* (Cambridge, MA, Harvard University Press, 1982), p. 82-86 ; et Richard Barnhart, « Dong Qichang and Western Learning – a Hypothesis », *Archives of Asian Art 50* (1997-1998), p. 7-16. Sur d'éventuelles influences chinoises sur Vermeer, voir Bailey, *Vermeer*, p. 177.

Les perles qui figurent sur les tableaux de Vermeer sont étudiées dans Runia et Van der Ploeg, *In the Mauritshuis : Vermeer*, p. 66-67. Sur le goût chinois pour les perles, voir Gu Yanwu, *Avantages et inconvénients des différentes régions du royaume [Tianxia junguo libing shu] (1662)* (Kyoto, Chubun shuppansha, 1975), 29.126a ; voir aussi Sung Ying-hsing, *Chinese Technology in the Seventeenth Century*, trad. E-tu Zen Sun et Shiou-chuan Sun (University Park, Pennsylvania State University Press, 1966), p. 296.

Les commentaires de Song Yingxing sont tirés de la préface de Sung Ying-hsing, *Chinese Technology in Seventeenth Century*, p. XI. L'épitaphe de Willem Schouten figure dans Willem Ysbrantsz Bontekoe, *Le Naufrage de Bontekoe et autres aventures en mer de Chine (1618-1625)*, trad. X. de Castro et H. Vlaardingerbroek (Paris, Chandeigne, 2001), p. 151.

Le commentaire chinois de 1609 est cité dans mon ouvrage *Confusions of Pleasure : Commerce and Culture in Ming China*, p. 153.

Chapitre 2. Le chapeau de Vermeer

Sur le chapeau de l'officier, voir Wheelock, *Vermeer and the Art of Painting*, p. 58. Sur l'utilisation des cartes par Vermeer, voir James Welu, « Vermeer : His Cartography », *The Art Bulletin* 57:4 (décembre 1975), p. 529-547 ; Evangelos Livieratos et Alexandra Koussoulakou, « Vermeer's Maps : A New Digital Look in an Old Master's Mirror », *e-Perimetron* 1:2 (printemps 2006), p. 138-154. Pour une étude ancienne sur la famille de cartographes Balthasar/Van Berckenrode, voir Edward Lynam, « Floris Balthasar, Dutch Map-Maker and His Sons », *Geographical Journal* 67:2 (février 1926), p. 148-161.

La source primaire de cette bataille est le récit de Samuel Champlain lui-même, publié d'abord en 1613 puis, moyennant de légères modifications, en 1632. La première version figure en texte bilingue dans *The Works of Samuel de Champlain,* éd. H. P. Biggar (Toronto, University of Toronto Press, 1922), vol. 2, p. 65-107 ; la seconde dans le vol. 4, p. 80-105. À l'exception du premier passage, aux p. 97-99 du vol. 4, toutes les citations directes de Champlain qui figurent dans ce chapitre sont empruntées au volume 2. [On peut aussi se procurer en français *Les Voyages de Samuel Champlain, Saintongeais, père du Canada*, Paris, PUF, 1951 ; Samuel de Champlain, *Voyages en Nouvelle-France. Explorations de l'Acadie, de la vallée du Saint-Laurent, rencontres avec les autochtones et fondation de Québec. 1604-1611*, Paris, Cosmopole, 2004 ; Samuel de Champlain, *Des Sauvages*, Québec, Typo, 1993.] Le conflit de 1609 est intégralement décrit dans Bruce Trigger, *The Children of Aataensic : A History of the Huron People to 1660* (Montréal, McGill-Queen's University Press, 1976), chap. 4. Pour une étude plus récente sur Champlain, voir Raymonde Litalien et Denis Vaugeois (éd.), *Champlain : la naissance de l'Amérique française* (Sillery [Québec], Septentrion, 2004). Au moment où j'achevais ce livre, j'ai eu le plaisir de découvrir que dans « Le rêve de Champlain » figurant dans ce volume, Christian Morissonneau arrivait indépendamment à la même conclusion que moi touchant l'emplacement de la Chine selon les calculs de Champlain.

L'idée d'Olive Dickason, qui voit dans l'année 1609 un moment décisif de l'histoire des Blancs et des populations amérindiennes, figure dans son *Canada's First Nations : A History of Founding Peoples from Earliest Times* (Toronto, McClelland and Stewart, 1922), p. 122 [*Les Premières Nations du Canada : depuis les temps les plus loin-*

tains jusqu'à nos jours, trad. J. Des Chênes, Sillery (Québec), Septentrion, 1996]. Pour un point de vue sceptique sur son importance, voir W. J. Eccles, *The Canadian Frontier, 1534-1780* (éd. rev., Albuquerque, University of New Mexico Press, 1983), p. 25.

Sur les ceintures *wampum* de Champlain et des Hurons, voir Tehanetorens, « Wampum Belts » (Onchiota, Six Nations Indian Museum, 1972 ; Ohsweken, Ont., Iroqrafts, 1993), p. 11, 59.

S'agissant des mots et des noms indiens, je suis généralement les usages de la *Cambridge History of the Native Peoples of the Americas*, Bruce Trigger et Wilcomb E. Washburn (éd.) (Cambridge, Cambridge University Press, 1996), vol. 1. Les étymologies des noms tribaux sont empruntées à John Steckley, *Beyond Their Years : Five Native Women's Stories* (Toronto, Canadian Scholars' Press, 1999), p. 15-16, 63, 243-245.

Sur l'histoire de l'arquebuse, voir Carl Russell, *Guns on the Early Frontiers : A History of Firearms from Colonial Times Through the Years of the Western Fur Trade* (Berkeley, University of California Press, 1957 ; Lincoln : University of Nebraska Press, 1980), p. 1-18. Les débuts de l'histoire des armes à feu au Japon sont exposés dans Noel Perrin, *Giving Up the Gun : Japan's Reversion to the Sword, 1543-1879* (Boston, David Godine, 1979), p. 5-31. L'importante demande d'armes à feu hollandaises est exposée dans C. R. Boxer, *Jan Compagnie in Japan, 1600-1850* (La Haye, Martinus Nijhoff, 1950), p. 26.

Sur la torture dans la culture amérindienne, voir Georg Friederici, Gabriel Nadeau et Nathaniel Knowles, *Scalping and Torture : Warfare Practices Among North American Indians* (Ohsweken, Ont., Iroqrafts, 1985). L'observation de Georges Sioui est tirée de son *For an Amerindian Autohistory : An Essay on the Foundations of a Social Ethic* (Montreal & Kingston, McGill-Queen's University Press, 1992), p. 52 [*Pour une autohistoire amérindienne : essai sur les fondements d'une histoire sociale*, Québec, Presses de l'université de Laval, 1992].

Sur l'histoire des chapeaux en poils de castor, voir Hilda Amphlett, *Hats : A History of Fashion in Headgear* (1974), p. 106-109 ; Bernard Allaire, *Pelleteries, manchons et chapeaux de castor : les fourrures nord-américaines à Paris* (Québec, Septentrion, 1999). Sur le commerce de la fourrure, voir Harold Innis, *The Fur Trade in Canada* (Toronto, University of Toronto Press, 1956) ; Paul Phillips, *The Fur Trade* (Norman, University of Oklahoma Press, 1961) ; Raymond Fisher, *The Russian Fur Trade, 1550-1700* (Berkeley, University of California Press, 1943).

La destruction des habitats naturels dans l'Europe du XVe siècle est mentionnée dans David Levine, *At the Dawn of Modernity : Biology, Culture, and Material Life in Europe after the Year 1000* (Berkeley, University of California Press, 2001), p. 153-155.

La lettre de la reine Élisabeth à l'empereur de Chine est mentionnée dans Christian Morissonneau, « Le rêve de Champlain » – « The Champlain Dream » dans l'édition en anglais de l'ouvrage de Raymonde Litalien et Denis Vaugeois, *Champlain : la naissance de l'Amérique française – Champlain : The Birth of French America* (Montreal & Kingston, McGill-Queen's University Press, 2004), p. 200.

Pour la quête d'eau salée de Champlain en 1603, voir *Works of Samuel de Champlain,* vol. 1, p. 156-162.

Les cartes de Champlain sont étudiées dans Conrad Heidenreich et Edward Dahl, « Samuel de Champlain's Cartography », in *Champlain : The Birth of French America,* p. 312-332 ; voir aussi Christian Morissonneau, « Champlain's Place-Names », *op. cit.*, p. 218-219.

Le récit traditionnel des voyages de Jean Nicollet (également orthographié Nicolet) qui aurait pagayé jusqu'à Green Bay est reproduit dans mes *Confusions of Pleasure,* p. XV. J'admets aujourd'hui la rectification qui suggère que Nicollet se rendit au lac Nipigon, et non à Green Bay, proposée par Gaétan Gervais dans « Champlain and the

Ontario (1603-1635) », in *Champlain : The Birth of French America*, p. 189. Pour des cartes anciennes, où Green Bay apparaît sous le nom de « Baye des Puans », voir Derek Hayes, *Historical Atlas of the United States* (Vancouver, Douglas & McIntyre, 2006), p. 38, 41, 90, 92, 94.

Une épidémie post-contact parmi les Winnebagoes est mentionnée par Wilcomb Washburn dans *The Cambridge History of the Native Peoples of the Americas*, vol. 1, partie 2, p. 409.

Pour « des habits glorieux, ouvrés et brodés sur une étoffe d'or », voir John Evelyn, *The Diary of John Evelyn* (Oxford, Clarendon, 1955), vol. 2, p. 460-461, relatant ce qu'il vit en 1664.

La dédicace poétique de la Franchise aux *Sauvages* de Champlain de 1603 figure dans *Works of Samuel de Champlain*, vol. 1, p. 86 et dans *Des Sauvages*, *op. cit.*, p. 84.

Chapitre 3. Une jatte de fruits

La plupart des informations sur le *Lion blanc* sont tirées du rapport de fouilles du Groupe de recherche archéologique sous-marine post-médiévale, *The Ceramic Load or the « Witte Leeuw » (1613),* C. L. Van der Pijl-Ketel (éd.) (Amsterdam, Rijksmuseum, 1982). Le prix du poivre est emprunté à Posthumus, *Inquiry into the History of Prices in Holland*, vol. 1, p. 174. Les informations sur les traversées des bateaux de la VOC viennent de Bruijn *et al.*, *Dutch-Asiatic Shipping*, vol. 1, p. 74, 86, 89, 91, 188, 192 ; vol. 2, p. 12, 18, 22, 26 ; et vol. 3, p. 8, 12-13, 16-17. Un catalogue complet des navires de la VOC est disponible en ligne sous www.vocsite.nl/schepen.

La liste des caraques portugaises figure dans A. R. Disney, *Twilight of the Pepper Empire : Portuguese Trade in Southwest India in the Early Seventeenth Century* (Cambridge, MA, Harvard University Press, 1978), p. 172. Pour

Van der Pijl-Keter, la *Nossa Senhora do Monte da Carmo* et la *Nossa Senhora de Conceição* ne font qu'une.

Les informations sur le commerce maritime hollandais proviennent de C. R. Boxer, *The Dutch Seaborne Empire : 1600-1800* (New York, Knopf, 1965), p. 22-25 ; Kristof Glamann, *Dutch-Asiatic Trade, 1620-1740* (1958 ; éd. rev., Gravenhage, Martinus Nijhoff, 1981), p. 16-20, 57-59, 112-118, 134, 153 ; Els Jacobs, *In Pursuit of Pepper and Tea : The Story of the Dutch East India Company* (Amsterdam, Netherlands Maritime Museum, 1991), p. 11-12, 51-53, 73-74, 84-85 ; Diemar Rothermund, *Asian Trade and European Expansion in the Age of Mercantilism* (New Dehli, Manohar, 1981), plus particulièrement p. 27-30 ; et Niels Steensgaard, *The Asian Trade Revolution of the Seventeenth Century : The East India Companies and the Decline of the Caravan Trade* (Chicago, University of Chicago Press, 1973), p. 101-113. Les près de 3 % de croissance des importations hollandaises sont rapportés par Kevin O'Rourke et Jeffrey Williamson, « After Columbus : Explaining Europe's Overseas Trade Boom, 1500-1600, » *Journal of Economic History* 62:2 (juin 2002), p. 419. Les voyages du *Wapen van Delft* sont consignés dans A. J. H. Latham et Heita Kawakaatsu (éd.), *Japanese Industrialization and the Asian Economy* (New York, Routledge, 1994), app. 2.1. Les effets de ce commerce sont étudiés dans Violet Barbour, *Capitalism in Amsterdam in the 17th Century* (Ann Arbor, University of Michigan Press, 1963), p. 35-41 ; et Om Prakash, « Restrictive Trading Regimes : VOC and the Asian Spice Trade in the Seventeenth Century », in *Emporia, Commodities and Entrepreneurs in Asian Maritime Trade, c. 1400-1750*, Roderick Ptak et Dietmar Rothermund (éd.) (Stuttgart, Franz Steiner, 1991), p. 107-126.

La présence du *Lion rouge* au Japon en 1609 est mentionnée dans Boxer, *Jan Compagnie in Japan*, p. 27. À propos des deux navires appelés *China,* voir Bruijn *et al.*, *Dutch Asiatic Shipping*, vol. 2, p. 22-23, 196.

Sur l'histoire des importations hollandaises de porcelaine, voir T. Volker, *Porcelain and the Dutch East India Company, 1602-1682* (Leyde, Brill, 1954) ; Maura Rinaldi, *Kraak Porcelain : A Moment in the History of Trade* (Londres, Bamboo, 1989) ; Christian A. Jörg, « Chinese Porcelain for the Dutch in the Seventeenth Century : Trading Networks and Private Enterprise », in *The Porcelains of Jingdezhen,* Rosemary Scott (éd.) (Londres, Percival Foundation of Chinese Art, 1993), p. 183-205 ; et John Carswell, *Blue & White : Chinese Porcelain Around the World* (Londres, British Museum Press, 2000). Sur les interactions sino-persanes dans les modèles de porcelaine, voir Lisa Golombek, « Rhapsody in Blue-and-White, » *Rotunda* 36:1 (été-automne 2003), p. 22-23.

Le développement de la production de porcelaine en Europe est décrit dans Hugh Honour, *Chinoiserie : The Vision of Cathay* (New York, Harper & Row, 1961), p. 103-105.

Les citations de Grotius sont tirées de *The Freedom of the Seas* (trad. Ralph Van Deman Magoffin, Toronto, H. Milford, 1916), p. 12-13 ; voir aussi Hamilton Vreeland, *Hugo Grotius, the Father of Modern Science of International Law* (New York, Oxford University Press, 1917), p. 47-58.

La commande de porcelaine de 1608 est mentionnée dans Volker, *Porcelain and the Dutch East India Company*, p. 23. La commande portugaise de porcelaine d'exportation est étudiée dans Rui Guedes, *Companhía das Índias : porcelanas* [*Compagnie des Indes : Porcelaines*] (Lisbonne, Bertrand, 1995). Pour la cargaison du *Nassau*, voir « Cargo va twee Oost-Indische Shepen » [*Cargaison de deux bateaux [de la compagnie] des Indes orientales*] (Amsterdam, Gerrit Jansz, 1640), exposé au Musée maritime d'Amsterdam.

Les commentaires de Wen Zhenheng qui figurent dans ce chapitre sont extraits de son *Traité du superflu, annoté* [*Zhangwu lun jiaozhu*], éd. par Chen Zhi (Nanjing, Jiangsu kexue jishu chubanshe, 1984), p. 97 (préférence pour la porcelaine Ming précoce), p. 260 (pots à pinceaux), p. 317 (caractéristiques idéales), p. 352 (utilisation des vases) et p. 419 (potier Cui). La logique de cet ouvrage est analysée dans Clunas, *Superfluous things* ; voir en particulier ses commentaires sur les objets étrangers p. 58-60, 85. La citation du guide de Pékin provient de Liu Tong, *Vues de la capitale impériale* [*Dijing jingwu lüe*] (Pékin, Beijing guji chubanshe, 1980), p. 163. Les mentions de porcelaines de caraques dans des tombes chinoises ont été publiées dans la revue *Objets culturels* [*Wen wu*], 1982, n° 8, p. 16-28, et 1993, n° 2, p. 77-82. Merci à Craig Clunas de m'avoir indiqué ces références.

On trouvera une allusion du XVIIe siècle au goût européen pour la vaisselle d'or et d'argent dans Pascale Girard (éd.), *Le Voyage en Chine d'Adriano de las Cortes S. J. (1625)* (Paris, Chandeigne, 2001), p. 253.

Le commentaire de Descartes en 1631 est cité dans Fernand Braudel, *Civilisation, économie et capitalisme, XVe-XVIIIe siècle. Le temps du monde* (Paris, A. Colin, 1979), p. 24. Le commentaire d'Evelyn sur Paris en 1644 figure dans le *Diary of John Evelyn*, vol. 2, p. 100.

La peinture de Pieter Isaacsz de 1599, *Le Bateau caporal du capitaine G. Jasz. Valckenier et du lieutenant P. Jacobsz Bas* est évoquée, entre autres, dans A. I. Spriggs, « Oriental Porcelain in Western Paintings, 1450-1700, » *Transactions of the Oriental Ceramic Society*, vol. 36 (Londres, 1965).

Pour un bref aperçu de l'histoire des carreaux de Delft, voir Bailey, *Vermeer*, p. 173-177 ; la citation se trouve p. 175. Le satiriste d'Amsterdam sur l'art chinois est mentionné dans Edwin Van Kley, « Qing Dynasty China in Seventeenth-Century Dutch Literature, 1644-1760, » in *The History of the Relations Between the Low Countries and China in the Qing Era (1644-1911)*, W. F. Vande Walk et Noël Golvers (éd.) (Louvain, Leuven University Press, 2003), p. 230. Sur la conversion de brasseries désaffectées de Delft en poteries, voir Richard Unger, *A History of Bre-*

wing in Holland : Economy, Technology and the State (Leyde, Brill, 2001), p. 324.

La discussion de Lia Rihua avec Marchand Xia est reproduite dans son *Journal de l'atelier du goûteur d'eau* [*Weishui xuan riji*] (Shanghai, Yuandong chubanshe, 1996), p. 84.

Les exploits de Lam en 1617-1618 ont été relevés par l'agent anglais à Hirado, Richard Cocks ; voir William Schurz, *The Manila Galleon* (New York, Dutton, 1959), p. 352.

CHAPITRE 4. LEÇONS DE GÉOGRAPHIE

Le récit qu'a laissé Las Cortes de son naufrage a été publié en français par Pascale Girard sous le titre *Le Voyage en Chine d'Adriano de las Cortes s.j. (1625)* (Paris, Chandeigne, 2001). Je me suis particulièrement inspiré des p. 37-55, 65-69, 85-87, 97, 106-109, 354-357.

Sur la notion de « Maure » au XVIIe siècle, voir Allison Blakely, *Blacks in the Dutch World : The Evolution of Racial Imagery in a Modern Society* (Bloomington, Indiana University Press, 1993), p. 33-36 ; Kim Hall, *Things of Darkness : Economies of Race and Gender in Early Modern England* (Ithaca, NY, Cornell University Press, 1995), p. 12.

La description chinoise des Espagnols de Macao est empruntée à Yin Guangren et Zhang Rulin, *Un bref compte-rendu de Macao* [*Aomen jilüe*] (1751 ; 1800), 2.8b. La description que donne Li Rihua des *luting* figure dans son *Journal de l'atelier d'un goûteur d'eau*, p. 103 ; pour sa description des Cheveux rouges, voir p. 43. L'exposé de Wang Shixing sur les Noirs de Macao est tiré de *Poursuite de mon récit de longs voyages* [*Guangzhi yi*] (Pékin, Zhonghua shuju, 1981). Le prix des bœufs (quatre taels par tête) est noté dans C. R. Boxer, *The Great Ship from Amacon : Annals of Macao and the Old Japan Trade* (Lisbonne, Centro de Estudos Históricos Ultramarinos, 1959), p. 184.

Les chroniques de Lu Zhaolong figurent dans *Récits inédits du règne de Chongzhen* [*Chongzhen changbian*], 34.42a-44q, 35, 41.13a-14b, et 43.29a-b ; reproduit dans *Abrégé des archives et documents sur la question de Macao à la période Ming-Qing* [*Ming-Qing shiqi Aomen wenti dang'an wenxian huibian*], éd. Yang Jibo *et al.* (Pékin, Renmin chubanshe, 1999), vol. 5, p. 41-45. Voir aussi Huang Yi-nong, « Sun Yuanhua (1581-1632) : A Christian Convert Who Put Xu Guangqi's Military Reform Policy into Practice », in *Statecraft and Intellectual Renewal in Late Ming China : The Cross-Cultural Synthesis of Xu Guangqi*, Catherine Jami, Gregory Blue et Peter Engelfriedt (éd.) (Leyde, Brill, 2001), p. 239-242.

L'exposé sur la Hollande des Véritables Récits figure au quatrième mois lunaire de 1623, dans *Véritables Récits du règne de Tianqi de la dynastie Ming* [*Ming Xizong shilu*], 33.3a-b.

La citation de Dai Zhuo figure au quatrième chapitre de Wang Linheng, *Les épées de Canton* [*Yuejian pian*], cité dans Tan Kaijian, *Études sur les débuts de l'histoire de l'ouverture du port de Macao* [*Aomen kaipu chuqi shi yanjiu*] (Pékin, Zhonghua shuju, 1999), p. 113.

Sur le recrutement d'artilleurs portugais, voir Michael Cooper, *Rodrigues the Interpreter : An Early Jesuit in Japan and China* (New York, Weatherhill, 1994), p. 337-351. La composition du groupe de 1623 est décrite dans les Véritables Récits de cette année-là, *Véritables Récits du règne de Tianqi*, 33.13a. Le commentaire non daté de Yan Junyan sur Rodrigues figure dans ses *Résumés de cas de l'atelier de Mengshui* [*Mengshui zhai cundu*] (Pékin, Zhonguo zhengfa daxue chubanshe, 2002), p. 704. La chaleureuse approbation de Lu Zhaolong dans sa préface au livre de Yan montre qu'ils étaient amis. Je remercie Alisan Bailey de m'avoir fait découvrir le livre de Yan. Rodrigues est mentionné dans les *Véritables Récits* de 1630 [*Chongzhen *changbian*], chap. 44, reproduits dans *La Question de Macao à la période Ming-Qing*, vol. 5, p. 45.

Sur Xu Guangqi, voir Jami *et al.*, *Statecraft and Intellectual Renewal in Late Ming China.* Sur l'intérêt de Xu pour le Japon, voir mon article « Japan in the late Ming : the view from Shangai, » in *Sagacious Monks and Bloodthirsty Warriors : Chinese Views of Japan in the Ming-Qing Period,* éd. Joshua A. Fogel (Norwalk, CT, EastBridge, 2002), p. 42-62.

L'étude de référence sur l'attaque de Shen Que contre la mission de Nankin est celle d'Edward Kelly, *The Anti-Christian Persecution of 1616-1617 in Nanking* (thèse, Columbia University, 1971), dont les principaux points ont été révisés par Adrian Dudink, *Christianity in Late Ming China : Five Studies* (thèse, Rijksuniversiteit, Leyde, 1995). Le diagnostic d'échec porté par les Jésuites sur la persécution de Shen Que est reproduit dans George Dunne, *Generation of Giants : The Story of the Jesuits in China in the Last Decades of the Ming Dynasty* (Notre Dame, University of Notre Dame Press, 1962), p. 128-145. La description de Semedo est empruntée à l'édition anglaise de 1642 de son histoire de la mission jésuite, *Imperio de la Chinae* [*Empire de Chine*], p. 219-220 ; je remercie Gregory Blue de m'avoir communiqué ce passage.

Sur les débuts du commerce hollandais avec la Chine, voir Leonard Blussé, « The VOC as sorcerer's apprentice : stereotypes and social engineering on the China coast », in *Leyden Studies in Sinology*, éd. W. L. Idema (Leyde, Brill, 1981), plus particulièrement p. 92-95.

Le débat de 1623 sur l'importance respective de la menace des Japonais et des Hollandais est exposé dans les *Véritables Récits du Règne de Tianqi*, 35.4a-b. Pour le plaidoyer de Li Zhizhao en faveur du canon portugais, voir *op. cit.*, 35.3a-b.

Sur la place de Macao dans la stratégie de pénétration de la Chine par les Jésuites, voir George Souza, *The Survival of Empire : Portuguese Trade and Society in China and the*

South China Sea, 1630-1754 (Cambridge, Cambridge University Press, 1986), plus particulièrement p. 25, 37, 195-198. La lettre de Rodrigues de 1633 est reproduite dans Cooper, « Rodrigues in China : the letters of João Rodrigues, 1611-1633 », in *Vers une histoire de la langue nationale : hommage au professeur Doi Tadao* [*Kokugoshi e no michi : Doi sensei shoju kinen robunshu*] (Tokyo, Sanseido, 1981), p. 242. La réputation d'espion de Macao qui entourait Ricci parmi les Chinois éduqués est mentionnée en 1609 dans Li Rihua, *Journal de l'atelier du goûteur d'eau*, p. 43. Pour des accusations d'espionnage portées contre les Jésuites en 1616 et 1623, voir Dudink, « Christianity in late Ming China », p. 151, 258.

Pan Runmin figure dans l'*Index complet de Guangdong* [*Guangdong tongzhi*] (Shanghai, Shangwu yinshuguan, 1934), p. 375 ; et dans l'*Index complet de Guizhou* [*Guizhou tongzhi*] (1741), 26.8b. Pan obtint le diplôme auquel il se présentait en 1607. Le commentaire de Junyan figure dans son résumé d'une affaire non datée dont il entendit parler à Canton, qui se trouve dans ses *Résumés de cas*, p. 702.

Les commentaires de Zhang Xie et de son préfacier Wang Qizong figurent dans ses *Enquêtes sur les océans de l'Est et de l'Ouest* [*Dongxi yangkao*] (Pékin, Zhonghua shuju, 1981), p. 14, 19-20.

« Vous n'êtes plus obligé de quitter votre maison » est tiré de Zhang Huang, *Compendium d'Images et d'Écrits* [*Tushu bian*] (1613), chap. 29.

CHAPITRE 5. L'ART DE FUMER

Les remarques de Yang Shicong sont tirées de ses *Écrits complets de la Salle de Jade* [*Yutang wenji*] (repr. Taipei, 1968), p. 80. Une biographie fragmentaire figure dans l'*Index de la sous-préfecture de Jining* [*Jining zhouzhi*] (1672), 5.19a, 56a ; 8.49b ; et Zhang Tingyu, *Histoire classique de la dynastie Ming* [*Ming shi*] (Pékin, Zhonghua shuju, 1974), p. 3658, 7942. Pour le prix du tabac sur la liste des tarifs de Pékin, voir Shen Bang, *Récits variés du bureau du comté de Wanping* (*Wanshu zaji*) (Pékin, Zhonghua shuju, 1980), p. 134, 146.

Sur l'histoire du tabac, en plus de Kiernan, *Tobacco : A History* et de Vigié M. et M., *L'Herbe à Nicot*, voir Sarah Augusta Dickson, *Panacea or Precious Bane : Tobacco in Sixteenth-Century Literature* (New York, New York Public Library, 1954) ; Jordan Goodman, *Tobacco in History : The Cultures of Dependence* (Londres, Routledge, 1993) ; Berthold Laufer, « Introduction of tobacco into Europe, » *Anthropology Leaflet* 19 (Field Museum of Chicago, 1924). Sur l'expérience hollandaise, voir Georg Brongers, *Nicotana Tabacum : The History of Tabacco and Tobacco Smoking in the Netherlands* (Amsterdam, H. J. W. Bechts Uitgeversmaatschappij, 1964).

Sur les pratiques des Amérindiens en matière de tabac, voir Ralph Linton, « Use of Tobacco Among North American Indians », *Anthropology Leaflet* 15 (Field Museum of Chicago, 1924) ; Johannes Wilbert, *Tobacco and Shamanism in South America* (New Haven, CT, Yale University Press, 1987). Sur les « tabagies », voir Morris Bishop, *Champlain : The Life of Fortitude* (Toronto, McClelland and Stewart, 1963), p. 39.

Sur l'association entre tabac et sorcières, voir Dickson, *Panacea or Precious Bane*, p. 161-162 ; à propos de la bulle pontificale de 1642, voir p. 153-154.

À propos de la remarque d'un commentateur anglais selon lequel le tabac avait été largement adopté en Angleterre, voir Laufer, « Introduction of tobacco into Europe », p. 7, citant *Great Chronologie* de William Harrison ; les citations de Camden et Jacques Ier se trouvent p. 10-11, 27-28. La citation de Thomas Dekker est tirée de la préface de *The Guls Horne-Book* (Londres, R. S., 1609).

L'observation selon laquelle cette herbe « a des effets sur tous les apostèmes » figure dans John Gerard, *The Herball or Generall Histories of Plantes*, cité dans Dickson,

Panacea or Precious Bane, p. 43. Gerard s'appuyait sur l'herbier antérieur de Rembert Dodoens.

Sur le rôle des Hollandais dans le commerce du tabac et des esclaves, voir Jonathan Israel, *Dutch Primacy in World Trade, 1585-1740* (Oxford, Oxford University Press, 1989), résumé fort commodément dans son *Dutch Republic*, p. 934-936, 943-946. Sur la place de l'esclavage dans l'économie du tabac, voir Goodman, *Tobacco in History*, p. 137-153 ; aussi Kiernan, *Tobacco : A History*, p. 13-19.

J'ai évoqué l'art de fumer dans la Chine impériale et la culture qui l'accompagnait dans deux autres contributions : « Is smoking chinese ? » *Ex/Change : Newsletter of Centre for Cross-Cultural Studies* 3 (février 2002), p. 4-6 ; et « Smoking in imperial China », in *Smoke : A Global History of Smoking*, Sander Gilman et Zhou Xun (éd.) (Londres, Reaktion Books, 2004), p. 84-91. Le meilleur aperçu sur les pratiques chinoises en la matière figure dans Bernhold Laufer, « Tobacco and Its Uses in Asia », *Anthropology Leaflet* 18 (Field Museum of Chicago, 1924).

L'expression « autant que les Turcs » est utilisée par Julia Corner dans son ouvrage publié anonymement *China, Pictorial, Descriptive and Historical* (Londres, H. G. Bohn, 1853), p. 196.

À propos de la découverte du tabac par Las Cortes, voir Girard, *Le Voyage en Chine*, p. 59.

Les observations de Fang Yizhi sur le tabac sont citées dans Yuang Tingdong, *Histoire populaire de l'art de fumer en Chine* (*Zhongguo xiyan shihua*) (Pékin, Shangwu, 1995), p. 35. Le compte rendu sur le tabac à Shanghai est tiré de Ye Mengzhu, *Vue d'ensemble de l'époque* [*Yueshi bian*] (Shanghai, Shanghai guji chubanshe, 1981), p. 167.

Sur l'histoire du tabac dans l'Empire ottoman, voir James Grehan, « Smoking and "early modern" sociability : the great tobacco debate in the Ottoman Middle East », *American Historial Review* 111 (2006), p. 1352-1377.

Dans ses *Notes de la Salle de bienveillance* [*Renshu tang biji*], citées par Yuan Tingdong, *Histoire populaire de l'art de fumer en Chine,* Li Shihong suggère que le terme *yan* pourrait venir du japonais.

Le « Grand océan occidental » est mentionné dans Xiong Renlin, *La Trame de la terre (Di wei),* cité dans Cheng Cong, *Manuel du tabac* [*Yancao pu*] (1773 ; 1 repr. Shanghai, Xuxiu siku quanshu, 2002), 1.2b. Le commentaire de Chen « Il est venu à l'origine de l'autre côté des frontières, » se trouve p. 1.5b.

Le missionnaire français qui pensait que les Mandchous avaient imposé l'usage du tabac était Régis-Évariste Huc (1813-1860) ; voir Huc et Joseph Gabet, *Travels in Tartary, Thibet and China* (trad. William Hazlitt, Londres, George Routledge and Sons, 1928), p. 123 [L'ouvrage original en français a été réédité en 2001 avec une préface de F. Lacassin : *Souvenirs d'un voyage dans la Tartarie et le Tibet : pendant les années 1844, 1845 et 1846 ; suivis de l'Empire chinois*, Paris, Omnibus, 2001].

L'idée que le tabac serait originaire de Corée est mentionnée dans Liu Tingji, *Notes variées du jardin de Zai* [*Zaiyuan zazhi*], cité dans Chen Cong, *Manuel du tabac*, 1.3a. Sur le rôle d'intermédiaire des Mandchous, voir L. Carrington Goodrich, « Early prohibitions of tobacco in China and Manchuria », *Journal of the American Oriental Society* 58:4 (1938), p. 648-657.

Le récit de Yao Lü est tiré de son *Livre de la rosée* [*Lu shu*] (repr. Shanghai, Xuxiu siku quanshu 1999), 10.46a. Sur la qualité du tabac du Fujian, voir Zhang Jiebin, *Œuvres complètes de maître Jingyue* [*Jinguye quanshu*] (repr. Shanghai, Renmin weisheng chubanshe 1991), 48.44b.

Le commentaire de Wu Weiye sur la biographie de Li Deyu dans *Nouvelle histoire dynastique des Tang* [*Xin Tang shu*] (Pékin, Zhonghua shuju, 1975), p. 5330, est cité avec approbation par Wu Xinli, *Notes sur de rares sources historiques de la période Ming-Qing* [*Ming Qing xijian shiji xulu*] (Nankin, Jinling shuhua she, 2000), p. 225.

Les réflexions de Zhang Jiebin se trouvent dans ses *Œuvres complètes*, 48.42b-45a ; sa note sur la noix de bétel figure en 49.30b-32b. Un poète du recueil de Chen Cong témoigne que son goût pour la noix de bétel le conduisit à fumer ; Chen Cong, *Manuel du tabac*, 9.5a. Sur l'interprétation médicale du tabac par les Chinois au milieu du XVIIe siècle, voir Laufer, « Tobacco and its uses in Asia », p. 8-9. L'idée que fumer aidait à lutter contre le froid ou l'humidité ambiants était également populaire aux Philippines, où elle servait à expliquer pourquoi les enfants fumaient aussi ; Juan Francisco de San Antonio, *The Philippine Chronicle of Fray San Antonio* (trad. D. Pedro Picornell, Manille, Casalina, 1977), p. 18.

Pour des allusions à des femmes qui fumaient, voir Yuan Tingdong, *Histoire populaire de l'art de fumer en Chine*, p. 129, citant Shen Lilong, *Pharmacopée de plantes sauvages comestibles* [*Shiwu bencao huizuan*] (1681) ; John Gray, *China : A History of the Laws, Manners, and Customs of the People* (Londres, Macmillan, 1878), vol. 2, p. 149. Sur les femmes de Suzhou qui se faisaient coiffer pendant leur sommeil, voir Chen Cong, *Manuel du Tabac*, 3.3.b. « Se moquer de ma longue pipe à tabac » est cité dans Yuan Tingdong, *Histoire populaire de l'art de fumer en Chine*, p. 71.

Les poèmes figurent dans Chen Cong, *Manuel du tabac*, 5.8a, 9.3b. Les origines familiales de Chen Cong sont esquissées dans l'*Index du comté de Quingpu* (1879) [*Qingpu xianzhi*], 19.43b-44a.

Les citations de Lu Yao sont tirées de son *Manuel de l'art de fumer* [*Yanpu*] (repr. Shanghai, Xuxiu siku quanshu, 2002), 3b-4b. Le conseil à propos de la panne d'inspiration est tiré de Yuan Tingdong, *Histoire populaire de l'art de fumer en Chine*, p. 128.

Sur l'introduction de l'opium en Chine, voir Jonathan Spence, « Opium smoking in Ch'ing China », in *Conflict and Control in Late Imperial China*, Frederic Wakeman et Carolyn Grant (éd.) (Berkeley), University of California Press, 1975), p. 143-173. Pour les références à l'opium à Ternate et aux Philippines, voir E. H. Blair et J. A.

Robertson (éd.), *The Philippines Islands, 1493-1803* (Cleveland, OH, Arthur H. Clark, 1905), vol. 16, p. 303 ; vol. 27, p. 183 ; voir vol. 29, p. 91 au sujet de l'assassin drogué. Chen Cong aborde les débuts de l'histoire de l'opium en Chine dans son *Manuel du tabac*, 1.12b-14a, 3. 4a. Sur les effets politiques plus généraux de l'opium aux XIXe et XXe siècles, voir *Opium Regimes : China, Britain and Japan, 1839-1952*, coéd. par Timothy Brook et Bob Tadashi Wakabayashi (Berkeley, University of California, 2000).

Pour le poème commençant par « Avalant la brume de l'aube », voir Zhao Ruzhen, *Le Recueil de condoléances [Zhuai ji]* (1843), 4.13b.

L'éloge du tabac de Laufer figure à la fin de son « Tobacco an its uses in Asia », p. 65. Le ballet turinois sur le tabac est mentionné dans M. et M. Vigié, *L'Herbe à Nicot*, p. 56. On trouvera une illustration d'une danse du tabac qui aurait pu influencer ce ballet dans Theodore de Bry, *America tertia pars* (Francfort, 1593), reproduit à la fig. 1 de Jeffrey Knapp, « Elizabethan Tobacco », *Representations* 21 (hiver 1988), p. 26.

CHAPITRE 6. LA PESÉE DE L'ARGENT

Sur les monnaies hollandaises, voir Posthumus, *Inquiry into the History of Prices in Holland*, vol. 1, p. LIV-LVII, CIV-CXV. Sur le commerce d'argent de la VOC, voir Bruijn *et al.*, *Dutch Asiatic Shipping*, vol. 1, p. 184-193, 226-232.

Sur le prix élevé du tabac de Virginie et la satire de Thomas Dekker, voir Knapp, « Elizabethan Tobacco », p. 36, 42. La citation de Paolo Xu est reproduite dans Richard von Glahn, *Fountain of Fortune : Money and Monetary Policy in China, 1000-1700* (Berkeley : University of California Press, 1996), p. 199.

Les fluctuations de la population de Potosí sont relevées par Enrique Tandeter, *L'Argent du Potosi : Coercition et marché dans l'Amérique coloniale* (Paris, EHESS, 1997),

p. 96. Sur l'émeute de 1647, voir Bartolomé Arzáns de Orsúa y Vela, *Historía de la villa imperial de Potosí,* trad. Frances López-Morillas, in *Tales of Potosí*, R. C. Padden (éd.) (Providence, RI, Brown University Press, 1975), p. 49-50.

Sur le volume d'argent qui arrivait en Chine depuis le Japon et l'Amérique espagnole, voir von Glahn, *Fountain of Fortune*, p. 124-141 ; les meilleures estimations courantes sont résumées sur le tableau de la p. 140. Pour des études de la production d'argent en Amérique espagnole, voir les chapitres d'Harry Cross, John TePaske et Femme Gaastra dans *Precious Metals in the Later Medieval and Early Modern Worlds*, J. F. Richards (éd.) (Durham, NV, Carolina Academic Press, 1983).

Le premier contact entre Chinois et Espagnols est décrit dans Margaret Horsley, *Sangley : The Formation of Anti-Chinese Feeling in the Philippines : A Cultural Study of the Sterotypes of Prejudice* (thèse, Columbia University, 1950), p. 106.

Les informations sur les relations entre Espagnols et Chinois à Manille sont empruntées à Blair et Robertson, *Philippine Islands* ; pour la remarque de Francesco Sande, voir vol. 4, p. 67 ; « tout ce à quoi l'esprit humain peut aspirer ou comprendre », vol. 6, p. 198 ; « toute cette richesse passe en possession des Chinois », vol. 12, p. 59 ; descriptions du Parián, vol. 22, p. 211-212 ; vol. 29, p. 69 ; l'obligation des chrétiens chinois de porter un chapeau, vol. 16, p. 197.

La description des marins du Fujian est tirée de la préface de Zhou Qiyuan à Zhang Xie, *Enquêtes sur les océans de l'Est et de l'Ouest,* p. 17 ; « bourrer l'hiver » *(yadong)* figure p. 89. L'expression « bourrer les garçons d'hiver » figure dans un poème de You Tong, *in* Yin Guangren et Zhang Rulin, *Bref compte-rendu de Macao*, 2.8a.

Sur le massacre de 1603, voir le récit laissé par Antonio de Morga en 1609 dans *Philippine Islands*, vol. 15, p. 272-277 ; aussi vol. 16, p. 30-45, p. 298-299. L'événement est traité, avec une ignorance délibérée du côté chinois, dans Schurz, *Manila Galleon*, p. 85-90 ; voir aussi p. 258 sur les galions qui sombraient. Le travail de José Eugenio Borao, « The massacre of 1603 : chinese perceptions of the spanish on the Philippines », *Itineratio* 22:1 (1998), p. 22-39 est plus sérieux, bien qu'encore incomplet. Zhang Xie, *Enquêtes sur les océans de l'Est et de l'Ouest*, p. 92, donne une estimation supérieure, avec vingt-cinq mille morts. Le chiffre de trente mille est cité d'après un rapport de 1637 dans Schurz, *Manila Galleon*, p. 81. L'estimation faite par le ministre de la Guerre du nombre d'habitants du Fujian qui partaient pour l'étranger figure dans *Récits inédits du règne de Chongzhen,* 41.2b. L'histoire de la dynastie indique simplement « dix milliers » ; Zhang Tingyu, *Histoire classique de la dynastie Ming*, p. 8368.

Manila Galleon de Schurz fait autorité sur le commerce des galions ; la citation figure p. 265 (scorbut et famine) et p. 91 (commentaire sur le manque d'affaires, cause du soulèvement). En ce qui concerne trente navires arrivés en 1639, voir Souza, *Survival of Empire*, p. 84, tableau 4.8.

Pour le commentaire sur les portiques de Chaozhou, voir Girard, *Le Voyage en Chine*, p. 103.

Sur les pêcheurs de perles au sud de la Chine, Gu Yanwu, *Avantages et inconvénients*, 29.126a-b.

Feng Menglong mentionne la surveillance des mines d'argent dans son *Index provisoire du comté de Shouning* [*Shouning daizhi*] (1637) (Fuzhou, Fujian renmin chubanshe, 1983), p. 36-37.

Pour « un homme sur cent est riche, » voir Brook, *Confusions of Pleasure*, p. 2238. Sur le prix du riz à Shanghai en 1639-1647, voir Ye Mengzhu, *Vue d'ensemble de l'époque*, p. 153 ; sur la vente de deux enfants pour un picotin de blé, voir Zhang Lixiang, *Supplément au traité d'agriculture, édition annotée* [*Bu nongshu jiaoshi*] (repr. Pékin, Nongye chubanshe, 1983), p. 174.

Sur les jonques, voir Pierre-Yves Manguin, « The vanishing *Jong :* insular southeast asian fleets in trade and war

(Fifteeenth to Seveteenth Centuries) », in *Southeast Asia in the Early Modern Era : Trade, Power and Belief*, Anthony Reid (éd.) (Ithaca, NY, Cornell University Press, 1993), p. 197-213.

Le commentaire de Francesco Careri est tiré de Schurz, *Manila Galleon*, p. 253.

Pour la polémique chinoise contre l'argent postérieure à 1644, voir von Glahn, *Fountain of Fortune*, p. 219-222 ; le commentaire de Gu Yanwu à propos de « recourir au vin » se trouve p. 221.

Andre Gunder Frank, *Reorient : Global Economy in the Asian Age* (Berkeley, University of California Press, 1998), p. 237-248, considère que la crise monétaire mondiale de 1640 a été provoquée par la surproduction d'argent. Pour une interprétation contraire, voir Jan de Vries, « Connecting Europe and Asia : a quantitative analysis of the Cape-route trade, 1497-1795 », in *Global Connections and Monetary History, 1470-1800*, Dennis Flynn, Arturo Giráldez et Richard von Glahn (éd.) (Aldershot, Ashgate, 2003), p. 35-106.

Les naufrages du *Concepción* et du *San Ambrosio* sont rapportés dans Schurz, *Manila Galleon*, p. 259. La redécouverte du *Concepción* est décrite dans Eugene Lyon, « Track of the Manila galleons », et William Mathers, « *Nuestra Señora de la Concepcíon* », les deux dans le *National Geographic*, septembre 1990, p. 5-37 et 39-55. Ayant fait l'objet de fouilles en 1987-1988, le navire a été le premier galion de Manille dont on ait retrouvé la cargaison grâce à l'archéologie sous-marine.

La principale source du soulèvement de 1639 est l'écrit anonyme « Relation of the insurrection of the Chinese », trad. dans Blair et Roberston, *Philippine Islands*, vol. 29, p. 208-258. Sur l'histoire des Chinois aux Philippines, voir Ch'en Ching-ho, *The Chinese Community in the Sixteenth Century Philippines* (Tokyo, Centre d'études culturelles d'Asie orientale, 1968) ; aussi Edgar Wickberg, *The Chi-*

nese in Philippine Life, 1850-1898 (New Haven, CT, Yale University Press, 1965).

La conversation sur l'argent entre Chinois et franciscain est tirée de Pedro de la Piñuela, *Questions et réponses de la première rencontre* [*Chuhui wenda*], in Pascale Girard, *Les Religieux occidentaux en Chine à l'époque moderne* (Lisbonne, Centre culturel Calouste Gulbenkian, 2000), p. 388, 472.

« A assumé tout le poids de la Monarchie », voir Jeffrey Cole, *The Potosí Mita, 1573-1700 : Compulsory Indian Labor in the Andes* (Stanford, Stanford University Press, 1985), p. 52-53.

L'histoire de Fulgencio Orozco figure dans Padden, *Tales of Potosí*, p. 27-32. Pour le commentaire de Calancha sur les Potosinos « zélés dans la recherche des richesses », voir Lewis Hanke, *The Imperial City of Potosí* (La Haye, Martinus Nijhoff, 1956), p. 2.

CHAPITRE 7. VOYAGES

Les Joueurs de cartes de Van der Burch sont analysés par Michiel Kersten dans *Delft Masters, Vermeer's Contemporaries : Illusionism through the Conquest of Light and Space*, Michiel Kersten et Danille Lokin (éd.) (Zwolle, Waanders Publishers, 1996), p. 174-175 [*Les Maîtres de Delft, contemporains de Vermeer*, trad. du néerlandais par F. Everaars, Paris, Flammarion, 1996]. Deux toiles hollandaises de cette période représentant des serviteurs africains conservées dans la British Royal Collection sont celles de Jan de Bray, *Le Banquet de Cléopâtre* (1652) et d'Aelbert Cuyp, *Le Page nègre* (vers 1655), dont la première est publiée dans Christopher Lloyd, *Enchanting the Eye : Dutch Paintings of the Golden Age* (Londres, Royal Collection Publications, 2005), p. 50-51. Notez que de Bray fait figurer une porcelaine de caraque sur la table, devant Cléopâtre.

Sur la traite hollandaise des esclaves, voir Peter Emmer,

« The Dutch and the Slave Americas », in *Slavery in the Development of the Americas*, David Eltis, Frank Lewis et Kenneth Sokoloff (éd.) (Cambridge, Cambridge University Press, 2004), p. 70-86. Sur l'histoire des Noirs dans la société et l'art hollandais du XVIIe siècle, voir Blakely, *Blacks in the Dutch World*, plus particulièrement p. 82-115, 226-228. Sur le rôle de la noirceur aux débuts de la société moderne européenne, voir Hall, *Things of Darkness*, plus particulièrement p. 1-15 et chap. 5, aussi Steven Epstein, *Speaking of Slavery : Color, Ethnicity and Human Bondage in Italy* (Ithaca, NY, Cornell University Press, 2001), p. 184-197. Comme le souligne Epstein, les Noirs rejoignirent tardivement la population servile d'Europe.

L'histoire de Lobo est racontée dans C. R. Boxer, *Fidalgoes in the Far East, 1550-1770 : Fact and Fancy in the History of Macao* (La Haye, Martinus Nijhoff, 1948), p. 149-153. Sur la fin du commerce portugais à destination du Japon, voir C. R. Boxer, *Great Ship from Amacon*, p. 155.

L'objection du recteur des Jésuites au trafic d'enfants est citée dans Souza, *Survival of Empire*, p. 195.

Le voyage de Bontekoe est décrit dans *Le Naufrage de Bontekoe*, p. 34 *sq.*, 64-72, 92-109, 135-141. Pour la réfutation de Coen, voir Bruijn *et al, Dutch Asiatic Shipping*, vol. 1, p. 71.

Le voyage du *Nieuw Haarlem* de 1646-1647 est consigné dans Bruijn *et al.*, *Dutch Asiatic Shipping*, vol. 2, p. 96, et vol. 3, p. 52.

« Ils se comportèrent comme une souris quand elle voit un chat », voir Nishikawa Joken, *Récits du crépuscule de Nagasaki* [*Nagasaki yawagusa*], se référant à un incident de 1665, cité dans Boxer, *Jan Compagnie in Japan*, p. 121.

L'histoire de Weltevree est relatée dans Gari Ledyard, *The Dutch Come to Korea* (Seoul, Yaewon, 1971), p. 26-37 ; les citations figurent p. 28, 36, 181-182, 186, 221 ; sur Bosquet, voir p. 144, 204. Un second navire de la VOC appelé le *Hollandia* prit la mer à Goeree et arriva à Batavia le 29 août 1625, mais comme Weltevree dit avoir embarqué à Amsterdam, il était plus probablement à bord du *Hollandia* qui partit de Texel. Voir Bruijn *et al.*, *Dutch-Asiatic Shipping*, vol. 2, p. 52, 56 ; vol. 3, p. 28. Le sort de l'*Ouwerkerck* est consigné dans Boxer, *The Great Ship from Amacon*, p. 114-115.

L'histoire de Cocchi figure dans Dunne, *Generation of Giants*, p. 235-239, et est racontée par Antonio Sisto Rosso dans le *Dictionary of Ming Biography*, L. Carrington Goodrich et Chao-ying Fang (éd.) (New York, Columbia University Press, 1976), p. 409-410.

Sur les « femmes au milieu », voir Sylvia van Kirk, *« Many Tenders Ties » : Women in Fur-Trade Societies in Western Canada, 1670-1870* (Winnipeg, Watson & Dwyer, 1980), p. 4-8, 28-29, 75-77. Sur le « terrain d'entente », voir Richard White, *The Middle Ground : Indians, Empires, and Republic in the Great Lakes Region, 1650-1815* (Cambridge, Cambridge University Press, 1991), p. 52. [*Le Middle Ground, Indiens, empires et républiques dans la région des Grands Lacs*, trad. F. Cotton, Toulouse, Anacharsis, 2009.]

Les citations de Caliban sont tirées de l'acte I, scène 2 de *La Tempête* de William Shakespeare [trad. P. Leyris et E. Holland]. Pour « c'est vous qui leur retournez la cervelle et les faites mourir », voir Penny Petrone (éd.), *First People, First Voices* (Toronto, University of Toronto Press, 1983), p. 8. Le poème d'Armand Collard, « Pieds nus sur la terre massacrée », est cité dans Sioui, *For an Amerindian Autohistory*, p. 33.

Le commentaire de Richard Trexler est tiré de *The Journey of the Magi : Meanings in the History of a Christian Story* (Princeton, NJ, Princeton University Press, 1997), p. 6 ; voir p. 102-107 sur le roi noir et sur la position excentrée du troisième roi.

CHAPITRE 8. DÉNOUEMENT : « AUCUN HOMME N'EST UNE ÎLE »

La dix-septième méditation de Donne figure dans John Donne, *Méditations en temps de crise* (Paris, Rivages, 2002), p. 71-73.

À propos de l'achat de porcs par Bontekoe, voir *Le Naufrage de Bontekoe*, p. 110.

« Aujourd'hui, il neige en Chine », est relaté dans Ledyard, *The Dutch Come to Korea*, p. 28.

Sur les querelles de Corcuera avec l'Église et sur la suite de sa carrière, voir Cushner, *Spain in the Philippines*, p. 159-167 ; « là où les chaussures valaient deux réaux », voir *Philippine Islands*, vol. 35, p. 195.

Les commentaires de Catharina sur « la guerre ruineuse et prolongée » sont cités dans Montias, *Vermeer and his Milieu*, p. 351. Sur les corps enterrés dans la tombe Thins-Vermeer de la Vieille Église, voir O. H. Dijkstra, « Jan Vermeer van Delft : drie archiefvondsten » [*Jan Vermeer de Delft : trois découvertes archéologiques*], *Oude Holland* 83 (1968), p. 223.

Index

Table des illustrations

Cartes

Table des matières

Mise en page
PCA
44400 Rezé

Imprimé à Barcelone par:
BLACK PRINT
en août 2019

Dépôt légal : octobre 2012

Imprimé en Espagne